中国法律集刊联盟
ALLIANCE OF CHINESE LAW JOURNALS

刑事司法指南

2018 年第 1 集(总第 73 集)

主　　编：陈国庆
副 主 编：王　军　聂建华
史卫忠　张相军
张凤艳
执行主编：张相军

法律出版社
www.lawpress.com.cn
法律门
Access To Law
www.falvm.com.cn

《刑事司法指南》
2018年第1集(总第73集)

目　录

【2017年司法解释和司法解释性质文件】

【司法前沿】

P2P网贷异化平台融资的刑事风险分析

——以债权转让模式为主要切入点

王　拓*

目　次

* 王拓,北京市人民检察院经济犯罪检察部检察官,管理学博士后、法学博士。

(二)可能构成非法吸收公众存款罪

随着互联网的发展以及信用环境的日益成熟,互联网的连接作用使数量众多的借款人与出借人能够建立跨越地域和熟人圈子的联系,点对点借贷关系的发生范围被极大扩展,基于互联网的P2P(peer-to-peer)借贷应运而生。P2P,源于计算机术语,现被广泛应用于金融领域,通常指P2P网络借贷(以下简称网贷),即个体和个体之间通过互联网平台实现的直接借贷。P2P网贷平台以互联网技术为基础,促进个体与个体之间的资金融通,成为了互联网金融的重要组成部分。自首家P2P网络借贷平台Zopa在英国建立以来,这种新型的借贷模式在世界范围内迅速发展并展示出广阔的前景。在我国,P2P网贷行业在近年来呈现出爆炸式发展的态势,表现出了旺盛的生命力。根据国内"网贷之家"网站发布的《2017年P2P网贷行业年报》显示,2017年全年网贷行业成交量达到了28,048.49亿元,相比2016年全年网贷成交量(20,638.72亿元)增长了35.9%,2017年P2P网贷行业历史累计成交量突破6万亿元大关。然而,与行业数据欣欣向荣相对照的是,正常经营平台数量不断下降;截至2017年12月底,P2P网贷行业正常运营平台数量达到了1931家,相比2016年年底减少了517家,全年正常运营平台数量一直单边下行。[①] 其中不乏一些不法分子假借互联网金融创新的名义,利用P2P网贷平台实施非法集资等违法犯罪活动。

2015年以来,北京市检察机关办理了包括"e租宝"案在内的多起以P2P网贷为名实施非法集资犯罪案件,罪名主要集中在非法吸收公众存款罪和集资诈骗罪。这类犯罪突破了P2P网贷平

① 载网贷之家官方网:http://shuju.wdzj.com/industry-list.html,2018年3月5日最后访问。

台应然的运作模式,将异化平台作为非法融资手段,不仅扰乱国家金融管理秩序,抹黑国家互联网金融政策,且极易引发金融风险,损害投资人利益,进而危及金融安全,应引起高度重视。本文对名为服务实为融资的异化平台的相关行为进行分析,期冀得出对之进行刑事规制的正当性根据。

一、P2P 网贷异化平台融资的主要模式

(一)学界关于 P2P 网贷平台的分类

国内对于 P2P 网贷平台的分类标准并不统一,有学者认为,平台演变出了四种基本的商业模式:纯平台模式、保证本金模式、信贷资产证券化模式和债权转让模式。[①] 有学者认为,应当按照借贷流程、渠道、担保分类,具体而言,按借贷流程分类,可分为纯平台模式和债权转让模式;按融资渠道分类,可分为纯线上模式和线上线下相结合模式;按照有无担保,可分为无担保模式、第三方担保模式、平台自担保模式。[②]

(二)本文对于 P2P 网贷平台的分类

本文认为,从 P2P 网贷平台的定位出发,大体上可以分为信息中介平台和信用中介平台两大类。对于 P2P 网贷平台的定位,主流观点借鉴国外 P2P 理论,将其定位于信息中介,即平台只是担任纯中介角色,并不参与到借贷的资金交易中,对于借款人逾期对贷款人的损失,平台不予垫付。2015 年 7 月 18 日人民银行等十部门发布的《关于促进互联网金融健康发展的指导意见》及 2016 年 8 月 17 日银监会等部门发布的《网络借贷信息中介机构业务活动管理暂行办法》(以下简称《网贷管理暂行办法》)中均明

---

① 叶湘榕:《P2P 借贷的模式风险与监管研究》,载《金融监管研究》2014 年第 3 期。

② 梅蕾:《P2P 网络借贷平台运营模式研究》,内蒙古大学 2014 年硕士学位论文,第 12~14 页。

确强调了P2P网贷平台信息中介的定位。然而,现实中出于合规宣传考虑,虽然几乎所有的平台都宣称自己为信息中介,但仅仅靠撮合借贷双方并收取服务费的纯信息中介模式事实上已几乎绝迹,上述学者的分类也反映出现有平台对于原初定位于信息中介的背离,甚至部分平台异化为信用平台。

(三)信用中介平台的主要形式

相比于信息中介的低风险,异化为信用中介的P2P平台在实际经营过程中更容易触犯非法集资的红线,常常是名为服务实为融资;实践中常见的运作模式有:(1)投资理财—资金池模式,即以理财为名义,吸收公众资金后用于投资的模式。(2)自担保/关联担保模式,即通过平台自身的“风险备付金”(后基于合规考虑改称“质量保证条款”)或名义上为第三方但实际上为关联企业的担保机构为平台上的借款进行本息担保的模式。债权转让模式,包括投资人债权变现和专业放贷人两种模式;投资人债权变现模式,是指P2P平台上的投资人将自己投资的未到期的债权产品转让给该平台上的其他投资人,将债权变现;专业放贷人模式,是指在普通债权转让模式中多了一个专业放贷人的角色,专业放贷人通常是与P2P平台有关联关系的自然人,如法定代表人或高管。本文所指的债权转让模式特指专业放贷人模式。

对于投资理财—资金池模式以及自担保/关联担保模式来说,前者因缺乏银行资金存管容易形成资金池甚至是自融,后者容易产生保本保息的效果,故实践中较容易认定构成非法集资犯罪。如被告人孙某某于2013年7月至2014年12月,伙同高某、张某等人(另案处理)通过北京众旺易达网络科技有限公司运营“里外贷”P2P网站,以办理借贷高额回报为名,非法吸收投资人雷某等500余人投资款共计2.9亿余元。在运营过程中,被告人孙某某通过互联网向不特定公众宣传其所为的P2P借贷项目,并承诺当投资者投资的借款出现严重逾期时,“里外贷”将向投资人垫付此笔借款未归还的剩余出借本金或本息,引诱投资人投资,实际上系高某实际控制的公司自融。在这种典型的"自融+自担保"模式下,被告人孙某某被法院认定犯非法吸收公众存款罪。[①]

对于债权转让模式来说,实践中也有大量判例对该种类型的非法集资行为予以否定评价。如被告人蒋某某伙同他人以债权转让为名,与高某、魏某等50余人签订债权转让及担保合同,以承诺到期归还本金并支付高息的方式,非法吸收高某等50余人共计2800余万元人民币,被法院以非法吸收公众存款罪定罪处罚。[②]又如,被告人穆某某、毕某经过事先预谋,以融信宝公司名义推出四款P2P投资理财产品,承诺到期后归还本金,支付高额利息,并使用大部分虚假的房产抵押债权或信用借款债权为上述投资理财产品作担保,假以将上述大部分虚假的债权分割后转让给投资人为名,于2012年5月至2014年7月,先后骗取被害人邓某等400余名被害人及被害家庭的投资款,后被告人穆某某将绝大部分投资款用于赌博挥霍,致使绝大部分投资款不能返还。被告人穆某某、毕某被法院以集资诈骗罪定罪处罚。[③] 但是,相似案情的运营模式也有判例被宣告无罪。如林某某一案中,被告人林某某为宜信普惠(北京)信息咨询有限公司福清分公司负责人,该分公司以债权转让的模式向不特定多数人融资。2014年6月23日,福建省福清市人民法院判决,宜信公司在未经国家有关部门的批准的情况下经营金融业务,触犯我国《刑法》第225条第4项的规定,判处责任人林某某犯非法经营罪,判处有期徒刑2年,缓刑2年,并

① 参见(2016)京0105刑初248号刑事判决书,载中国裁判文书网:http://wenshu.court.gov.cn/,2018年3月1日最后访问。

② 参见(2014)朝刑初字第3536号刑事判决书,载中国裁判文书网:http://wenshu.court.gov.cn/,2018年3月1日最后访问。

③ 参见(2015)三中刑初字第00940号刑事判决书,载中国裁判文书网:http://wenshu.court.gov.cn/,2018年3月1日最后访问。

处罚金1万元人民币。一审判决后,林某某提出上诉。2014年12月6日,福建省福州市中级人民法院以“针对‘P2P’模式目前尚无明确法律、法规明令禁止的意见,故对于林某某犯非法经营罪于法无据”为由,撤销一审判决,改判林某某无罪。[①] 基本相同的运作模式,为何却有着完全迥异的判决?这种专业放贷人的债权转让模式到底有何风险,是否会触碰非法集资的底线?这种异化平台融资模式应否为《刑法》所规制?这些都是本文着力探讨的主要问题。

二、穿透式监管理论下债权转让模式的实质分析

(一)债权转让模式概述

本文所探讨的债权转让模式,特指网贷平台以某个专业放款自然人(一般为网贷平台实际控制人或关系密切人)与借款人签订相应借款协议,并将资金先出借给融资客户(借款人)取得相应债权;专业放款人取得相应债权后,网贷平台将专业放款人手里的债权进行金额、期限的拆分,包装成固定收益的“××宝”等理财产品,借助网贷平台通过债权转让的方式转让给投资人(债权受让人)。与传统线上模式不同,这种模式中网贷平台只提供交易信息,具体的交易手续、交易程序都由平台的信贷机构和客户面对面完成,故被称为线下模式。该模式的优点在于,从经济效益角度考量,通过对债权的拆分组合,实现产品的标准化和固定收益化,有助于克服线上模式过度依赖用户主动寻求贷款而发展缓慢的劣势,同时将债权进行拆分和组合,按其期限和金额搭配形成数额不大的理财产品,降低了投资门槛从而更容易销售;[②]从法律风险角

---

① 参见福建省福清市人民法院(2013)融刑初字第1400号刑事判决书、福建省福州市中级人民法院(2014)榕刑终字第741号刑事判决书,载中国裁判文书网:http://wenshu.court.gov.cn/,2018年3月1日最后访问。

② 蒋莎莎:《网络贷款“宜信模式”的风险特点及监管回应》,载《金融监管》2014年第5期。

度考量,由自然人将自有资金借出,可以规避非特定机构方能放贷的法律规定,而债权转让的方式亦可在我国的《合同法》中找到合法性依据。但是,这种债权转让模式却在实际运营中频频遭遇质疑:2012 年,全国人大财经委员会副主任委员、前央行副行长吴晓灵直指这种模式,“恰恰是最高法院对于非法集资的定义”。[①] 本文认为,对于债权转让模式,需要借用穿透式监管理念进行审视。

(二)穿透式监管的含义

穿透式监管作为一种监管方法,其理论渊源来自功能监管理论和行为监管理论。其最初适用于资产管理领域,通常包含两层含义:一是在有多个通道或多层产品嵌套时穿透识别最终投资者是否为“合格投资者”;二是从产品功能和行为性质的角度,穿透识别最终投资标的是否符合投资范围、监管比例及风险计提等监管标准。穿透式监管的精神实质,就是通过行为的表面形态来判断金融业务和行为的本质是什么,将资金的来源、中间环节与资金的最终投向等全流程信息连接起来,按照“实质重于形式”的原则甄别金融业务和行为的性质;根据产品功能、业务性质和法律属性明确监管主体和适用规则,对业务和行为进行全流程的监管。

(三)债权转让模式的实质

根据美国证券交易委员会(SEC)的定义,“资产证券化”是指将缺乏流动性的资产进行重组、包装,将其转化为能在金融市场自由发售、流动的债券的一项金融技术。[②] 虽然在资产证券化的运作实践中会加入增信、评级、破产隔离等制度,但资产证券化最为核心的要件仍然是“债权拆分、重组”与“债权自由流转”两个要

---

① 吴晓灵:《人人贷勿踩非法集资红线》,载新浪财经:http://finance.sina.com.cn/money/bank/renwu/20121109/094013625455.shtml,2018 年 3 月 5 日最后访问。

② 赵宇华主编:《资产证券化原理与实务》,中国人民大学出版社 2007 年版,第 23 页。

件。在我国,从主导模式方面来看,划分资产证券化实践已经形成了三种类型:央行和银监会主导的信贷资产证券化,证监会主导的企业资产证券化以及银行间交易商协会主导的资产支持票据(ABN)。① 我国对于资产证券化采取了相对保守的态度,而且规定了进行资产证券化试点单位必须是金融机构。

本文认为,这种债权转让模式的运营主体虽然不是金融机构,但其完全符合了债权的拆分和自由流转两个资产证券化的核心要件,借鉴穿透式监管理念,这种模式在实质上完全可以被评价为一种"类资产证券化"的模式。事实上,美国著名的 P2P 网贷平台 Lending Club(LC)也是采用对债权进行拆分并转让销售的模式,美国证券交易委员会(SEC)对其也是以证券监管方式进行的;具体而言,SEC 认为 LC 公司发行的收益权凭证(notes)属于证券,因此受到 SEC 的监管,LC 公司需要向 SEC 提交发行说明书、季度和年度财务报告等,以履行信息披露业务。②

他山之石,可以攻玉。在充分借鉴美国证券监管经验并揭示了我国债权转让模式系"类资产证券化"的本质后,我们方能准确地评价这种模式的刑事风险并对之进行合理规制。

三、债权转让模式的刑事风险分析

实施债权转让模式的 P2P 网贷平台在异化融资过程中,创设各种名目的资产"受益权"或"收益权"进行融资,这些新型的权利不仅缺乏完备的民事法律依据和司法判例支持,一旦发生刑事风险更是将面临投资人利益受损、资产处置困难等问题,因此有必要对此进行刑事规制。如前所述,由于债权转让模式的实质类似于

---

① 林强:《资产证券化在我国的过去、当下及未来》,载《时代金融》(中旬)2015 年第 1 期。

② 参见[美]Peter Renton:《Lending Club 简史》,第一财经新金融研究中心译,中国经济出版社 2013 年版,第 42~43 页。

发行证券,故首先需要考虑其是否有非法发行证券犯罪的风险;其次还需要考虑其是否具有非法吸收公众存款罪的风险。

(一)难以构成非法发行证券相关犯罪

有学者认为,“平台对债权打包转让的过程,涉及资产切割,组合拆分,期限、流动性和资金错配,涉嫌建立‘资金池’,出售‘理财产品’,已经违背了P2P网贷的互联网中介服务性质和‘金融脱媒’的本质,实为资产证券化的过程,如果份额超过200份就触犯了证券法规定,涉嫌非法发行证券”。[①]《刑法》第179条及其相关司法解释的规定,未经国家有关主管部门批准,向社会不特定对象发行、以转让股权等方式变相发行股票或者公司、企业债券,或者向特定对象发行、变相发行股票或者公司、企业债券累计超过200人的,构成擅自发行股票、公司、企业债券罪。那么,是否意味着债权转让模式可能构成此罪?本文认为,债权转让模式由于是自然人(专业放款人)个人取得的债权,在进行转让时这种债权收益显然不属于公司的股票或公司、企业的债券,故虽然在实际发行中投资人可能会超过200人,但仍然难以适用该条罪名予以规制。

除了擅自发行股票、公司、企业债券罪外,根据《刑法》第225条的规定,违反国家规定,未经国家有关主管部门批准非法经营证券业务,扰乱市场秩序,情节严重的,以非法经营罪定罪处罚。那么,债权转让模式这种类似于经营证券业务的行为是否会构成非法经营罪?前述宜信福清分公司负责人林某某被一审法院判处犯非法经营罪,但二审法院认为,对林某某犯非法经营罪于法无据,故撤销一审判决改判林某无罪,这一判例值得我们重视。依照我国《刑法》的规定,非法经营证券业务构成非法经营罪的前提是“违反国家规定”。而我国《证券法》第2条规定:“在中华人民共

① 参见张影:《P2P网贷债权转让模式的法律风险与防范》,载《哈尔滨商业大学学报》(社会科学版)2015年第2期。

和国境内,股票、公司债券和国务院依法认定的其他证券的发行和交易,适用本法;本法未规定的,适用《中华人民共和国公司法》和其他法律、行政法规的规定。”在债权转让模式中,平台向投资人出售的收益权份额,不属于我国证券法规定的“证券”,故依照罪刑法定的基本原则,不能认定债权转让模式属于擅自发行证券经营证券业务,进而不能认定涉案人员构成非法经营罪,从这一角度来说,二审判决是妥当的。

当然,不能以非法经营罪定罪的理由,很大程度上源于我国现有证券法对于“证券”的含义规定过窄。从立法论角度来看,现行“证券”的含义应当予以修改。值得注意的动向是,在2017年4月20日送交全国人大审议的《中华人民共和国证券法(修订草案)》中,“证券”的含义得以扩张:“本法所称证券是指代表特定的财产权益,可均分且可转让或者交易的凭证或者投资性合同。”如果以这种定义,那么以债权转让模式融资的行为完全有可能会被认定为非法经营证券业务,进而也可能被认定构成非法经营罪。①

(二)可能构成非法吸收公众存款罪

不法金融行为往往并不表现为《刑法》条文所列举的典型犯罪构成要件;相反,存在诸多的变形。在不法金融行为表现方式与特定构成要件存在差异时,不能因为找不到一条完全相符的法律准则就拒绝处罚。② 从解释论角度来看,不构成非法经营证券犯罪,并不代表债权转让模式就隔绝了其他的非法集资的刑事风险。为此,我们应当坚持刑法实质解释论,对构成要件的解释应当以法条的保护法益为指导,不能停留在法条的字面含义上;对《刑法》的解释不能只单纯强调限制处罚范围,而应当强调处罚范围的合

① 当然,如果证券的定义得以扩张,那么“擅自发行股票、公司、企业债券罪”似乎就应当随之修改为“擅自发行证券罪”。

② 陈辐宽:《检察机关介入金融监管的依据与标准》,载《法学》2009年第10期。

理性、妥当性;在遵循罪刑法定原则的前提下,可以作出扩大解释,以实现处罚的妥当性。①

根据2010年最高人民法院《关于审理非法集资刑事案件具体应用法律若干问题的解释》第1条第1款的规定,违反国家金融管理法律规定,向社会公众(包括单位和个人)吸收资金的行为,同时具备非法性、公开性、利诱性和社会性,除刑法另有规定的以外,应当认定为《刑法》第176条规定的"非法吸收公众存款或者变相吸收公众存款"。本文认为,P2P网贷平台以债权转让模式进行实质融资过程中极易触犯"四性",可能构成非法吸收公众存款罪。

1. 符合公开性和社会性要件

由于P2P网贷平台具有互联网金融的属性,所以其天然具备向社会公开宣传的特征,公开性要件在此类案件中不难证明。

是否符合社会性要件,即到底是"私募"还是"涉众",是区分合法民间借贷与非法集资的核心要素。实践中,某些涉案公司宣称其所采用的债权转让模式中所有的资金往来以及未来收益权也都是基于每一个特定的债权合同,而且所有的债权合同的唯一性都经过会计师事务所的审核认证。本文认为,从单一的合同来看,上述解释确实有一定道理,也符合民法的合同相对性原理。但是,如果穿透其模式进行就可以看到,这种模式通过拆分债权再进行期限和金额的错配向不特定多数人宣扬时,也已背离了"一对一"的债权债务转让的借贷法律关系,而是实际上演变成为"一对多"的融资法律关系。在平台不设投资人资质门槛、不区分投资人是否为"合格投资者"的情况下,这种债权转让模式的社会性还是比较明显的。至于有人认为采用在P2P网站上注册会员投资属于限定融资对象从而不符合社会性要件的观点,本文认为其显然不能成立。登记注册只是线上投资的流程,未对单个投资人、单个融

① 参见张明楷:《实质解释论的再提倡》,载《中国法学》2010年第4期。

资项目的投资金额的上下限作出相应的规定;未进一步对投资人的经济实力进行筛选;未将投资人限制在特定范围内或者对投资人承担投资风险总量进行控制,因此没有起到限制投资者对象于"特定公众"的作用,没有阻却社会性要件的成立。

2. 符合利诱性要件

如前所述,在美国像LC公司实施债权转让模式,是受SEC监管的,对于此种模式产生的类似非法集资的风险防控,多是SEC起诉要求涉案公司履行证券法上的义务来解决的。美国证券法中证券的范围较为宽泛,其中投资合同在实践中成为证券定义的兜底条款。在Howey案之前,各州法院已在不断发展投资合同的定义,直到最高法院在1946年Howey案中确立了检验框架,后为国会采纳,并在判例中不断完善。① 根据著名的"豪微检验"(Howey test),一项资金安排能否认定为投资合同,从投资者的角度须考虑四项标准:一是利用钱财进行投资;二是投资于一个共同计划;三是仅依赖发起人或第三方的努力;四是期望使自己获得利润。其中,第三项和第四项要素是相关的,法院在界定投资合同时往往结合起来考虑,两项要素的意旨在于,欲获得的收益必须来源于共同计划的收益,而不仅是其他投入,且获取该收益是投资的主要动机。②

本文认为,在认定非法吸收公众存款的利诱性要件的解释时,完全可以参考"豪微检验"的要素,即对于认定是否属于非法吸收公众存款罪中的承诺回报,应限于行为人承诺"只要出资即可通过出资行为获得回报",而不是指承诺出资人在出资后通过生产等行为可以获得报酬。在考察债权转让模式是否符合利诱性要件

① Securities & Exchange Commission v. W. J. Howey Co. et al. 328 U. S. 293.

② Miriam R. Albert, *The Howey Test Turns* 64:*Are the Courts Grading this Test on a Curve*? Hofstra University LegalStudies Research Paper No.10-28.

时,还需要进一步考察回报的确定性。实践中,投资人在签订合同时常常会发现附带回购的约定,如某 P2P 平台专业放款人与投资人签订的债权转让合同中就约定:乙方(专业放款人)承诺,当债权回购条件成就时,甲方(投资人)有权要求乙方立即回购其已经根据本协议受让的债权,回购价格为乙方依据本协议应向甲方支付的与甲方受让债权对应的借款本息;乙方需在甲方发出书面回购通知之日起 3 个工作日内完成债权回购程序并支付回购价款。甲方的回购通知一经发出即启动债权回购程序,乙方须按照本条约定向甲方支付全部回购价款,双方无须另行签署债权回购协议。这些约定回购的条款可以看出,专业放款人通过回购保障投资人投资的安全,这种回购的设定实际上是向投资人承诺保本付息的变相承诺,投资人只要出资后基本没有风险而坐等确定的回报,并非是一种正常的基于一定的风险投资所获得的回报,故符合利诱性的要件。

3. 符合非法性要件

认定这种模式是否具有非法性,要紧密结合这种业务内容所显露出的风险进行综合判定。本文认为,债权转让模式至少具有以下风险:

(1)存在资金池的风险。实践中,专业放款人一般会在债权转让与受让协议中通过格式条款来取得投资人的授权,来代为收取和管理借款人的还款。那么在债权转让完成后,借款人并不是直接将钱还给新债权人(投资人),而是由专业放款人代为收取和管理,并向投资人兑付。如此,专业放款人的账户作为一个中间账户,所有资金都在这个账户中流转,专业放款人的账户在这个过程中显然形成了资金沉淀,触犯了不得形成资金池的红线。

在这一问题上,民事法学者与刑事法学者可能会持有不同的观点。一种流行的民事法观点认为,不能一概认定债权转让模式可能形成资金池进而认定为非法:若 P2P 网贷平台先归集资金、再寻找借款对象,使放贷人资金进入平台的中间账户,这样会产生资金池,则涉嫌非法吸收公众存款;若P2P网贷平台通过将已有的借款需求设计成理财产品出售给放贷人,则不会形成资金池,这种模式为合法。类似的观点有,资金转移是否先于投资行为的发生,是判定合法与否的关键。[①] 简言之,上述观点认为"先吸后贷"为非法,"先贷后吸"为合法。本文对这种机械的观点持否定态度。是"先吸后贷"还是"先贷后吸",二者之间没有实质的区别,只是前者违法性特征更明显,后者需要稍作甄别而已。货币是一种具有可替代性的种类物,P2P网贷平台何时从出借人手中取得资金并不影响网贷平台是否从事"吸收资金"的行为的认定。更为重要的是,吸存与放贷的顺序也是相对的,在长期的经营过程中,对于放贷资金到底是专业放款人自有资金还是吸收的投资人资金,常常是混同而无法区分的。如在林某使用债权转让模式非法吸收公众存款一案中,其供述"刚开始做的时候我自己有1000多万元向外借款,后来转让债权以后回笼了资金,这些投资人的资金又向外出借,就是这样滚动起来的"。[②] 可见以放贷行为是否先于吸存行为的发生来判断合法与否的标准难以操作,反而采用是否存在资金池的实质认定标准更具有可操作性。

(2)存在自融的风险。专业放款人往往与平台关系密切。债权转让模式下,专业放款人这个角色往往是平台的实际控制人或高管,与平台都有关联关系,在这种情况下,投资人不是直接将钱借给了借款人,而是购买的专业放款人的债权。基于专业放款人和平台方的关联关系,为自融和庞氏骗局的运作提供了最为便利

① 参见第一财经新金融研究中心:《中国P2P借贷服务行业白皮书》,中国经济出版社2013年版,第128页。

② 参见(2015)朝刑初字第1119号刑事判决书,载中国裁判文书网:http://wenshu.court.gov.cn/,2018年3月1日最后访问。

的条件。与“e 租宝”案相关联的“芝麻金融”案，就是这种以钰诚集团实际控制人丁某的妻子高某某为专业放款人，以高某某取得的个人债权在“芝麻金融”平台上进行期限和金额的错配，诱使广大集资参与人进行投资的情况。“e 租宝”“芝麻金融”平台的案发，已经为这一风险演变为实害提供了最为现实的素材。

(3)金额、期限的错配导致流动性紧张的风险。将债权进行金额、期限错配，包装为理财产品，是这种模式的核心。虽然现行监管体制下并不完全禁止金额拆分，但禁止期限拆分尤其是“大拆小”，否则原有投资人的钱必然需要新投资人的投资进行兑付，流动性风险加大甚至资金链断裂。

(4)债权虚假的风险。对于债权的真实性，目前主要依赖于如果单纯依靠平台及专业放款人的商业道德和商业信用，监管严重滞后。从司法实践中案发的情况尤其是“e 租宝”“芝麻金融”等重大要案来看，采用债权转让模式的非法集资犯罪，几乎大部分的债权都是虚假的。

因此，债权转让模式存在极大的风险，却在某种程度上规避了行政监管。但基于以上刑法实质解释，这种模式有可能属于变相地吸收存款，从而触发《商业银行法》第 11 条第 2 款规定，“未经国务院银行业监督管理机构批准，任何单位和个人不得从事吸收公众存款等商业银行业务”，因此具有非法性。

综上所述，当这种债权转让模式存在公开向公众融资，存在约定回购等保本条款，存在资金池甚至自融风险，存在期限、金额的错配，有的甚至存在债权虚假等情形时，完全可以因其符合“四性”而构成非法吸收公众存款罪。前述宜信福清分公司负责人林某某一案，在不考虑案件最终处理是否系综合考虑证据不足、人员分层处理不均衡等因素的前提下，单从刑法实体法角度探讨，是有构成非法吸收公众存款罪余地的。

值得注意的是，《网络借贷信息中介机构业务活动管理暂行办法》及时地叫停了这种“类资产证券化”的债权转让模式,其第10条第8项规定:“不得从事或者接收委托从事……开展类资产证券化业务或实现以打包资产、证券化资产、信托资产、基金份额等形式的债权转让行为。”2017年7月,广东省金融监管部门要求广东(非深圳)地区的P2P网贷平台禁止一切形式的债权转让活动与服务。虽然后来广东互联网金融协会向所属会员单位下发《关于规范广东省(不含深圳)网络借贷信息中介机构会员单位出借人之间债权转让业务的通知(征求意见稿)》,规定了“网贷平台应设置债权转让专区,为出借人之间债权转让业务提供信息中介服务,所有债权转让业务应在债权转让专区进行”,但这种规定只是允许并规范了平台内部的投资人债权变现模式。2017年12月13日《关于做好P2P网络借贷风险专项整治整改验收工作的通知》更是明确了,只有为解决流动性问题而采取的出借人之间的债权转让合规,其他包括超级债权人、非标准债权包、类资产证券化形式的各类债权转让全部划为违规。因此,通过对以上行政监管规范性文件的解读,也可以为司法人员以非法吸收公众存款罪来规制P2P异化平台融资模式增强内心确信。

(责任编辑:王亚兰)

【文件释义】

《关于办理涉互联网金融犯罪案件有关问题座谈会纪要》理解和适用

聂建华　陈鸷成　贝金欣　罗　曦*

目　次

* 聂建华,最高人民检察院公诉厅正厅级检察员;陈鸷成,最高人民检察院公诉厅起诉二处处长;贝金欣,最高人民检察院公诉厅主任检察官;罗曦,最高人民检察院公诉厅起诉三处副处长。

为保障互联网金融规范发展,有效防范化解金融风险,依法办理涉互联网金融犯罪案件,最高人民检察院(以下简称高检院)公诉厅于2017年6月1日印发了《关于办理涉互联网金融犯罪案件有关问题座谈会纪要》(高检诉〔2017〕14号,以下简称《会议纪要》),指导各地检察机关公诉部门依法处理这一类案件。为了便于更好地理解和适用,结合近一年司法实践情况,笔者对《会议纪要》涉及的有关问题作出如下阐释。

一、制定背景和经过

互联网金融是金融与互联网相互融合形成的新型金融业务模式,近年来发展迅速,但同时出现了野蛮生长的现象,部分机构、业态偏离了正确方向,有些甚至打着"金融创新"的幌子进行非法集资、非法经营等违法犯罪活动;这不仅违背了金融创新的初衷,还严重扰乱了金融管理秩序,侵害了人民群众合法权益。2016年4月,国务院部署开展了互联网金融风险专项整治工作,集中整治违法违规行为,防范和化解互联网金融风险。各级检察机关积极参与专项整治工作,依法办理进入检察环节的涉互联网金融犯罪案件。办案中,各地检察机关普遍遇到法律适用、追诉范围、证据审查运用、跨区域办案协调、投资人权益保护等方面的新情况、新问题,需要统一认识、研究解决。这些问题主要表现为:以互联网金融名义实施非法集资行为的违法性认定和证明；犯罪嫌疑人的主观故意认定；单位犯罪的处理特别是分支机构人员的处理；犯罪数额的认定、各地分别处理的关联案件的协调平衡；等等。针对这些问题，高检院公诉厅开展专题调研，并进行了集中研究分析，多次组织召开座谈会，征求部分检察院办案人员、检察实务专家、相关领域法学专家意见，最终形成了六个方面32条意见，以《会议纪要》的形式，下发各地检察机关公诉部门，作为办案工作的指导。

《会议纪要》形成了以下基本共识。一是明确办理涉互联网金融犯罪案件的基本要求。针对互联网金融犯罪案件的特点，提出办理此类案件四个方面的基本要求，特别是从互联网金融的本质出发，提出了准确把握金融法律政策界限的基本理念和方法。二是明确互联网金融行为法律性质认定的基本思路与方法。针对互联网金融犯罪案件中常见的非法吸收公众存款、集资诈骗、非法经营资金支付结算三个罪名适用中的疑难问题，分别提出指导意见。在非法吸收公众存款罪部分，明确行政法律依据、违法性认识辩解处理、数额认定等方面的处理意见；在集资诈骗罪部分，重点明确“非法占有目的”的认定问题，并对相关证据的收集、审查、运用方法提出工作思路和方向；在非法经营支付结算部分，明确此类犯罪所违反的“国家规定”依据，并对司法实践中遇到的有关非法经营支付结算业务形式是否可以作为非法经营罪处理作出了释明。三是规范单位犯罪及其责任人员的认定和处理。针对互联网金融犯罪中单位层次复杂、实践操作不一等问题，重申了认定单位犯罪的基本条件，并对单位犯罪案件中出现的各种复杂情形分别提出了处理意见。四是规范定罪量刑情节的运用。针对互联网金融犯罪涉案人员众多的特点，对如何贯彻宽严相济刑事政策，依法追究单位及其责任人员的刑事责任、区分责任轻重等问题提出处理意见，防止不当扩大追究范围。五是强化证据的收集、审查、运用工作。针对跨区域涉众型案件中侦查取证面临的主要问题，提出解决路径,重点对提前介入侦查活动、跨区域证据交换共享、电子数据侦查取证提出要求。六是强调投资人合法权益保护的重要性。针对此类犯罪投资人诉求复杂多样、追赃挽损意愿强烈的特点,强调办案人员必须坚持刑事追诉与投资人保护并重,切实把保护投资人合法权益的责任落实到位。

二、办理涉互联网金融犯罪案件的基本要求

涉互联网金融犯罪案件行为新颖,跨区域、涉众型特征明显,投资人权益保护难度大,虽然法律及相关司法解释多次就查办非法集资等非法金融活动作出规定,但由于这些规定都是在互联网金融出现之前制定的,需要办案人员统一办案思路和认识,准确评价一些新的行为模式,准确区分互联网金融创新与违法犯罪之间的界限。为此,《会议纪要》围绕办理涉互联网金融犯罪案件中突出的共性问题,提出了四项基本要求。

(一)准确认识互联网金融的本质

互联网与金融的结合,推动了金融活动的创新发展,形成了许多新的金融业态。对这些新的金融业态如何进行有效监管,在互联网金融发展之初存在许多不同认识。比如,有的观点认为,互联网金融领域属于金融创新,在国家没有作出专门规定之前属于"法无禁止即可为"的领域,不能用现行金融管理法律规定对其进行监管和处理;有的观点认为,国家认同和鼓励金融创新,应当对互联网金融领域触及刑事法网的行为,予以适当宽宥,避免将"试错"的刑事责任风险让社会个体来承担。从办理涉互联网金融犯罪案件的情况来看,产生这些观点的原因是没有抓住互联网金融的本质属性。

互联网金融是金融创新发展的表现形式之一,主流观点认为,互联网金融并没有改变金融的本质,互联网金融的本质仍然是金融。而且,互联网金融活动中存在的风险与传统金融没有区别,信用风险和信息不对称风险仍然是监管部门需要防范的重点,甚至

这些风险还可能因互联网的作用而被放大。[①] 特别是，当前大部分互联网金融活动主要表现为经营方式上的创新，[②]即利用互联网这一载体，将传统的金融活动从线下运营扩展到线上运营或者线上、线下共同运营。对这些金融活动不加强监管，容易成为金融犯罪的高发地带，甚至引发系统性风险。实践中，一些犯罪分子往往以“互联网金融创新”为幌子，把传统金融违法犯罪活动从线下搬到线上，企图掩盖其违法本质迷惑公众，这种行为是不折不扣的“挂羊头卖狗肉”式的伪创新，是伪“互联网金融”，更应作为打击金融违法犯罪的重点对象；“e 租宝”集资诈骗案就是其中的典型。

为了维护金融秩序，防控各类金融风险，各国都通过立法对金融活动实施严格监管，我国也是如此。现行金融管理法律规定针对各类金融活动，制定了一系列的审批和监管措施，这是开展各类金融活动要遵守的基本法律规定。由于互联网金融的本质及其风险没有发生质的变化，这些法律规定当然应当对其适用。由此可见，互联网金融不是“无法可依”的法律真空地带，除非现行法律规定确实无法涵盖互联网金融所涉业务。

基于上述考虑，《会议纪要》第 1 条明确提出，准确认识互联网金融的本质。在金融本质没有改变的情形下，判断是否符合“违反国家规定”“未经有关国家主管部门批准”等要件时，现行刑事法律和金融管理法律法规就是基本依据。实践中由于互联网金融形式多样易变，会造成不易准确识别行为性质和适用法律的问

---

① 参见吴晓求：《互联网金融：成长的逻辑》，载《财贸经济》2015 年第 2 期；郑联盛：《中国互联网金融：模式、影响、本质与风险》，载《国际经济评论》2014 年第 5 期。

② 一些经济学家提出，互联网金融可以利用互联网大数据分析的技术，有效解决金融活动中信息不对称的问题，完善金融识别信用风险的能力，从而实现更加高效的资源配置。因此，互联网金融是经济学家眼中具有革命性意义的互联网金融创新。以上述标准来判断，当前绝大部分互联网金融活动所体现的创新特征可能还有一定差距。参见吴晓求：《互联网金融：成长的逻辑》，载《财贸经济》2015 年第 2 期。

题。对此,金融监管部门提出了"穿透式"监管的理念,"就是要透过表面现象看清业务实质,把资金来源、中间环节与最终投向穿透连接起来,综合全流程信息来判断业务性质,并执行相应的监管规定。"[①]事实上,通过对当前互联网金融活动的"穿透",几乎所有互联网金融活动都能在现行法律规定上找到监管根据。在办理涉互联网金融犯罪案件时,也要引入"穿透式"监管的理念。为此,《会议纪要》第1条提出运用实质判断的基本方法,即对各种类型互联网金融活动,要深入剖析行为实质并据此判断其性质,结合法律规定发现案件中的构成要件事实,从而准确适用法律,准确区分罪与非罪、此罪与彼罪、罪轻与罪重、打击与保护的界限。办理这类案件时,绝不能机械地被所谓"互联网金融创新"表象所迷惑。

(二)妥善把握刑事追诉的范围和边界

涉互联网金融犯罪案件通常涉案人员数量较多,有的地方在查办案件时对打击范围认识不一、把握不准,司法机关之间、不同地域之间存在打击范围不一致的现象。对此,要按照打击少数、教育挽救大多数的基本原则,运用好宽严相济刑事政策,该严则严,当宽则宽,合理把握打击范围。《会议纪要》第2条提出,对涉案人员要区别对待、分类处理,综合运用刑事追诉及非刑事手段处置和化解风险,对部分不需要追究刑事责任的涉案人员,可以通过行政手段进行处罚。在具体把握上,要坚持主客观相统一,根据犯罪嫌疑人在犯罪活动中的地位作用、涉案数额、危害结果、主观过错、认罪悔罪态度等主客观情节,综合判断责任轻重及刑事追诉的必要性,对于符合不起诉条件的,要依法作出不起诉决定。对于实践中存在打击范围不一致问题,要正确看待。在坚持案件处理总体平衡的前提下,对涉案人员的处理,不能简单以层级或数额作为标

① 《人民银行有关负责人就通过互联网开展资产管理及跨界从事金融业务风险专项整治工作答记者问》,载《金融时报》2016年10月14日。

准,而要结合事实证据以及在当地造成的现实危害等因素进行综合判断。

(三)注重案件统筹协调推进

大多数涉互联网金融犯罪案件都是跨区域的,主要犯罪嫌疑人与分属各地的犯罪嫌疑人一般要分别侦查起诉,如何保证案件的整体办案效果是个难题,实践中容易出现不同地方在办案要求、办案进度、办案标准方面不一致的现象,对全案依法妥善处理造成不良影响。对此,国务院《关于进一步做好防范和处置非法集资工作的意见》(国发〔2015〕59 号)明确提出了"三统两分"(统一指挥协调,统一办案要求,统一资产处置,分别侦查诉讼,分别落实维稳)原则,各地办理跨区域涉众型案件必须严格执行这一规定。为此,《会议纪要》第 3 条要求各地检察机关按照"三统两分"的要求分别处理好主案和辖区内案件,并从横向、纵向两个方面加强工作机制建设:一是要明确上下级检察院之间、检察院内设机构之间的职责任务,落实上级检察院的统筹协调责任;二是要明确检察院与其他部门之间的职责分工,做到相互配合、相互制约。

(四)坚持司法办案"三个效果"有机统一

涉互联网金融犯罪案件涉及利益群体众多,牵一发而动全身,必须从整体效果出发做好每一阶段的工作,不能就案办案。《会议纪要》第 4 条强调指出,要把办案工作与保障投资人合法权益紧密结合起来,同步做好释法说理、风险防控、追赃挽损、维护稳定等工作,保证案件得到妥善处理,使投资人合法权益得到最大限度的保护,实现司法办案的法律效果、社会效果、政治效果有机统一。

三、准确界定涉互联网金融行为的法律性质

互联网金融涉及 P2P 网络借贷、股权众筹、第三方支付、互联网保险以及通过互联网开展资产管理及跨界从事金融业务等多个金融领域,行为方式多样,所涉法律关系复杂,对相关领域的金融犯罪行为在具体构成要件的认定上容易出现不同认识。对此,

《会议纪要》结合涉互联网金融犯罪的特点,分别就实践中亟须解决的非法吸收公众存款罪、集资诈骗罪、非法经营罪(支付结算业务)认定有关问题提出了解决思路和方法。

(一)非法吸收公众存款行为的认定

非法性、公开性、利诱性、社会性是认定非法吸收公众存款罪的"四要件",鉴别涉互联网金融活动是否触犯《刑法》而构成本罪,同样需要据此判断。

1. 归集资金是判断互联网金融活动是否触犯非法吸收公众存款罪的关键

吸收公众存款是非法吸收公众存款罪的实行行为。互联网金融活动法律关系和资金情况相对复杂,极易影响对实行行为的判断。在判断时,要抓住资金流向这一关键环节,重点审查判断犯罪嫌疑人是否存在归集资金、沉淀资金,致使投资人资金存在被挪用、侵占等重大风险的情形。归集资金的本质就是自融行为,故是判断构成非法吸收公众存款罪的关键。《会议纪要》第6条对此作出了明确。相反,如果不存在归集资金、沉淀资金情形的,一般不能认定非法吸收公众存款罪。比如,网络借贷信息中介平台在法律规定的范围内单纯地从事信息中介活动,撮合借贷双方通过信息中介平台达成网络借贷目的,平台自身不归集、沉淀资金的,就不是犯罪。

2. 判断"非法性"的法律依据

在判断互联网金融活动是否"非法"时,有的办案人员把审查重点放在国家关于互联网金融的专门规定上,有的甚至因找不到这方面的专门规定就认为不符合"非法"这一要件。这种判断方法存在问题。如前所述,互联网金融的本质仍然是金融,在国家没有制定新法排除现行法律规定适用的情形下,只要业务性质属于现行法律规定规制的,就要按照现行法律规定办理。因此,《会议纪要》第7条规定,在适用法律时,首先要判断涉案互联网金融活动是否违反《商业银行法》和《非法金融机构和非法金融业务活动取缔办法》等现有法律法规规定,未经批准从事了吸收公众存款业务;然后再审查是否存在其他不作为违法处理的特别规定,如果没有特别规定的,应当认定符合“非法性”这一构成要件。

3. 网络借贷相关主体构成非法吸收公众存款罪的主要情形

网络借贷是互联网金融活动中容易触犯非法吸收公众存款罪的主要领域。针对网络借贷发展之初的乱象,2016 年 8 月 17 日银监会等部门出台了《网络借贷信息中介机构业务活动暂行办法》(以下简称《暂行办法》),对网络借贷信息中介机构(以下简称中介机构)及融资主体的权利义务作出规范。应当看到,《暂行办法》基本没有突破现行法律规定对金融活动的规制。

(1)《暂行办法》将中介机构定性为信息中介。中介机构只能从事网络借贷的信息中介业务,不得从事或接受委托从事自融、变相自融、设立资金池、提供担保或承诺保本保息、发售金融理财产品、开展类资产证券化等形式的债券转让等超出信息中介范围的活动。中介机构必须严格遵守其业务范围,如果违反这些禁止性规定,行为就具有非法性。

(2)《暂行办法》规范了借款人的权利义务。一方面,考虑到单位和个人通过中介机构进行小额融资的行为,具有小额分散的特点,有利于普惠金融的发展,《暂行办法》允许借款人通过中介机构向公众进行规定范围内的借款活动,这种融资行为性质上属于民间借贷,故不需要经过批准,也就不能作为犯罪处理;另一方面,出于限制借款集中风险的考虑,《暂行办法》又规定了借款人通过中介机构融资的最高限额、利用平台的数量和资金用途等限制条件,如果借款人违反《暂行办法》规定利用中介机构开展借款活动,行为也具有非法性。

总体来说,对符合《暂行办法》的规定开展网络借贷活动,应当依法予以保护。对违反《暂行办法》的规定开展网络借贷活动,应当依照《商业银行法》等相关法律规定作出性质认定;构成犯罪的,依法追究刑事责任。为便于办案时把握,《会议纪要》第8条对中介机构和借款人违反《暂行办法》可能构成非法吸收公众存款罪的情形作了列举:①中介机构自身超出信息中介业务范围,实际从事直接或间接归集资金、甚至自融或变相自融的;②中介机构与借款人合谋,帮助借款人从事违法融资活动的;③借款人故意隐瞒事实,违反《暂行办法》规定开展融资活动,情节严重的。但是,在具体适用时,要注意判断行为的实质社会危害性程度,并注意区分行政处罚和刑事处罚的合理界限。

4. 主观故意的判断

办案中,一些犯罪嫌疑人及其辩护人常以不明知所从事的行为违反法律规定为由,否认其具有非法吸收公众存款的主观故意。这种辩解在分支机构涉案人员中较为多见,办案人员对此有不同认识。《会议纪要》第9条、第10条对主观故意的内容、违法性认识错误辩解的处理和证明提出了具体意见。

《刑法》规定的故意是指明知自己的行为会发生危害社会的结果,并且希望或者放任这种结果发生。行为人对行为违法性的认识不是犯罪故意的内容。犯罪嫌疑人对法律认识的错误并不影响对其主观故意的判断,即犯罪主观故意不受所谓违法性认识的影响。而且,法律一经公布即视为公众应当明知,在涉互联网金融犯罪案件中,具备一定相关金融活动从业经历、专业背景或在犯罪活动中担任一定管理职务的犯罪嫌疑人,对法律法规应当有相应了解,因此只要其实际从事的行为属于应当批准而未经批准,行为在客观上具有违法性,其犯罪主观故意即能成立。为了减少庭审中的争议、增强指控犯罪的效果,在具体办案过程中,要注意收集运用犯罪嫌疑人的任职情况、职业经历、专业背景、培训经历、此前任职单位或者其本人因从事同类行为受到处罚情况等证据,以更有力地反驳犯罪嫌疑人的辩解。除此之外,如果收集到证明犯罪嫌疑人存在故意规避法律等虚构事实、隐瞒真相方面的证据,则更能进一步印证其辩解不成立。

鉴于实践中涉案人员情形复杂、层级差别大,为保证罪责刑相适应,对于单位犯罪中层级较低、确实无法明知整体单位犯罪行为且所起作用较小的,可以情节显著轻微不作为犯罪处理。为此,《会议纪要》第10条规定了两种不作为犯罪处理的例外情形:一是犯罪嫌疑人无相关职业经历、专业背景,且从业时间短暂,在单位犯罪中层级较低,纯属执行单位领导指令的。二是犯罪嫌疑人因信赖行政主管部门出具的相关意见而陷入错误认识的。但需要注意的是,犯罪嫌疑人所信赖的行政主管部门的意见无论正确与否,该意见必须是依法独立公正作出的,且不是审批过程中的意见。如果犯罪嫌疑人与出具意见的单位或个人存在不法合谋等不正当行为影响行政意见出具的情形,则该意见不能作为否定违法性认识的依据,这方面的证据反而更有利于推翻犯罪嫌疑人的辩解。《会议纪要》据此列举了5种不能排除违法性认识的具体情形。

此外,有的犯罪嫌疑人辩解其因信赖主流媒体、专家学者的观点而从事相关活动,否定其具有违法性认识,对此不应采信。无论媒体还是专家都不是判断相关金融活动合法与否的权威部门,他们的意见与行政主管部门的意见效力不同,不能以此否认行为本身的违法性和行为人的违法性认识。

5. 非法吸收公众存款数额的计算方法

由于犯罪嫌疑人具体吸收资金的情形十分复杂,实践中,对吸收亲友资金进行投资、员工之间互投、员工挂名记账等方式吸收的资金是否应当扣除,存在不同认识。《会议纪要》第11~13条对此提出了处理意见。

负责或从事吸收资金行为的犯罪嫌疑人非法吸收公众存款金额,通常应根据其实际参与吸收的全部金额认定。在具体认定时,要根据犯罪嫌疑人吸收资金和集资参与人投入资金的行为性质、动机、目的等因素正确判断记录在犯罪嫌疑人名下资金的真实来源性质。(1)犯罪嫌疑人自身投入的资金,不属于其向公众吸收的资金,不应计入其自身的吸收金额。(2)犯罪嫌疑近亲属投入的资金,如果犯罪嫌疑人辩解其近亲属的主要目的是为支持犯罪嫌疑人工作业绩而自愿投入,可以视为其自身的投资;在没有证据推翻其辩解的情形下,可以作有利于犯罪嫌疑人的认定,将这部分资金予以扣除,但一般应限制在法律规定的近亲属范围以内。(3)由于其他员工离职、满足业绩指标等原因,部分资金虽记录在犯罪嫌疑人名下,但其未实际参与吸收且未从中收取任何形式好处,这与犯罪嫌疑人主动吸收资金存在本质差别,也可以扣除。(4)对投资人在每期投资结束后,利用投资账户中的资金(包括每期投资结束后归还的本金、利息)进行反复投资的金额应当累计计算。这是因为,每期投资结束后,相应的资金已经处于投资人实际控制之下,其具有选择继续投资或者提取到自己银行账户的主动权,再次投资与首次投资没有本质区别。但是,如果投资人对投资结束后返还的资金不具有实际控制可能性,相关资金仍在集资主体的完全控制之下的,则不予累计计算。比如,有的犯罪嫌疑人因到期后无法还款,通过续签投资合同等方式要求集资参与人继续投资,投资人实际上无法取回投资款的,不应累计计算。

需要注意的是,一些仅负责或从事行政管理、财务会计、技术服务等辅助工作的犯罪嫌疑人帮助单位或者主要犯罪嫌疑人吸收资金,在认定数额时以单位或主要犯罪嫌疑人吸收资金作为其犯罪金额,但这并不表明其刑事责任与单位的主管人员或主要犯罪嫌疑人相同,必须按照其参与的犯罪事实,结合其在犯罪中的地位和作用,依法确定刑事责任。

(二)集资诈骗行为的认定

在涉互联网金融犯罪案件中,涉案资金巨大、资金流向复杂、造成资金链断裂的原因复杂,能否证明犯罪嫌疑具有非法占有目的,是区分非法吸收公众存款罪和集资诈骗罪的关键。由于两罪量刑差距很大,往往成为庭审中的争议焦点。《会议纪要》重点对集资诈骗案件中非法占有目的的认定等问题提出了具体意见。

1. 非法占有目的的认定思路

2010 年最高人民法院《关于审理非法集资刑事案件具体应用法律若干问题的解释》第 4 条规定了八种可以认定犯罪嫌疑人具有非法占有目的的情形,对司法实践起到了积极指导作用。但一些办案人员也反映,实践中具体情形复杂,有的情形相互交织,依据现有司法解释规定仍难以作出认识一致的判断,故成为办案的难点。

就该司法解释列举的情形来看,认定具有非法占有目的可以归纳为两类情形:一是存在逃避返还资金的情形;二是存在不负责任地使用资金、致使资金不能返还的情形。相对而言,证明第一种逃避返还资金的情形的要求比较明确,只要证据收集到位,就较容易证明。由于涉互联网金融犯罪案件涉案资金巨大、资金情况十分复杂,后一种情形的证明则相对困难。在没有证据证明犯罪嫌疑人逃避返还资金时,可以围绕融资项目真实性、资金去向、归还能力等事实证据,重点审查犯罪嫌疑人对资金能否归还是否具有不负责任的主观态度和相关行为,并作出综合判断。《会议纪要》第 14 条列举了涉互联网集资诈骗案件中几种常见情形:(1)大部分资金未用于生产经营活动,或名义上投入生产经营但又通过各种方式转移资金的;(2)资金使用成本过高,生产经营活动的盈利能力不具有支付全部本息的现实可能性的;(3)对资金使用的决策极度不负责任或肆意挥霍造成资金缺口较大的;(4)归还本息主要通过借新还旧来实现的;等等。

2. 犯罪目的的区别判断

对于共同犯罪或单位犯罪案件中,不同层级的犯罪嫌疑人之间存在犯罪目的发生转化或者犯罪目的明显不同的,应当根据主客观统一的原则,对犯罪嫌疑人的犯罪目的分别认定。《会议纪要》第15条列举了两种常见情形:(1)根据犯罪目的转化的时间节点予以区分。在集资诈骗犯罪案件中,经常存在犯罪嫌疑人的犯罪目的因资金情况的变化发生转变。比如,起初不具有非法占有的目的,但在出现资金链断裂等问题后,明知资不抵债仍然继续非法吸收公众存款的,对后一阶段的行为可以认定犯罪嫌疑人具有非法占有的目的。(2)注意审查同案犯之间的犯罪目的差异。在涉案人员众多的犯罪案件中,不同的犯罪嫌疑人由于所处层级不同,对全案犯罪事实的认识不同,在犯罪目的上就会存在差异。比如,主要犯罪嫌疑人具有非法占有目的,但其他同案犯只是实施了非法吸收公众存款行为,对资金去向存在错误认识,不明知主要犯罪嫌疑人以非法占有目的吸收资金,在这种情形下,这些犯罪嫌疑人就不能认定具有非法占有目的。

3. 非法占有目的的证明

非法占有目的作为一种主观心理活动,除了犯罪嫌疑人的供述之外,必须结合其他主客观证据来推定。办案时,要高度重视与证明非法占有目的相关证据的收集和运用,努力形成完整的证明链条。《会议纪要》第16条就此提出了相关意见。实施集资诈骗犯罪的整体行为模式、资金使用过程、资金的归还能力以及其他欺诈行为等方面的证据,对证明主要犯罪嫌疑人是否有非法占有目的具有重要作用,对这些证据要全面收集,充分挖掘其中与证明非法占有目的相关有效信息,进行综合分析、判断。实践中,一些集资诈骗案件资金吸收、使用等方面证据十分庞杂,证明时需要依靠司法会计鉴定机构对相关问题作出审计。如果审计工作没有围绕证明非法占有目的的思路展开,很容易造成证据中的有效信息没有挖掘出来。因此,在开展审计工作时,办案人员应根据指控犯罪的思路,提前向鉴定人员明确需要审计的重点项目,使审计工作有的放矢,把海量证据中的有价值信息通过审计工作提取固定下来,更好地发挥这些证据的证明作用。

4. 集资诈骗数额的计算方式

集资诈骗的金额以案发时实际未兑付的金额计算。案发后,犯罪嫌疑人主动退还集资款项的,属于事后退赃,不能从集资诈骗的金额中扣除,但可以作为量刑情节考虑。

(三)非法经营资金支付结算行为的认定

当前网络支付结算业务迅速发展,根据《支付结算办法》《非金融机构支付服务管理办法》《非银行支付机构网络支付业务管理办法》《银行卡收单业务管理办法》等规定,支付结算是指支付组织在收付款人之间提供的货币资金转移服务,是独立于吸收存款、发放贷款业务之外的通道业务;网络支付结算是指依托于公共网络信息系统的支付结算业务。参与支付结算的支付组织包括:商业银行、非银行支付机构(支付宝、财付通等第三方机构),清算机构(中国银联、中国网联、票据清算所等)、结算机构(中国人民银行)。

《刑法》第225条第3项规定了非法从事资金支付结算业务,情节严重的应当以非法经营罪定罪处罚。但由于2009年《刑法修正案(七)》增加该规定的主要目的在于打击地下钱庄,对于近几年来出现的未经批准从事网络支付结算业务的行为是否能认定为该罪,仍存在不同认识。我们认为,只要行为符合刑法规定的构成要件就可以定罪处罚,《会议纪要》第18条对"违反国家规定""非法从事支付结算"两个构成要件作了说明。

"违反国家规定",是指违反《非法金融机构和非法金融业务活动取缔办法》(国务院令第588号)第4条第1款第3项、第4项规定的"未经中国人民银行批准,擅自从事办理结算以及中国人民银行认定的其他非法金融业务活动"。

"非法从事支付结算业务"是另一个构成要件。商业银行的基本业务包括了支付结算业务;非银行支付机构经中国人民银行批准取得《支付业务许可证》的,可以从事支付结算业务。目前市场上非法从事网络支付结算业务主要指,第三方非银行机构未取得中国人民银行颁发的《支付业务许可证》,依托互联网等公共网络擅自进行资金转移服务,实践中的主要形式有:为客户开立支付账户提供网络支付服务,基于银行卡为客户提供网络支付服务、预付卡。对于无证经营这些网络支付结算业务是否构成非法经营罪,高检院区分不同情形作出了规定:

(1)为客户开立支付账户提供网络支付服务。支付账户是客户在支付机构开立的账户,该账户资金余额不同于客户本人的银行存款,以支付机构名义存放在银行,并且由支付机构向银行发起资金调拨指令。对于没有取得《支付业务许可证》的支付机构,从事为客户开立支付账户、办理银行账户与支付账户之间资金划扣、转账业务以及在不同支付账户间进行资金转移等支付业务,属于非法从事支付结算业务,符合非法经营罪的特征。

(2)基于银行卡为客户提供网络支付服务(银行卡网络收单业务)。银行卡网络收单业务是支付机构为网络特约商户提供银行卡受理并完成资金结算服务的业务,由于银行卡清算系统(中国银联、中国网联清算系统)的封闭性,该系统只能由获得《支付业务许可证》的支付机构的网络支付端口接入。就一笔"无证"支付交易而言,无证机构实际上从事了有证支付机构支付业务的一部分,即前期支付市场的开发时和最后的与商家结算(有证支付机构将资金结算至无证机构银行账户,再由无证机构与商家进行二次结算),网络支付端口接入、参加系统清算则由有证支付机构完成。从行为完整性来看,该支付结算行为并不是一个完整的无证经营行为,其中关键的系统清算是有证经营,无证部分实质是有证支付机构将最后与商户结算的这部分支付业务违规外包。对于能否将一个支付行为中的部分违规环节单独拆出作为非法从事支付结算业务认定仍存在较大争议,因此《会议纪要》未将该类行为列为可以非法经营罪追究的情形。

(3)预付卡的发行与受理。预付卡分为多用途预付卡与单用途预付卡。多用途预付卡是专营发卡机构发行,可跨地区、跨行业、跨法人使用的预付卡,具有较为明显的资金性质。支付机构聚集大量的预付卡销售资金,根据客户订单信息提交备付金存管银行结算指令,划转结算资金,实现了资金由客户向商户的转移,该业务属于支付结算业务,开展该业务应当经中国人民银行批准取得《支付业务许可证》;无证从事该业务的行为属于非法从事支付结算业务,符合非法经营罪的特征。

单用途预付卡是商业企业发行,只在本企业或同一品牌连锁商业企业购买商品、服务的预付卡。由于开展单用途预付卡业务无须经国家主管部门批准,不涉及非法经营的问题。

网络支付结算属于新兴业务,在具体办案时相关行为是否属于非法资金支付结算行为往往是重点和难点,《会议纪要》第 18 条规定了可以非法经营罪认定的具体情形。《会议纪要》第 19 条则是从避免刑事过度打击的角度提出,要充分考虑具体行为与“地下钱庄”等同类犯罪在社会危害方面的相当性以及刑事处罚的必要性,严格把握入罪和出罪标准。

四、依法认定单位犯罪及其责任人员

涉互联网金融犯罪案件多以单位形式组织实施,所涉单位数量众多、层级复杂,其中还包括大量分支机构和关联单位,集团化特征明显。有的涉互联网金融犯罪案件中分支机构遍布全国,既有具备法人资格的,又有不具备法人资格的;既有受总公司直接领导的,又有受总公司的下属单位领导的。公安机关在立案时做法不一,有的对单位立案,有的不对单位立案,有的被立案的单位不具有独立法人资格,有的仅对最上层的单位立案而不对分支机构立案。传统单位犯罪主要涉及一个单位的犯罪,对这些复杂情形处理难度较大。各地追究的犯罪主体不一致也会造成全案处理的不平衡。因此,《会议纪要》对各种情形中单位犯罪及其责任人员的认定作出了相对系统的规定。总的原则是,在审查是否以单位犯罪起诉时,应当从全面揭示犯罪行为基本特征、全面覆盖犯罪活动、准确界定区分各层级人员的地位作用、有利于有力指控犯罪、有利于追缴违法所得等方面出发,依法具体分析和把握。《会议纪要》第21条、第22条根据《刑法》及相关司法解释的规定,对分支机构是否构成单位犯罪的条件作了重申;第23条、第24条则是对实践中遇到的特殊情形提出了处理意见。

一是仅将分支机构的所属单位认定为单位犯罪主体的,该分支机构相关涉案人员可以作为该单位的"其他直接责任人员"追究刑事责任。

二是对符合追诉条件的分支机构(包括具有独立法人资格的和不具有独立法人资格的)及其所属单位,公安机关均没有作为犯罪嫌疑单位移送审查起诉,仅将其所属单位的上级单位作为犯罪嫌疑单位移送审查起诉,没有将分支机构涉案人员作为单位犯罪的主管人员和直接责任人员的,在审查起诉阶段可以按照以下方式处理:(1)有证据证明被立案的上级单位(如总公司)在业务、财务、人事等方面对下属单位及其分支机构进行实际控制,下属单位及其分支机构涉案人员可以作为被移送审查起诉的上级单位的"其他直接责任人员"追究刑事责任。在这种情形下,层级众多的下属单位或分支机构本质上相当于该上级单位的部门,不具有独立性,其相关涉案人员可以认定为上级单位的其他直接负责人员。在证明实际控制关系时,应当收集、运用公司决策、管理、考核等相关文件,OA系统等电子数据,资金往来记录等证据。对不同地区同一单位的分支机构涉案人员起诉时,证明实际控制关系的证据体系、证明标准应基本一致。(2)现有证据无法证明被立案的上级单位与下属单位及其分支机构之间存在前述的实际控制关系的,对符合单位犯罪构成要件的下属单位或分支机构应当补充起诉,下属单位及其分支机构已不具备补充起诉条件的,可以将下属单位及其分支机构的涉案犯罪嫌疑人直接起诉。这是根据《刑事诉讼法》的有关规定采取的一种便宜措施。

五、综合运用定罪量刑情节

跨区域涉互联网金融犯罪涉案人员众多,且由不同地区司法机关办理。对这类案件,在追诉标准、追诉范围以及量刑建议等方面应当注意统一平衡。《会议纪要》第 25 条、第 26 条明确了这一基本要求:(1)对于同一单位在多个地区分别设立分支机构的,在同一省(自治区、直辖市)范围内应当保持基本一致。分支机构所涉犯罪嫌疑人与上级单位主要犯罪嫌疑人之间应当保持适度平衡,防止出现责任轻重“倒挂”的现象。但同时,也要避免唯层级论、唯数额论。(2)单位犯罪中,直接负责的主管人员和其他直接责任人员在涉互联网金融犯罪案件中的地位、作用存在明显差别的,可以区分主犯和从犯。受此前有关规定的影响,办案人员在办理单位犯罪时往往以不区分主从犯为基本原则,但在涉案人员层级十分复杂的案件中,从罪责刑相适应原则出发,应当注重主从犯的区分,将总公司中起组织领导等作用的直接负责的主管人员和发挥主要作用的其他直接责任人员,认定为全案的主犯,将其他人员认定为从犯。

非法集资案件中,集资参与人对追赃挽损的诉求十分强烈。最大限度减少投资人的实际损失是办理这类案件的重要工作。实践中,追赃挽损工作的顺利开展,需要犯罪嫌疑人的积极配合。犯罪嫌疑人主动退赃退赔、配合司法机关追赃挽损,既体现了其认罪悔罪的主观态度,也有利于节约司法资源,在定罪量刑时可以作为从宽处理的情节予以考虑。《会议纪要》第 27 条就此提出了具体处理意见:在决定是否起诉、提出量刑建议时,要重视对是否具有认罪认罚、主动退赃退赔等情节的考察。分支机构涉案人员积极配合调查、主动退还违法所得、真诚认罪悔罪的,应当依法提出从轻、减轻处罚的量刑建议。其中,对情节轻微、可以免予刑事处罚的,或者情节显著轻微、危害不大、不认为是犯罪的,应当依法作出不起诉决定。对被不起诉人需要给予行政处罚或者没收违法所得的,应当向行政主管部门提出检察意见。

六、关于证据的收集、审查与运用

以审判为中心的刑事诉讼制度改革对侦查取证、出庭指控等工作提出了更高要求。尤其是,涉互联网金融犯罪案件证据种类复杂、数量庞大、且分散于各地,如何高质、高效地收集、审查和运用证据,进而有力地指控犯罪,是亟待破解的难题。《会议纪要》针对涉互联网金融犯罪案件的特点,就证据收集、审查与运用中的主要困难和问题提出了初步意见。

(一)对重大、疑难、复杂案件依法提前介入侦查、引导侦查取证

侦查取证工作的目的在于指控犯罪,应当围绕指控犯罪的需要而展开。办理涉众型跨区域案件等重大、疑难、复杂案件,侦查取证工作任务十分繁重,往往需要耗费大量司法资源。如果侦查取证工作不围绕指控犯罪思路开展,可能会走弯路,做许多无用功,浪费司法资源,影响办案效率,甚至因证据没有及时收集、固定影响案件的最终处理。因此,在办理这类重大、疑难、复杂案件时,应当重视侦诉部门之间的工作衔接,通过提前介入侦查活动,引导侦查机关围绕指控犯罪思路有针对性地侦查取证。比如,北京市检察机关公诉部门在办理“e租宝”集资诈骗案中,提前介入侦查活动,提出一系列侦查取证的意见,引导公安机关有针对性地收集符合指控犯罪思路的重要证据,对案件成功办理起到了重要作用。为此,《会议纪要》第29条提出,在办理此类案件时,检察机关公诉部门要积极协调公安机关提前介入,在了解全案基本情况的前提下,提出关于侦查思路、方向的意见建议,并坚决依法排除非法证据。值得注意的是,2017年12月,高检院、公安部共同制定下

发《关于公安机关办理经济犯罪案件的若干规定》，对提前介入侦查、引导取证工作进一步作出明确规定："公安机关办理重大、疑难、复杂的经济犯罪案件，可以听取人民检察院的意见，人民检察院认为确有必要时，可以派员适时介入侦查活动，对收集证据、适用法律提出意见，监督侦查活动是否合法。"检察机关可以通过做好这项工作，努力从源头上提高案件质量。

(二)规范电子数据侦查取证工作

电子数据在涉互联网金融犯罪案件的证据体系中地位重要，对于证明相关犯罪事实具有重要作用。随着互联网技术的不断发展，电子数据的形式、载体出现了许多新的变化，对电子数据的勘验、提取、审查等提出了更高的专业性要求，处理不当会对电子数据的真实性、合法性造成不可逆转的损害。《会议纪要》第30条对这一问题作出了重点强调。2016年9月，最高人民法院、最高人民检察院、公安部专门制定下发《关于办理刑事案件收集提取和审查判断电子数据问题的若干规定》，这是当前电子数据侦查取证工作的基本遵循，必须严格执行。对于实践中遇到的新情况、新问题，也应根据该规定的精神严格把握侦查取证要求，特别是注重听取专家意见，科学制定工作方案，确保万无一失。

(三)落实"三统两分"要求，健全证据交换共享机制，协调推进跨区域案件办理

司法实践中，由于机制、人力、物力等各方面的制约，主案侦办地与分案侦办地在证据交换共享方面存在协调不顺、配合不畅等问题，影响了相应案件的办理进展。《会议纪要》第31条对健全证据交换共享机制提出了要求，要求主案侦办地和分案侦办地检察机关明确各自的职责任务，共同做好侦查取证、证据交换等工作，不得相互推诿。这项工作还涉及侦查机关的职责，需要进一步共同研究制定相关制度机制，切实提高跨区域案件的质量和效率。

七、关于投资人合法权益的保护

保护投资人的合法权益,及时防范和化解社会矛盾和风险是办理涉众型涉互联网金融犯罪案件的重要工作任务。这类案件投资人诉求复杂多样,有的投资人对办案工作不理解、不支持,有的投资人之间意见观点相左,矛盾纠纷化解工作开展难度较大。虽然涉众型案件办案工作本身已经较为繁重,但检察机关在办案时必须坚持刑事追诉和权益保障并重,这样才能有助于实现司法办案法律效果、政治效果、社会效果的有机统一。《会议纪要》第32条对此作了进一步强调,要求检察机关把追赃挽损等工作贯穿到侦查、起诉、审判各个环节,配合公安、法院等部门最大限度减少投资人的实际损失,最大限度挽回投资人的损失,从而有效地化解矛盾纠纷,维护社会稳定。

当前,中央把防范化解重大风险作为今后三年决胜全面建成小康社会的三大攻坚战之一,作出了一系列重大决策部署。打好防范化解重大风险攻坚战,重点是防控金融风险,互联网金融是其中一个重要领域。对检察机关而言,贯彻落实中央的部署要求,就要严格依法惩治和有效预防包括互联网金融在内的金融犯罪活动。必须看到,随着互联网金融等金融创新活动的深入开展,办理金融犯罪案件的新情况、新问题还会不断出现,对办案工作提出新的挑战。我们认为,无论金融犯罪手段、类型如何翻新,最关键的是要树立办理这类案件的正确理念和方法,特别是要准确把握各类金融创新的本质,实质评价其社会危害性,正确适用法律规定,从而实现有效惩治金融犯罪与依法保障金融创新的有机统一。

(责任编辑:王亚兰)

附：

关于印发《关于办理涉互联网金融犯罪案件有关问题座谈会纪要》的通知

高检诉〔2017〕14号

各省、自治区、直辖市人民检察院公诉部门，新疆生产建设兵团人民检察院公诉处：

为指导各地检察机关公诉部门更好地办理互联网金融犯罪案件，服务和保障互联网金融规范发展，高检院公诉厅根据有关座谈会研讨情况，起草了《关于办理涉互联网金融犯罪案件有关问题座谈会纪要》，现印发你们，供办案时参考，遇到问题请及时报告高检院公诉厅。

最高人民检察院公诉厅

2017年6月1日

关于办理涉互联网金融犯罪案件有关问题座谈会纪要

互联网金融是金融与互联网相互融合形成的新型金融业务模式。发展互联网金融，对加快实施创新驱动发展战略、推进供给侧结构性改革、促进经济转型升级具有积极作用。但是，在互联网金融快速发展过程中，部分机构、业态偏离了正确方向，有些甚至打着“金融创新”的幌子进行非法集资、金融诈骗等违法犯罪活动，严重扰乱了金融管理秩序，侵害了人民群众合法权益。2016年4月，国务院部署开展了互联网金融风险专项整治工作，集中整治违法违规行为，防范和化解互联网金融风险。各级检察机关积极参与专项整治工作,依法办理进入检察环节的涉互联网金融犯罪案件。针对办案中遇到的新情况、新问题,高检院公诉厅先后在昆明、上海、福州召开座谈会,对办理涉互联网金融犯罪案件中遇到的有关行为性质、法律适用、证据审查、追诉范围等问题进行了深入研究。纪要如下:

一、办理涉互联网金融犯罪案件的基本要求

促进和保障互联网金融规范健康发展,是检察机关服务经济社会发展的重要内容。各地检察机关公诉部门应当充分认识防范和化解互联网金融风险的重要性、紧迫性和复杂性,立足检察职能,积极参与互联网金融风险专项整治工作,有效预防、依法惩治涉互联网金融犯罪,切实维护人民群众合法权益,维护国家金融安全。

1. 准确认识互联网金融的本质。互联网金融的本质仍然是金融,其潜在的风险与传统金融没有区别,甚至还可能因互联网的作用而被放大。要依据现有的金融管理法律规定,依法准确判断各类金融活动、金融业态的法律性质,准确界定金融创新和金融违法犯罪的界限。在办理涉互联网金融犯罪案件时,判断是否符合"违反国家规定""未经有关国家主管部门批准"等要件时,应当以现行刑事法律和金融管理法律法规为依据。对各种类型互联网金融活动,要深入剖析行为实质并据此判断其性质,从而准确区分罪与非罪、此罪与彼罪、罪轻与罪重、打击与保护的界限,不能机械地被所谓"互联网金融创新"表象所迷惑。

2. 妥善把握刑事追诉的范围和边界。涉互联网金融犯罪案件涉案人员众多,要按照区别对待的原则分类处理,综合运用刑事追诉和非刑事手段处置和化解风险,打击少数、教育挽救大多数。要坚持主客观相统一的原则,根据犯罪嫌疑人在犯罪活动中的地位作用、涉案数额、危害结果、主观过错等主客观情节,综合判断责任轻重及刑事追诉的必要性,做到罪责适应、罚当其罪。对犯罪情节严重、主观恶性大、在犯罪中起主要作用的人员,特别是核心管理层人员和骨干人员,依法从严打击;对犯罪情节相对较轻、主观恶性较小、在犯罪中起次要作用的人员依法从宽处理。

3. 注重案件统筹协调推进。涉互联网金融犯罪跨区域特征明显,各地检察机关公诉部门要按照"统一办案协调、统一案件指挥、统一资产处置、分别侦查诉讼、分别落实维稳"(以下简称"三统两分")的要求分别处理好辖区内案件,加强横向、纵向联系,在上级检察机关特别是省级检察院的指导下统一协调推进办案工作,确保辖区内案件处理结果相对平衡统一。跨区县案件由地市级检察院统筹协调,跨地市案件由省级检察院统一协调,跨省案件由高检院公诉厅统一协调。各级检察机关公诉部门要加强与公安机关、地方金融办等相关单位以及检察机关内部侦监、控申等部门的联系,建立健全案件信息通报机制,及时掌握重大案件的立案、侦查、批捕、信访等情况,适时开展提前介入侦查等工作,并及时上报上级检察院。省级检察院公诉部门要发挥工作主动性,主动掌握社会影响大的案件情况,研究制定工作方案,统筹协调解决办案中遇到的问题,重大、疑难、复杂问题要及时向高检院报告。

4. 坚持司法办案"三个效果"有机统一。涉互联网金融犯罪影响广泛,社会各界特别是投资人群体十分关注案件处理。各级检察机关公诉部门要从有利于全案依法妥善处置的角度出发,切实做好提前介入侦查引导取证、审查起诉、出庭公诉等各个阶段的工作,依法妥善处理重大敏感问题,不能机械司法、就案办案。同时,要把办案工作与保障投资人合法权益紧密结合起来,同步做好释法说理、风险防控、追赃挽损、维护稳定等工作,努力实现司法办案的法律效果、社会效果、政治效果有机统一。

二、准确界定涉互联网金融行为法律性质

5. 互联网金融涉及 P2P 网络借贷、股权众筹、第三方支付、互联网保险以及通过互联网开展资产管理及跨界从事金融业务等多个金融领域,行为方式多样,所涉法律关系复杂。违法犯罪行为隐蔽性、迷惑性强,波及面广,社会影响大,要根据犯罪行为的实质特征和社会危害,准确界定行为的法律性质和刑法适用的罪名。

(一)非法吸收公众存款行为的认定

6. 涉互联网金融活动在未经有关部门依法批准的情形下,公开宣传并向不特定公众吸收资金,承诺在一定期限内还本付息的,应当依法追究刑事责任。其中,应重点审查互联网金融活动相关主体是否存在归集资金、沉淀资金,致使投资人资金存在被挪用、侵占等重大风险等情形。

7. 互联网金融的本质是金融,判断其是否属于"未经有关部门依法批准",即行为是否具有非法性的主要法律依据是《商业银行法》《非法金融机构和非法金融业务活动取缔办法》(国务院令第 247 号)等现行有效的金融管理法律规定。

8. 对以下网络借贷领域的非法吸收公众资金的行为,应当以非法吸收公

众存款罪分别追究相关行为主体的刑事责任:

(1)中介机构以提供信息中介服务为名,实际从事直接或间接归集资金、甚至自融或变相自融等行为,应当依法追究中介机构的刑事责任。特别要注意识别变相自融行为,如中介机构通过拆分融资项目期限、实行债权转让等方式为自己吸收资金的,应当认定为非法吸收公众存款。

(2)中介机构与借款人存在以下情形之一的,应当依法追究刑事责任:①中介机构与借款人合谋或者明知借款人存在违规情形,仍为其非法吸收公众存款提供服务的;中介机构与借款人合谋,采取向出借人提供信用担保、通过电子渠道以外的物理场所开展借贷业务等违规方式向社会公众吸收资金的;②双方合谋通过拆分融资项目期限、实行债权转让等方式为借款人吸收资金的。在对中介机构、借款人进行追诉时,应根据各自在非法集资中的地位、作用确定其刑事责任。中介机构虽然没有直接吸收资金,但是通过大肆组织借款人开展非法集资并从中收取费用数额巨大、情节严重的,可以认定为主犯。

(3)借款人故意隐瞒事实,违反规定,以自己名义或借用他人名义利用多个网络借贷平台发布借款信息,借款总额超过规定的最高限额,或将吸收资金用于明确禁止的投资股票、场外配资、期货合约等高风险行业,造成重大损失和社会影响的,应当依法追究借款人的刑事责任。对于借款人将借款主要用于正常的生产经营活动,能够及时清退所吸收资金,不作为犯罪处理。

9. 在非法吸收公众存款罪中,原则上认定主观故意并不要求以明知法律的禁止性规定为要件。特别是具备一定涉金融活动相关从业经历、专业背景或在犯罪活动中担任一定管理职务的犯罪嫌疑人,应当知晓相关金融法律管理规定,如果有证据证明其实际从事的行为应当批准而未经批准,行为在客观上具有非法性,原则上就可以认定其具有非法吸收公众存款的主观故意。在证明犯罪嫌疑人的主观故意时,可以收集运用犯罪嫌疑人的任职情况、职业经历、专业背景、培训经历、此前任职单位或者其本人因从事同类行为受到处罚情况等证据,证明犯罪嫌疑人提出的"不知道相关行为被法律所禁止,故不具有非法吸收公众存款的主观故意"等辩解不能成立。除此之外,还可以收集运用以下证据进一步印证犯罪嫌疑人知道或应当知道其所从事行为具有非法性,比如犯罪嫌疑人故意规避法律以逃避监管的相关证据:自己或要求下属与投资人签订虚假的亲友关系确认书,频繁更换宣传用语逃避监管，实际推介内容与宣传用语、实际经营状况不一致，刻意向投资人夸大公司兑付能力，在培训课程中传授或接受规避法律的方法，等等。

10. 对于无相关职业经历、专业背景，且从业时间短暂，在单位犯罪中层级较低，纯属执行单位领导指令的犯罪嫌疑人提出辩解的，如确实无其他证据证明其具有主观故意的，可以不作为犯罪处理。另外，实践中还存在犯罪嫌疑人提出因信赖行政主管部门出具的相关意见而陷入错误认识的辩解。如果上述辩解确有证据证明，不应作为犯罪处理，但应当对行政主管部门出具的相关意见及其出具过程进行查证，如存在以下情形之一，仍应认定犯罪嫌疑人具有非法吸收公众存款的主观故意：(1)行政主管部门出具意见所涉及的行为与犯罪嫌疑人实际从事的行为不一致的；(2)行政主管部门出具的意见未对是否存在非法吸收公众存款问题进行合法性审查，仅对其他合法性问题进行审查的；(3)犯罪嫌疑人在行政主管部门出具意见时故意隐瞒事实、弄虚作假的；(4)犯罪嫌疑人与出具意见的行政主管部门的工作人员存在利益输送行为的；(5)犯罪嫌疑人存在其他影响和干扰行政主管部门出具意见公正性的情形的。对于犯罪嫌疑人提出因信赖专家学者、律师等专业人士、主流新闻媒体宣传或有关行政主管部门工作人员的个人意见而陷入错误认识的辩解，不能作为犯罪嫌疑人判断自身行为合法性的根据和排除主观故意的理由。

11. 负责或从事吸收资金行为的犯罪嫌疑人非法吸收公众存款金额，根据其实际参与吸收的全部金额认定。但以下金额不应计入该犯罪嫌疑人的吸收金额：(1)犯罪嫌疑人自身及其近亲属所投资的资金金额；(2)记录在犯罪嫌疑人名下，但其未实际参与吸收且未从中收取任何形式好处的资金。吸收金额经过司法会计鉴定的，可以将前述不计入部分直接扣除。但是，前述两项所涉金额仍应计入相对应的上一级负责人及所在单位的吸收金额。

12. 投资人在每期投资结束后，利用投资账户中的资金(包括每期投资结束后归还的本金、利息)进行反复投资的金额应当累计计算，但对反复投资的数额应当作出说明。对负责或从事行政管理、财务会计、技术服务等辅助工作的犯罪嫌疑人，应当按照其参与的犯罪事实，结合其在犯罪中的地位和作用，依法确定刑事责任范围。

13. 确定犯罪嫌疑人的吸收金额时，应当重点审查、运用以下证据：(1)涉案主体自身的服务器或第三方服务器上存储的交易记录等电子数据；(2)会计账簿和会计凭证;(3)银行账户交易记录、POS机支付记录;(4)资金收付凭证、书面合同等书证。仅凭投资人报案数据不能认定吸收金额。

(二)集资诈骗行为的认定

14. 以非法占有为目的,使用诈骗方法非法集资,是集资诈骗罪的本质特征。是否具有非法占有目的,是区分非法吸收公众存款罪和集资诈骗罪的关键要件,对此要重点围绕融资项目真实性、资金去向、归还能力等事实进行综合判断。犯罪嫌疑人存在以下情形之一的,原则上可以认定具有非法占有目的:(1)大部分资金未用于生产经营活动,或名义上投入生产经营但又通过各种方式抽逃转移资金的;(2)资金使用成本过高,生产经营活动的盈利能力不具有支付全部本息的现实可能性的;(3)对资金使用的决策极度不负责任或肆意挥霍造成资金缺口较大的;(4)归还本息主要通过借新还旧来实现的;(5)其他依照有关司法解释可以认定为非法占有目的的情形。

15. 对于共同犯罪或单位犯罪案件中,不同层级的犯罪嫌疑人之间存在犯罪目的发生转化或者犯罪目的明显不同的,应当根据犯罪嫌疑人的犯罪目的分别认定。

(1)注意区分犯罪目的发生转变的时间节点。犯罪嫌疑人在初始阶段仅具有非法吸收公众存款的故意,不具有非法占有目的,但在发生经营失败、资金链断裂等问题后,明知没有归还能力仍然继续吸收公众存款的,这一时间节点之后的行为应当认定为集资诈骗罪,此前的行为应当认定为非法吸收公众存款罪。

(2)注意区分犯罪嫌疑人的犯罪目的的差异。在共同犯罪或单位犯罪中,犯罪嫌疑人由于层级、职责分工、获取收益方式、对全部犯罪事实的知情程度等不同,其犯罪目的也存在不同。在非法集资犯罪中,有的犯罪嫌疑人具有非法占有的目的,有的则不具有非法占有目的,对此,应当分别认定为集资诈骗罪和非法吸收公众存款罪。

16. 证明主观上是否具有非法占有目的,可以重点收集、运用以下客观证据:(1)与实施集资诈骗整体行为模式相关的证据:投资合同、宣传资料、培训内容等;(2)与资金使用相关的证据:资金往来记录、会计账簿和会计凭证、资金使用成本(包括利息和佣金等)、资金决策使用过程、资金主要用途、财产转移情况等;(3)与归还能力相关的证据:吸收资金所投资项目内容、投资实际经营情况、盈利能力、归还本息资金的主要来源、负债情况、是否存在虚构业绩等虚假宣传行为等；(4)其他涉及欺诈等方面的证据：虚构融资项目进行宣传、隐瞒资金实际用途、隐匿销毁账簿；等等。司法会计鉴定机构对相关数据进行鉴定时，办案部门可以根据查证犯罪事实的需要提出重点鉴定的项目，保证司法会计鉴定意见与待证的构成要件事实之间的关联性。

17. 集资诈骗的数额，应当以犯罪嫌疑人实际骗取的金额计算。犯罪嫌疑人为吸收公众资金制造还本付息的假象，在诈骗的同时对部分投资人还本付息的，集资诈骗的金额以案发时实际未兑付的金额计算。案发后，犯罪嫌疑人主动退还集资款项的，不能从集资诈骗的金额中扣除，但可以作为量刑情节考虑。

（三）非法经营资金支付结算行为的认定

18. 支付结算业务（也称支付业务）是商业银行或者支付机构在收付款人之间提供的货币资金转移服务。非银行机构从事支付结算业务，应当经中国人民银行批准取得《支付业务许可证》，成为支付机构。未取得支付业务许可从事该业务的行为，违反《非法金融机构和非法金融业务活动取缔办法》第四条第一款第（三）、（四）项的规定，破坏了支付结算业务许可制度，危害支付市场秩序和安全，情节严重的，适用刑法第二百二十五条第（三）项，以非法经营罪追究刑事责任。具体情形：(1)未取得支付业务许可经营基于客户支付账户的网络支付业务。无证网络支付机构为客户非法开立支付账户，客户先把资金支付到该支付账户，再由无证机构根据订单信息从支付账户平台将资金结算到收款人银行账户。(2)未取得支付业务许可经营多用途预付卡业务。无证发卡机构非法发行可跨地区、跨行业、跨法人使用的多用途预付卡，聚集大量的预付卡销售资金，并根据客户订单信息向商户划转结算资金。

19. 在具体办案时，要深入剖析相关行为是否具备资金支付结算的实质特征，准确区分支付工具的正常商业流转与提供支付结算服务、区分单用途预付卡与多用途预付卡业务，充分考虑具体行为与“地下钱庄”等同类犯罪在社会危害方面的相当性以及刑事处罚的必要性，严格把握入罪和出罪标准。

三、依法认定单位犯罪及其责任人员

20. 涉互联网金融犯罪案件多以单位形式组织实施，所涉单位数量众多、层级复杂，其中还包括大量分支机构和关联单位，集团化特征明显。有的涉互联网金融犯罪案件中分支机构遍布全国,既有具备法人资格的,又有不具备法人资格的;既有受总公司直接领导的,又有受总公司的下属单位领导的。公安机关在立案时做法不一,有的对单位立案,有的不对单位立案,有的被立案的单位不具有独立法人资格,有的仅对最上层的单位立案而不对分支机构立案。对此,检察机关公诉部门在审查起诉时,应当从能够全面揭示犯罪行为基本特征、全面覆盖犯罪活动、准确界定区分各层级人员的地位作用、有利于有力指控犯罪、有利于追缴违法所得等方面依法具体把握,确定是否以单位犯罪追究。

21. 涉互联网金融犯罪所涉罪名中,刑法规定应当追究单位刑事责任的,对同时具备以下情形且具有独立法人资格的单位,可以以单位犯罪追究:(1)犯罪活动经单位决策实施;(2)单位的员工主要按照单位的决策实施具体犯罪活动;(3)违法所得归单位所有,经单位决策使用,收益亦归单位所有。但是,单位设立后专门从事违法犯罪活动的,应当以自然人犯罪追究刑事责任。

22. 对参与涉互联网金融犯罪,但不具有独立法人资格的分支机构,是否追究其刑事责任,可以区分两种情形处理:(1)全部或部分违法所得归分支机构所有并支配,分支机构作为单位犯罪主体追究刑事责任;(2)违法所得完全归分支机构上级单位所有并支配的,不能对分支机构作为单位犯罪主体追究刑事责任,而是应当对分支机构的上级单位(符合单位犯罪主体资格)追究刑事责任。

23. 分支机构认定为单位犯罪主体的,该分支机构相关涉案人员应当作为该分支机构的"直接负责的主管人员"或者"其他直接责任人员"追究刑事责任。仅将分支机构的上级单位认定为单位犯罪主体的,该分支机构相关涉案人员可以作为该上级单位的"其他直接责任人员"追究刑事责任。

24. 对符合追诉条件的分支机构(包括具有独立法人资格的和不具有独立法人资格)及其所属单位,公安机关均没有作为犯罪嫌疑单位移送审查起诉,仅将其所属单位的上级单位作为犯罪嫌疑单位移送审查起诉的,对相关分支机构涉案人员可以区分以下情形处理:(1)有证据证明被立案的上级单位(比如总公司)在业务、财务、人事等方面对下属单位及其分支机构进行实际控制,下属单位及其分支机构涉案人员可以作为被移送审查起诉的上级单位的"其他直接责任人员"追究刑事责任。在证明实际控制关系时,应当收集、运用公司决策、管理、考核等相关文件,OA系统等电子数据,资金往来记录等证据。对不同地区同一单位的分支机构涉案人员起诉时,证明实际控制关系的证据体系、证明标准应基本一致。(2)现有证据无法证明被立案的上级单位与下属单位及其分支机构之间存在实际控制关系的,对符合单位犯罪构成要件的下属单位或分支机构应当补充起诉,下属单位及其分支机构已不具备补充起诉条件的,可以将下属单位及其分支机构的涉案犯罪嫌疑人直接起诉。

四、综合运用定罪量刑情节

25. 在办理跨区域涉互联网金融犯罪案件时,在追诉标准、追诉范围以及量刑建议等方面应当注意统一平衡。对于同一单位在多个地区分别设立分支机构的,在同一省(自治区、直辖市)范围内应当保持基本一致。分支机构所涉犯罪嫌疑人与上级单位主要犯罪嫌疑人之间应当保持适度平衡,防止出现责任轻重"倒挂"的现象。

26. 单位犯罪中,直接负责的主管人员和其他直接责任人员在涉互联网金融犯罪案件中的地位、作用存在明显差别的,可以区分主犯和从犯。对起组织领导作用的总公司的直接负责的主管人员和发挥主要作用的其他直接责任人员,可以认定为全案的主犯,其他人员可以认定为从犯。

27. 最大限度减少投资人的实际损失是办理涉互联网金融犯罪案件特别是非法集资案件的重要工作。在决定是否起诉、提出量刑建议时,要重视对是否具有认罪认罚、主动退赃退赔等情节的考察。分支机构涉案人员积极配合调查、主动退还违法所得、真诚认罪悔罪的,应当依法提出从轻、减轻处罚的量刑建议。其中,对情节轻微、可以免予刑事处罚的,或者情节显著轻微、危害不大、不认为是犯罪的,应当依法作出不起诉决定。对被不起诉人需要给予行政处罚或者没收违法所得的,应当向行政主管部门提出检察意见。

五、证据的收集、审查与运用

28. 涉互联网金融犯罪案件证据种类复杂、数量庞大、且分散于各地,收集、审查、运用证据的难度大。各地检察机关公诉部门要紧紧围绕证据的真实性、合法性、关联性,引导公安机关依法全面收集固定证据,加强证据的审查、运用,确保案件事实经得起法律的检验。

29. 对于重大、疑难、复杂涉互联网金融犯罪案件,检察机关公诉部门要依法提前介入侦查,围绕指控犯罪的需要积极引导公安机关全面收集固定证据,必要时与公安机关共同会商,提出完善侦查思路、侦查提纲的意见建议。加强对侦查取证合法性的监督,对应当依法排除的非法证据坚决予以排除,对应当补正或作出合理解释的及时提出意见。

30. 电子数据在涉互联网金融犯罪案件的证据体系中地位重要,对于指控证实相关犯罪事实具有重要作用。随着互联网技术的不断发展,电子数据的形式、载体出现了许多新的变化,对电子数据的勘验、提取、审查等提出了更高要求,处理不当会对电子数据的真实性、合法性造成不可逆转的损害。检察机关公诉部门要严格执行最高人民法院、最高人民检察院、公安部《关于办理刑事案件收集提取和审查判断电子数据问题的若干规定》(法发〔2016〕22号),加强对电子数据收集、提取程序和技术标准的审查,确保电子数据的真实性、合法性。对云存储电子数据等新类型电子数据进行提取、审查时,要高度重视程序合法性、数据完整性等问题,必要时主动征求相关领域专家意见,在提取前会同公安机关、云存储服务提供商制定科学合法的提取方案,确保万无一失。

31. 落实"三统两分"要求,健全证据交换共享机制,协调推进跨区域案件办理。对涉及主案犯罪嫌疑人的证据,一般由主案侦办地办案机构负责收集,其他地区提供协助。其他地区办案机构需要主案侦办地提供证据材料的,应当向主案侦办地办案机构提出证据需求,由主案侦办地办案机构收集并依法移送。无法移送证据原件的,应当在移送复制件的同时,按照相关规定作出说明。各地检察机关公诉部门之间要加强协作,加强与公安机关的协调,督促本地公安机关与其他地区公安机关做好证据交换共享相关工作。案件进入审查起诉阶段后,检察机关公诉部门可以根据案件需要,直接向其他地区检察机关调取证据,其他地区检察机关公诉部门应积极协助。此外,各地检察机关在办理案件过程中发现对其他地区案件办理有重要作用的证据,应当及时采取措施并通知相应检察机关,做好依法移送工作。

六、投资人合法权益的保护

32. 涉互联网金融犯罪案件投资人诉求复杂多样,矛盾化解和维护稳定工作任务艰巨繁重。各地检察机关公诉部门在办案过程中要坚持刑事追诉和权益保障并重,根据《刑事诉讼法》等相关法律规定,依法保障互联网金融活动中投资人的合法权益。坚持把追赃挽损等工作贯穿到侦查、起诉、审判各个环节,配合公安、法院等部门最大限度减少投资人的实际损失。加强与本院控申部门、公安机关的联系沟通,及时掌握涉案动态信息,认真开展办案风险评估预警工作,周密制定处置预案,并落实责任到位,避免因部门之间衔接不畅、处置不当造成工作被动。发现重大风险隐患的,要及时向有关部门通报情况,必要时逐级上报高检院。

随着互联网金融的发展,涉互联网金融犯罪中的新情况、新问题还将不断出现。各地检察机关公诉部门要按照会议纪要的精神,结合各地办案工作实际,依法办理涉互联网金融犯罪案件;在办好案件的同时,要不断总结办案经验,加强对重大疑难复杂问题的研究,努力提高办理涉互联网金融犯罪案件的能力和水平,为促进互联网金融规范发展、保障经济社会大局稳定作出积极贡献。在办案过程中遇到疑难问题的,要及时层报高检院公诉厅。

《人民检察院强制医疗决定程序监督工作规定》的理解与适用

张相军　金　威　侯若英*

目　次

2018年2月1日,最高人民检察院印发了《人民检察院强制医疗决定程序监督工作规定》(以下简称《规定》)。《规定》针对2012年修改后的《刑事诉讼法》实施以来,检察机关适用强制医疗程序中面临的一些新情况新问题,就检察机关对强制医疗决定程序实行监督的制度机制进行了完善。为了便于正确理解和适用

* 张相军,最高人民检察院公诉厅副厅长,二级高级检察官;金威,最高人民检察院公诉厅办公室主任,三级高级检察官;侯若英,最高人民检察院办公室副主任,检察官助理。

《规定》,现就《规定》的起草背景与过程、主要内容等说明如下。

一、关于《规定》的制定背景与过程

近年来,精神病人肇事肇祸事件屡有发生,不少事件造成严重人身伤亡或重大财产损失,严重危害社会公共安全和人民群众生命财产安全。有关统计资料显示,截至2016年年底,全国在册严重精神障碍患者540万例,其中危险等级评估曾达到三级以上的有30余万人,曾发生肇事肇祸行为的有6万余人。精神病人肇事肇祸事件的发生,不但酿成了一起起令人扼腕叹息的社会悲剧,也引发了社会各界对精神病患者肇事肇祸的广泛关注。

为保障精神病人合法权益,维护公共安全,2012年修正的《刑事诉讼法》新增了依法不负刑事责任的精神病人的强制医疗程序,简称强制医疗程序。《刑事诉讼法》第307条规定,人民检察院对强制医疗的决定和执行实行监督。《人民检察院刑事诉讼规则(试行)》(以下简称《诉讼规则》)第540条规定,人民检察院审查公安机关移送的强制医疗意见书,向人民法院提出强制医疗的申请以及对强制医疗决定的监督,由公诉部门办理。根据上述规定,检察机关在办理强制医疗案件中,不仅参与强制医疗程序,也依法对强制医疗的决定进行监督。自2012年修改的《刑事诉讼法》实施以来,2013年至2017年,全国检察机关共对近7000名实施暴力行为危害性达到犯罪程度的精神病人向人民法院提出强制医疗申请,并对1000余件强制医疗决定程序中的违法行为予以监督纠正,有效维护了公共安全,维护了诉讼参与人的合法权利,促进了强制医疗程序的正确实施。

在司法实践中,不少检察机关反映,对强制医疗决定程序实行监督工作仍面临一些新情况新问题,如对强制医疗适用条件的审查认定存在不同认识,对精神病鉴定程序的监督机制不完善,人民检察院对人民法院审理活动的监督机制不健全,对法院作出的强制医疗决定或驳回决定监督机制不完善,检察机关监督纠正程序不健全等,存在制度上的空白,不利于检察机关对强制医疗程序监督的依法正确实施。如何健全检察监督制度机制,防止纠正犯罪嫌疑人"假冒精神病人"逃脱法律制裁和普通人"被精神病"而错误强制医疗,既维护公共安全,又依法保障人权,是需要深入研究的问题,进一步加强和规范强制医疗决定程序监督工作,制定相关规范性文件,十分必要。

根据最高人民检察院《关于深化检察改革的意见(2013—2017年工作规划)》及工作方案,"完善对强制医疗决定的监督机制"确定为最高检检察改革任务之一,明确由公诉厅牵头负责。为完成好这项改革任务,最高人民检察院公诉厅组织北京、上海等14个强制医疗案件数量较多省市的检察机关开展调研,对办案和监督情况、规范性文件、工作经验、典型案例等进行深入研究。根据调研中了解的情况、问题,参考相关文件,借鉴各地较成熟经验,起草了《规定》初稿,并在系统内征求意见。修改完善后,又征求了全国人大常委会法制工作委员会、原中央社会治安综合治理委员会办公室、最高人民法院、公安部、司法部、国家卫生和计划生育委员会的意见。2017年7月4日,最高人民检察院第十二届检察委员会第六十六次会议审议并原则通过《人民检察院强制医疗决定程序监督工作规定》。根据检委会审议意见,公诉厅对《规定》稿作了进一步修改完善,形成送审稿报送中央政法委员会。在中央政法委员会的组织下,再次征求中央有关单位的修改意见并进行了逐条梳理采纳,形成新的送审稿报送中央政法委员会审示。经中央政法委员会同意后,于2018年2月1日正式印发实施。

二、关于《规定》的主要内容及说明

《规定》共24条,主要包括五方面内容,分别是制定《规定》的目的依据和监督主体、对公安机关移送的强制医疗案件的监督、对人民法院强制医疗案件审理活动的监督、监督程序、其他规定。

（一）关于制定《规定》的目的依据和监督主体

《刑事诉讼法》第 307 条规定，人民检察院对强制医疗的决定和执行实行监督。《规定》第 1 条明确，制定本规定的目的旨在规范人民检察院强制医疗决定程序监督工作，维护公共安全，维护诉讼参与人的合法权利，保障强制医疗程序的正确实施。《诉讼规则》第 540 条规定，人民检察院审查公安机关移送的强制医疗意见书，向人民法院提出强制医疗的申请以及对强制医疗决定的监督，由公诉部门办理。同时考虑到，检察机关办理的强制医疗案件往往涉及未成年人保护问题，关系到未成年人切身利益，《规定》第 2 条明确了原则由公诉部门负责，涉及未成年人的，由未成年人检察部门负责的职责分工。

（二）关于对公安机关移送的强制医疗案件侦查阶段的监督

人民检察院对强制医疗的决定实行监督，应当是对强制医疗决定程序的监督。在强制医疗的决定程序中，既包括公安机关的侦查活动，也包括人民法院的审理活动。人民检察院对公安机关在侦查阶段的监督，是其法律监督职能的重要体现，是通过审查公安机关提出的强制医疗意见及日常侦查工作来实现监督的，包括侦查机关在收集精神病人实施暴力行为的证据材料，对精神病人进行鉴定的程序，对实施暴力行为的精神病人采取临时的保护性约束措施是否合法等。《规定》第 3 条至第 7 条是检察机关对公安机关移送的强制医疗案件侦查阶段监督的规定。

《规定》第 3 条是对公安机关移送案件的监督内容的规定，明确人民检察院公诉部门应当通过审查强制医疗意见书和鉴定意见等证据材料，对强制医疗案件侦查活动实行监督，提出应当注意发现和纠正对涉案精神病人的鉴定程序违反法律规定、对涉案精神病人采取临时保护性约束措施不当等违法情形的监督。

对强制医疗案件的监督往往具有特殊性，特别是对精神病人精神病情况、社会危害性、人身危险性的判断方法，均与普通刑事案件明显不同。实践中,公诉部门办理的强制医疗案件,往往是通过开展大量社会性调查,发现案件中存在问题或违法行为。因此,《规定》第4条对检察机关的调查方式作出了规定,明确检察人员通过会见涉案精神病人可以核实精神病人身份、暴力行为事实等,了解对被申请人采取的临时保护性约束措施是否适当,对被申请人的治疗现状和身心状态有更为直观的认识;通过询问办案人员、鉴定人,听取涉案精神病人法定代理人、诉讼代理人意见,向涉案精神病人的主治医生、近亲属、邻居、其他知情人员或基层组织等了解情况,向被害人及其法定代理人、近亲属等了解情况,就有关专门性技术问题委托具有法定资质的鉴定机构、鉴定人进行鉴定等,对精神病人病史和日常表现等作进一步了解。这些调查都有利于提高监督的准确性,有利于及时发现"被精神病"和"假精神病"情况。

《诉讼规则》第545条规定,"人民检察院发现公安机关应当启动强制医疗程序而不启动的,可以要求公安机关在七日以内书面说明不启动的理由。经审查,认为公安机关不启动理由不能成立的,应当通知公安机关启动程序"。《规定》第5条在此基础上作出了进一步细化,明确公安机关未按通知要求启动强制医疗程序的,人民检察院应当向公安机关提出纠正意见。

对精神病鉴定程序进行监督,是对强制医疗决定程序实行监督的重点和难点,实践中不少检察机关反映难以把握。《规定》第6条结合全国人大常委会《关于司法鉴定管理问题的决定》及相关司法鉴定行政管理法规规章和司法实践,对精神病鉴定程序的违法情形进行了细化,对补充鉴定、重新鉴定等作出规定。检察机关办理公安机关移送的强制医疗案件,发现公安机关对涉案精神病人进行鉴定的程序存在鉴定机构不具备法定资质,或者精神病鉴定超出鉴定机构业务范围、技术条件;鉴定人不具备法定资质,精神病鉴定超出鉴定人业务范围,或者违反回避规定;鉴定程序违反法律、有关规定，鉴定的过程和方法违反相关专业的规范要求；鉴定文书不符合法定形式要件；鉴定意见没有依法及时告知相关人员；鉴定人故意作虚假鉴定六种具体情形的，应当依法提出纠正意见。

《规定》第7条根据《刑事诉讼法》第303条、《诉讼规则》第546条、《公安机关办理刑事案件程序规定》第334条第1款及相关司法解释对临时保护性约束措施的规定，对公安机关采取临时保护性约束措施不当的情形进行细化，对监督作出规定。

（三）关于对人民法院强制医疗案件审理活动的监督

人民法院的审理活动是强制医疗决定程序的关键。人民检察院对法院审理活动的监督，是强制医疗程序决定程序监督的重要方面。检察机关主要是通过审查人民法院审理强制医疗案件是否符合法律规定的程序，对强制医疗的决定是否正确、合法等来实现的。《规定》第8条至第18条是对人民法院强制医疗案件审理阶段的监督的规定。

《诉讼规则》第550条规定，人民检察院发现人民法院或者审判人员审理强制医疗案件违反法律规定的诉讼程序，应当向人民法院提出纠正意见。根据《刑事诉讼法》和最高人民法院《关于适用〈中华人民共和国刑事诉讼法〉的解释》（以下简称《高法解释》）关于强制医疗案件审理活动的规定，《规定》第8条对人民法院的强制医疗案件审理活动的违法情形进一步细化，明确了十种应当主要发现和纠正的违法情形，并对提出纠正意见作出规定。《规定》第9条和第10条分别对监督途径和调查方式进行了规定，明确人民检察院派员出席法庭、审查人民法院作出的决定和判决，以及采取会见、听取意见、了解情况等方式开展调查。

《规定》第11条至第13条是关于庭审活动监督的规定。庭审是人民法院审理强制医疗案件的核心，加强对庭审活动的监督是加强决定程序监督的重要方面。人民法院是否开庭审理，关系到检察机关对法院审理活动的监督力度和效果。《高法解释》第

529条规定,审理强制医疗案件,应当组成合议庭,开庭审理。但是,被申请人、被告人的法定代理人请求不开庭审理,并经人民法院审查同意的除外。这一规定确立了依"申请+审查"不开庭审理的做法,司法实践中,该规定使是否开庭较大程度依赖被申请人、被告人的法定代理人的意志。开庭审理,有利于保障强制医疗决定的客观公正,有利于保障被申请人和其他诉讼参与人的合法权利。不开庭审理可能产生司法不公。加强对强制医疗决定的监督,应当加强对庭审活动的监督,首先就要对是否开庭进行监督,《规定》第12条在《高法解释》的基础上,确立了人民检察院建议法院开庭审理的程序。同时,《高法解释》第530条第2款规定,被申请人要求出庭,人民法院经审查其身体和精神状态,认为可以出庭的,应当准许。出庭的被申请人,在法庭调查、辩论阶段,可以发表意见。考虑在部分案件中,被申请人身体和精神适宜到庭,且到庭有利于查明案件事实,也有利于保障被申请人诉讼权利和核实被申请人精神状况,因此,《规定》第13条对人民检察院建议人民法院准许被申请人到庭作出规定。此外,《规定》第11条参照《诉讼规则》第580条关于审判活动监督的规定,对出庭检察人员监督庭审活动、提出纠正意见等作出规定,明确了检察人员应在休庭后向检察长报告,以及应在庭审后提出纠正意见。

《规定》第14条至第18条是对人民法院作出的强制医疗决定或驳回强制医疗申请的决定的监督的规定。

被害人方面对被强制医疗人的精神情况和案情较为了解,听取被害人及其法定代理人、近亲属的意见,有利于提高监督的准确性,及时发现错误的强制医疗决定。实践中,出现很多典型案例,是检察机关通过听取被害人方面意见并及时调查核实,最终发现被强制医疗人"假冒精神病"逃避刑事法律制裁的。因此,被害人方面的意见对强制医疗程序的正确实施十分重要。为此,《规定》第14条对听取被害人及其法定代理人、近亲属的意见作出专门规定。

《诉讼规则》第550条第2款规定，人民检察院认为人民法院作出的强制医疗决定或者驳回强制医疗申请的决定不当，应当在收到决定书副本后20日以内向人民法院提出书面纠正意见。《规定》第15条对何为作出决定不当进行了细化。考虑到强制医疗程序是一审终审制，对强制医疗决定或者驳回强制医疗申请决定的监督应当参照审判监督程序进行监督，即应当按照再审程序启动的标准进行规定，防止司法资源浪费，因此参照《诉讼规则》第591条的规定，结合强制医疗案例特点，将六种情形明确为对强制医疗决定或驳回申请的决定的违法情形。

《诉讼规则》第551条规定，人民法院在审理案件过程中发现被告人符合强制医疗条件，作出被告人不负刑事责任的判决后，拟作出强制医疗决定的，人民检察院应当在庭审中发表意见。普通程序转适用强制医疗程序的案件，人民检察院如何对判决和决定监督，法律和司法解释没有明确规定，理论和司法实践中均有争议。《规定》第16条第2款、第3款对上述"转程序"案件的监督作出规定，明确对判决依法提出抗诉、对强制医疗决定、未作出强制医疗的决定提出书面纠正意见；同时规定，对人民法院未依法适用强制医疗程序，或未判决宣告被告人不负刑事责任，直接作出强制医疗决定的，人民检察院也应当进行监督，提出纠正意见。

《诉讼规则》第550条规定，人民检察院认为人民法院作出的强制医疗决定或者驳回强制医疗申请的决定不当，应当在收到决定书副本后20日以内向人民法院提出书面纠正意见。根据这一规定，检察机关自收到决定书副本20日以内可以提出纠正意见。但在实践中，"假冒精神病"逃避法律制裁或"被精神病"的错误强制医疗决定案件，一些是检察机关在20日期限届满后、强制医疗执行过程中发现的。超过法定期限如何监督纠错，法律和司法解释没有明确规定，但发现错误强制医疗决定不监督纠错，有违司法公正，有悖于人权保障。各地检察机关办理的强制医疗案件中，出现多起强制医疗执行期间且检察机关收到决定书副本20日后才发现决定确有错误的情况,这其中既有刑事执行检察部门在执行检察过程中发现转交给公诉部门的,也有公诉部门依职权自行发现的。由于制度空白,各地在监督纠错中出现较大困难和分歧。有的省以再审检察建议要求法院撤销原决定的方式监督纠正,有的省以提出抗诉的方式监督纠正,还有的省提请上一级人民检察院对同级人民法院提出纠正违法意见。为解决制度空白,规定监督程序,《规定》第17条对强制医疗决定执行中发现的错误强制医疗决定如何监督作出规定,为超过法定时限的监督纠错提供程序依据。对于各地实践中的几种解决方案,笔者认为,一方面,在目前法律框架内,法律未规定强制医疗程序可以参照审判监督程序,建议法院再审、对生效决定的抗诉都于法无据,不符合现有法律规定的体系设计;另一方面,检察建议的方式刚性较低,不便于监督落实。因此,仍采取了提出书面纠正意见的方式,规定"在强制医疗执行过程中发现强制医疗决定确有错误的,由作出决定的人民法院的同级人民检察院向人民法院提出书面纠正意见"。同时,考虑到作出决定的人民法院的同级人民检察院公诉部门较为了解案件情况,对同级法院监督更为便利,又考虑到与《诉讼规则》第663条规定衔接的问题,第2款进一步明确由人民检察院公诉部门负责向作出决定的同级人民法院提出书面纠正意见。

《刑事诉讼法》第305条第2款规定,被决定强制医疗的人、被害人及其法定代理人、近亲属对强制医疗决定不服的,可以向上一级人民法院申请复议。《高法解释》第537条规定,对不服强制医疗决定的复议申请,上一级人民法院应当组成合议庭审理,并在一个月内,作出复议决定。《规定》第18条根据法律和司法解释对复议程序的规定,针对法院审查复议申请可能存在的违法行为规定,由收到复议决定的人民法院的同级人民检察院提出书面纠正意见。

（四）关于监督程序和其他规定

《规定》第19条至第21条是对监督程序作出的规定。参照《诉讼规则》第566条关于侦查活动监督的工作程序、第663条关于强制医疗执行监督的工作程序，《规定》第19条对人民检察院提出纠正意见和审查可能错误强制医疗决定的内部工作程序和司法权责作出规定。参照《诉讼规则》第571条关于纠正意见复查的程序，第20条对纠正意见的复查程序作出规定。为监督公安机关、人民法院及时纠正违法行为，《规定》第21条参照其第20条，对跟踪监督纠正意见执行情况及监督程序作出规定。

考虑到各地在司法责任制改革中，不同地方、不同层级的检察官对检察官权力清单的规定都不尽相同，《规定》第22条对司法责任制改革的监督程序作出授权规定，明确各地人民检察院可以结合本地实际，对实施强制医疗程序监督的检察官权力清单作出规定。

（责任编辑：王亚兰）

附:

关于印发《人民检察院强制医疗决定程序监督工作规定》的通知

各省、自治区、直辖市人民检察院,解放军军事检察院,新疆生产建设兵团人民检察院:

《人民检察院强制医疗决定程序监督工作规定》已经2017年7月4日最高人民检察院第十二届检察委员会第六十六次会议通过。现印发你们,请结合实际,认真贯彻执行。各地在执行中遇到的重要情况和问题,请及时报告最高人民检察院。

最高人民检察院

2018年2月1日

人民检察院强制医疗决定程序监督工作规定

(2017年7月4日最高人民检察院第十二届检察委员会第六十六次会议通过)

第一条 为了规范人民检察院强制医疗决定程序监督工作,维护公共安全,维护诉讼参与人的合法权利,保障强制医疗程序的正确实施,根据《中华人民共和国刑法》《中华人民共和国刑事诉讼法》等规定,结合检察工作实际,制定本规定。

第二条 强制医疗决定程序的监督,由人民检察院公诉部门负责。涉及未成年人的,由未成年人检察部门负责。

第三条 人民检察院办理公安机关移送的强制医疗案件,应当审查公安

机关移送的强制医疗意见书,以及鉴定意见等证据材料,并注意发现和纠正以下违法情形:

(一)对涉案精神病人的鉴定程序违反法律规定的;

(二)对涉案精神病人采取临时保护性约束措施不当的;

(三)其他违反法律规定的情形。

第四条 人民检察院办理公安机关移送的强制医疗案件,可以会见涉案精神病人,询问办案人员、鉴定人,听取涉案精神病人法定代理人、诉讼代理人意见,向涉案精神病人的主治医生、近亲属、邻居、其他知情人员或者基层组织等了解情况,向被害人及其法定代理人、近亲属等了解情况,就有关专门性技术问题委托具有法定资质的鉴定机构、鉴定人进行鉴定,开展相关调查。

相关调查情况应当记录并附卷。

第五条 人民检察院发现公安机关应当启动强制医疗程序而不启动的,可以要求公安机关在七日以内书面说明不启动的理由。

经审查,认为公安机关不启动理由不能成立的,应当通知公安机关启动强制医疗程序。

公安机关收到启动强制医疗程序通知书后,未按要求启动强制医疗程序的,人民检察院应当向公安机关提出纠正意见。

第六条 人民检察院办理公安机关移送的强制医疗案件,发现公安机关对涉案精神病人进行鉴定的程序有下列情形之一的,应当依法提出纠正意见:

(一)鉴定机构不具备法定资质,或者精神病鉴定超出鉴定机构业务范围、技术条件的;

(二)鉴定人不具备法定资质,精神病鉴定超出鉴定人业务范围,或者违反回避规定的;

(三)鉴定程序违反法律、有关规定,鉴定的过程和方法违反相关专业的规范要求的;

(四)鉴定文书不符合法定形式要件的;

(五)鉴定意见没有依法及时告知相关人员的;

(六)鉴定人故意作虚假鉴定的;

(七)其他违反法律规定的情形。

人民检察院对精神病鉴定程序进行监督,可以要求公安机关补充鉴定或者重新鉴定,必要时,可以询问鉴定人并制作笔录,或者委托具有法定资质的鉴定机构进行补充鉴定或者重新鉴定。

第七条 人民检察院发现公安机关对涉案精神病人采取临时保护性约束措施,有下列情形之一的,应当依法提出纠正意见:

(一)不应当采取而采取临时保护性约束措施的;

(二)采取临时保护性约束措施的方式、方法和力度不当,超过避免和防止危害他人和精神病人自身安全的必要限度的;

(三)对已无继续危害社会可能,解除约束措施后不致发生社会危害性的涉案精神病人,未及时解除保护性约束措施的;

(四)其他违反法律规定的情形。

人民检察院认为公安机关有必要采取临时保护性约束措施而公安机关尚未采取的,可以建议公安机关采取临时保护性约束措施。

第八条 人民检察院对人民法院强制医疗案件审理活动实行监督,主要发现和纠正以下违法情形:

(一)未通知被申请人或者被告人的法定代理人到场的;

(二)被申请人或者被告人没有委托诉讼代理人,未通知法律援助机构指派律师为其提供法律帮助的;

(三)未组成合议庭或者合议庭组成人员不合法的;

(四)未经被申请人、被告人的法定代理人请求直接作出不开庭审理决定的;

(五)未会见被申请人的;

(六)被申请人、被告人要求出庭且具备出庭条件,未准许其出庭的;

(七)违反法定审理期限的;

(八)收到人民检察院对强制医疗决定不当的书面纠正意见后,未另行组成合议庭审理或者未在一个月以内作出复议决定的;

(九)人民法院作出的强制医疗决定或者驳回强制医疗申请决定不当的;

(十)其他违反法律规定的情形。

人民检察院发现人民法院强制医疗案件审理活动有前款规定的违法情形的,应当依法提出纠正意见。

第九条 人民法院对强制医疗案件开庭审理的,人民检察院应当派员出席法庭，审查人民法院作出的强制医疗决定、驳回强制医疗申请的决定、宣告被告人依法不负刑事责任的判决是否符合法律规定。

第十条 人民检察院对人民法院强制医疗案件审理活动实行监督，可以参照本规定第四条规定的方式开展调查。相关调查情况应当记录并附卷。

第十一条 出席法庭的检察人员发现人民法院审理强制医疗案件违反法律规定的诉讼程序，应当记录在案，并在休庭后及时向检察长报告，由人民检察院在庭审后向人民法院提出纠正意见。

第十二条 人民法院拟不开庭审理的强制医疗案件，人民检察院认为开庭审理更为适宜的，可以建议人民法院开庭审理。

第十三条 人民检察院认为被申请人的身体和精神状况适宜到庭，且到庭更有利于查明案件事实的，可以建议人民法院准许其到庭。

第十四条 人民检察院审查同级人民法院强制医疗决定书或者驳回强制医疗申请决定书，可以听取被害人及其法定代理人、近亲属的意见并记录附卷。

第十五条 人民检察院发现人民法院作出的强制医疗的决定或者驳回强制医疗申请的决定，有下列情形之一的，应当在收到决定书副本后二十日以内向人民法院提出书面纠正意见：

（一）据以作出决定的事实不清或者确有错误的；

（二）据以作出决定的证据不确实、不充分的；

（三）据以作出决定的证据依法应当予以排除的；

（四）据以作出决定的主要证据之间存在矛盾的；

（五）有确实、充分的证据证明应当决定强制医疗而予以驳回的，或者不应当决定强制医疗而决定强制医疗的；

（六）审理过程中严重违反法定诉讼程序，可能影响公正审理和决定的。

第十六条 对于人民检察院提起公诉的案件，人民法院在审理案件过程中发现被告人可能符合强制医疗条件，决定依法适用强制医疗程序进行审理的，人民检察院应当在庭审中发表意见。

对人民法院作出的宣告被告人无罪或者不负刑事责任的判决、强制医疗决定，人民检察院应当进行审查。对判决确有错误的，应当依法提出抗诉，对强制医疗决定或者未作出强制医疗的决定不当的，应当提出书面纠正意见。

人民法院未适用强制医疗程序对案件进行审理，或者未判决宣告被告人不负刑事责任,直接作出强制医疗决定的,人民检察院应当提出书面纠正意见。

第十七条 在强制医疗执行过程中发现强制医疗决定确有错误的,由作出决定的人民法院的同级人民检察院向人民法院提出书面纠正意见。

前款规定的工作由人民检察院公诉部门办理。

第十八条 人民法院收到被决定强制医疗的人、被害人及其法定代理人、近亲属复议申请后,未组成合议庭审理,或者未在一个月内作出复议决定,或者有其他违法行为的,由收到复议决定的人民法院的同级人民检察院向人民法院提出书面纠正意见。

第十九条 人民检察院在办理强制医疗案件中发现公安机关的违法情形,对于情节较轻的,可以由检察人员以口头方式向侦查人员或者公安机关负责人提出纠正意见,并及时向本部门负责人汇报;必要的时候,由部门负责人提出。对于情节较重的违法情形,应当报请检察长批准后,向公安机关发出纠正违法通知书。构成犯罪的,移送有关部门依法追究刑事责任。

人民检察院在办理强制医疗案件中发现人民法院的违法情形,参照前款规定执行。

人民检察院在强制医疗执行监督中发现被强制医疗的人不符合强制医疗条件或者需要依法追究刑事责任,将有关材料转交作出强制医疗决定的人民法院的同级人民检察院的,收到材料的人民检察院公诉部门应当在二十日以内进行审查,并将审查情况和处理意见反馈负责强制医疗执行监督的人民检察院。

第二十条 公安机关、人民法院对纠正意见申请复查的,人民检察院应当在七日以内进行复查,并将复查结果及时通知申请复查机关。经过复查,认为纠正意见正确的,应当及时向上一级人民检察院报告;认为纠正意见错误的,应当及时予以撤销。

上一级人民检察院经审查,认为下级人民检察院纠正意见正确的,应当及时通知同级人民法院、公安机关督促下级人民法院、公安机关根据纠正意见进行纠正;认为下级人民检察院纠正意见不正确的,应当书面通知下级人民检察院予以撤销,下级人民检察院应当执行,并及时向人民法院、公安机关及有关人员说明情况。有申诉人、控告人的,应当将处理结果及时回复申诉人、控告人。

第二十一条 人民检察院应当及时了解公安机关、人民法院对纠正意见的执行情况。

人民检察院提出的纠正意见,公安机关和人民法院没有正当理由不纠正的,应当向上一级人民检察院报告。上级人民检察院认为下级人民检察院意见正确的,应当及时通知同级公安机关、人民法院督促下级公安机关、人民法院纠正;上级人民检察院认为下级人民检察院纠正违法的意见错误的,应当通知下级人民检察院撤销书面纠正意见,并通知同级公安机关、人民法院。

第二十二条 各省、自治区、直辖市人民检察院可以结合本地实际,对实施强制医疗决定程序监督的检察官权力清单作出规定。

第二十三条 本规定由最高人民检察院负责解释。

第二十四条 本规定自印发之日起施行。

【司法实务】

检察环节办理涉众型经济犯罪案件面临的主要困难、问题及对策建议

翁跃强　范红森　方裕安*

目　次

* 翁跃强,浙江省人民检察院公诉一处处长;范红森,浙江省人民检察院公诉一处干部;方裕安,浙江省人民检察院公诉一处干部。

三、依法的确定性,准确理解和适用法律

(一)准确把握经济法律政策界限

(二)准确区分罪与非罪、此罪与彼罪

(三)准确认定犯罪嫌疑人的犯罪数额

(四)贯彻宽严相济刑事政策,合理把握打击范围

近年来,随着经济社会快速发展,涉及众多不特定受害群体的集资诈骗、非法吸收公众存款、组织、领导传销活动及电信网络诈骗等涉众型经济犯罪呈高发态势,呈现出案发地从某地向全国各地蔓延、犯罪金额越来越大、涉及地域越来越广、涉及人员越来越多的特点,严重危害了市场经济秩序和人民群众的财产安全。为此,最高人民检察院(以下简称高检院)强调,检察机关要把防控经济金融风险放在更加重要的位置,严惩非法吸收公众存款、集资诈骗等涉众型经济犯罪,切实保障经济安全。[①] 各级检察机关公诉部门根据高检院的部署要求,立足本职,依法打击各类涉众型经济犯罪,有效维护了经济社会发展和人民群众利益,但办案过程中也暴露出了一些新情况、新问题,亟须采取措施积极应对。

一、检察环节办理涉众型经济犯罪案件存在的主要困难和问题

(一)事实认定方面

1. 主观故意认定困难。涉众型经济犯罪多以公司形式实施,层级较多,有实际控制人、高管、中层管理人员、团队长、业务员等多个层级,中层管理人员、团队长、业务员等往往以不了解业务总体运作情况、不知道相关行为被法律所禁止等为由,辩解主观上不具有违法性认识,故而不具备犯罪故意,特别是在一些互联网金融

① 《最高检:严惩涉众型经济犯罪,防控经济金融风险》,载《检察日报》2017年1月15日,第2版。

犯罪案件中,此类问题较为突出。如“e租宝”等系列非法集资案中,中层管理人员、团队长等本身也有购买公司的产品,且认为其本人只是公司职工,依照公司规章制度开展业务,当地金融监管部门也从未告知违法或督促其停止业务,对于上述人员的犯罪主观故意如何认定,存在一定认识分歧。

2. 犯罪数额认定困难。电信网络诈骗犯罪中此类问题较为突出:(1)具体犯罪数额难以准确认定。电信网络诈骗环节多,建立犯罪嫌疑人和被害人之间的一一对应关系难度大,各犯罪嫌疑人的犯罪数额难以准确认定。(2)全案认定还是条线认定存在争议。电信网络诈骗犯罪团伙中往往存在多个小组,各小组各自作案,互不隶属,对于团伙的首要分子以外的各小组成员的犯罪数额是全案认定还是条线认定存在争议。(3)犯罪数额以被害人损失还是以犯罪嫌疑人实际获利为依据较难把握。特别是“淘宝代运营案件”中,犯罪嫌疑人为被害人的店铺进行装修和广告宣传等费用是否应计入犯罪数额争议较大。(4)犯罪数额的时间计算点难以准确认定。犯罪嫌疑人多系通过网上正规招聘途径进入电信网络诈骗公司,公司一般都有合法营业执照,对其明知从事违法犯罪活动的时间点往往难以确定,导致犯罪数额认定存在疑难。另外,涉案资金量大的非法集资类案件中,由于账目烦琐、被害人提供的借条与银行明细显示的金额出入较大等原因,经常导致犯罪数额也难以准确认定。

3. 共同犯罪较难把握。电信网络诈骗类的共同犯罪不同于传统的共犯,多表现为特定少数(组织者、策划者)对不特定多数(中层、团队长、业务员等),各犯罪嫌疑人之间无须相互认识或见面,仅通过互联网和各类社交软件联系,分对象、分阶段、分任务参与到犯罪中,有的还依托第三方专业化平台作案,共同完成电信网络犯罪行为,各类人员对于是否明知还有其他成员与其一起从事电信网络诈骗存在不同认识,导致认定共同犯罪存在疑难。有些案件中多人同时间、同空间各自作案,收益归各自所有,但淘宝账号、平时生活开支存在混同情况,是否能认定为共同犯罪存在争议。同时,电信网络诈骗犯罪中主从犯的认定也有较大争议,对公司发起股东、高管等人员认定为主犯、底层话务员认定为从犯一般没有疑问,但对于话务组组长等中层管理人员及因业绩优秀被奖励少量公司股份但并不参与公司日常决策的话务员等人员是否认定为从犯则争议较大。

(二)案件定性方面

1. 罪与非罪争议较大。涉众型经济犯罪案件往往因经济纠纷与经济犯罪交织,在罪与非罪的认定上争议较大。司法实践中不少涉众型金融犯罪以民间借贷之名而行非法集资之实,两者在外在表象上有一定相似之处,一定程度上导致难以认定合法借贷还是非法集资,以致错误地扩大打击面而影响经济发展,抑或无法准确有力地打击而放纵犯罪。特别是互联网金融犯罪案件中,金融创新与利用互联网金融平台进行非法集资的界限较难把握,是金融创新还是借"创新"之名行犯罪之实争议较大。又如一些将普通药品、保健品当作是针对被害人病情的特效药、秘制药出售的电信网络犯罪案件,是民事欺诈还是刑事诈骗也存在较大争议。

2. 此罪与彼罪争议较大。(1)在持续时间较长的非法集资案件中,被告人刚开始时一般不具有非法占有目的,后因经营不善、利息过高、资不抵债、资金链断裂等原因才逐渐产生非法占有目的,但产生该非法占有目的的时间往往难以确定,导致认定集资诈骗罪还是非法吸收公众存款罪争议较大。(2)在一些电信网络犯罪案件中,此罪与彼罪的认定问题较为突出,如在网络购物中,犯罪嫌疑人利用木马软件将表面支付金额为"1元"的支付链接发送给被害人,在被害人点击支付后非法获取被害人支付宝内的巨额资金,此种行为是认定为诈骗罪还是盗窃罪争议较大;又如电信诈骗中帮助诈骗分子取款的取款人是认定为诈骗罪共犯还是掩饰隐瞒犯罪所得罪,在具体办案中也不统一。同时,电信网络犯罪的犯罪嫌疑人多为上下游、团伙作案,通过互联网进行沟通交流,各个环节分工细化,形成利益链条,犯罪手段和犯罪环节可能涉及多项关联罪名,实践中如何定性存在争议。(3)在否定单位法人人格的情况下,对公司内部员工职务侵占行为如何定性争议较大。对于以公司形式实施的涉众型经济犯罪案件,由于公司往往是为实施违法犯罪活动而成立,或者成立后以实施违法犯罪为主要活动,在认定时一般否定公司的法人人格,不予认定为单位犯罪,而是以自然人犯罪认定,由此导致对公司内部员工利用职务便利侵吞、骗取本单位财物的行为如何定性产生争议和分歧。有观点认为,既然已经否定了公司的法人人格,就不宜再认定公司内部员工构成职务侵占犯罪,否则就相当于变相承认公司的法人人格,有自相矛盾之嫌,可考虑认定盗窃、诈骗等其他犯罪。也有观点认为,《刑法》规定的单位犯罪中的“单位”与职务侵占罪中的“单位”不一定等同,只要公司依法注册登记成立,其员工利用职务便利侵吞、骗取本单位财物的行为,可认定为职务侵占罪。

(三)办案效果方面

1.打击范围较难把握。近年来,司法机关加大了对电信网络诈骗犯罪的打击力度,2016年12月,最高人民法院、最高人民检察院、公安部出台了《关于办理电信网络诈骗等刑事案件适用法律若干问题的意见》,其中第1条规定对电信网络诈骗等犯罪要“坚持依法从严从快惩处”。受此影响,各地司法机关特别是侦查机关在处理电信网络诈骗犯罪案件时往往侧重于“从严”,较少考虑宽严相济刑事政策的适用,部分案件处理的人数少则十几、几十人,多则上百人,存在打击面过宽的问题。[①] 同时,电信网络诈骗犯罪的参与人员中有许多是在校学生、应届毕业生甚至是退伍军人,他们往往通过正规招聘渠道进入犯罪公司工作,如一律起诉,也不利于该类人员今后的学习、就业和生活。如何更好地贯彻宽严相济刑事政策、准确把握打击范围,又同时不与严厉打击电信网络诈骗犯罪的高压态势相冲突并确保案件处理效果是当前亟须解决的问题。

2. 追赃工作难度大。(1)资金去向复杂。涉众型经济犯罪具有作案持续时间长、涉及面广、参与人数多、涉案金额大的特点,案发时犯罪嫌疑人往往已资不抵债,或已将财产转移,资产去向难以查清,追赃挽损难度大。特别是电信网络诈骗案件,一旦诈骗完成,犯罪分子取得被害人的财物后,会迅速将财物层层转移、分散,甚至会在极短的时间内通过地下钱庄将资金转至境外,给追赃工作带来极大困难。非法集资案件中,根据相关规定,"以吸收的资金向集资参与人支付的利息、分红等回报"应当依法追缴,但实践中,该规定很难得到实际执行。(2)认定赃款赃物争议较大。犯罪公司中层、员工的工资、提成能否认定为好处费进而进行追赃,存在争议;部分人员虽收取好处费,但未被侦查机关或司法机关处理的,这部分赃款如何追回,实践中难以操作;对于犯罪嫌疑人合法的房产、汽车,或无法准确区分是否使用赃款购得的房产、汽车,是否可以查封或限制交易,在司法实践中也存在争议。(3)资产保值难度较大。资产追缴到位之后如何保值也是追赃挽损工作的难点,除了现金之外,房产、车辆、股票、钢材等市场价格通常波动

① 如某市办理的淘宝代运营案件,该市县两级检察机关共受理此类案件 20 件 745 人,平均每个案件 40 余名犯罪嫌疑人,其中 77% 以上是底层业务员。如全部提起公诉,显然与宽严相济刑事政策不符;但如不提起公诉,因受害群众直接与这些业务员接触,深受其害,易引发维稳事件。

较大,而涉众型经济犯罪诉讼程序又往往持续较长时间,如何有效保值,避免对被害人的“二次伤害”难度较大。

3. 维稳工作任务重。(1)涉众型犯罪涉及面广,容易引发群体性事件。在网络时代,与传统犯罪相比,涉众型经济犯罪涉及投资人更多、辐射地域更广、社会影响更大,处理不当可能导致矛盾升级、事态扩大,引发各种舆情、集体上访等事件。(2)涉众型犯罪较为复杂,各种利益诉求混杂,存在很大的不稳定风险。一方面,投资人中很大一部分是中老年人、离退休人员和下岗人员,投资风险意识不强,损失承受能力弱,要求检察机关查清案情、挽回损失、严惩罪犯的诉求十分强烈,甚至还有部分投资人不理解司法办案工作,认为司法机关的介入才导致损失无法挽回。另一方面,涉案犯罪嫌疑人的家属到检察机关信访,认为打击面过宽,提出取保候审等各种诉求。

(四)办理过程方面

1. 侦查取证不规范。有的侦查机关对于重大经济犯罪案件,未按规定制作或移送同步录音录像,一旦嫌疑人在审查起诉、审判阶段提出非法证据排除,将会造成极大的被动,直接影响案件的办理。有的侦查机关只注重口供,不注重提取书证、物证、电子数据等客观性证据。还有的在获取电子证据时不按规定程序提取,如获取原始存储介质未制作提取笔录、未以封存状态移送电子数据、对电子数据的名称、类别、格式注明不清等。另外,电信网络诈骗因涉及的被害人地域广,覆盖面大,在一些案件中,出于侦查需要,本地公安民警通常会打电话要求外地被害人主动到当地派出所报案,但当地派出所制作的笔录往往遗漏被害人被骗关键信息,如诈骗人员微博、微信、QQ、支付宝账号、名称,与诈骗人员聊天记录、被骗时间、金额,具体被骗过程,以及其支付宝转出记录、支付宝单号、被害人身份信息(如是否未成年人、在校学生等)等,导致被害人陈述无法印证案件事实。

2. 公诉工作任务重。涉众型经济犯罪案件往往涉案人员众多、犯罪事实复杂、账目烦琐、金额巨大,案卷少则几十册,多则上百册,其中涉及阅卷、权利义务告知、统一业务系统案卡填写、提审、文书制作、开庭等工作量巨大,给检察机关办案人员带来较大的办案压力。

3. 补充侦查困难。以电信网络诈骗犯罪为例,一方面是犯罪嫌疑人与受害人在空间上相"隔离",给该类案件的取证工作带来很大难度;另一方面是犯罪嫌疑人基本上都是异地作案或者远距离作案,利用固定电话、移动电话、互联网等媒介实施诈骗,通过虚拟空间完成犯罪活动,一般不会留下具体的现场痕迹或物证,导致案件移送审查起诉后,许多证据往往无法进一步补充完善。同时,电子数据的调取耗时过长,阿里巴巴、腾讯、巨人、完美等网络公司虽配合调查,但提供电子数据往往要等待半年甚至更长时间,导致侦查机关不愿意调取相关证据。

4. 办案人员专业知识欠缺。当前涉众型经济犯罪案件越来越网络化、国际化、智能化,往往涉及金融、财会、计算机、互联网等专业技术知识,目前检察机关公诉队伍中还缺乏熟练掌握相应专业知识的办案人员,一定程度上影响了涉众型经济犯罪案件的办理。

针对上述困难和问题,我们结合办理涉众型经济犯罪的司法实践,开展了深入调研,下面就证据收集、审查、判断和法律适用等方面问题提出对策建议。

二、贯彻证据裁判原则,加强证据收集、审查和运用

涉众型经济犯罪证据种类复杂、数量庞大,且往往分散于各地,收集、审查、运用证据的难度较大。检察环节的证据审查应坚持以证据为核心,始终贯彻证据裁判原则,紧紧围绕证据的真实性、合法性、关联性,严格证据审查标准,确保案件事实认定清楚,证据确实充分。

(一)加强介入侦查、引导取证工作

"以审判为中心"的诉讼制度改革,对检察机关在审前程序中贯彻证据裁判原则、严格证据标准,提出了新要求和新任务。检察机关提前介入公安机关的侦查活动,引导公安机关调查取证,是检察机关完善法律监督的重要举措之一,更是"以审判为中心"背景下完善审前主导制度的重要体现。为此,对重大涉众型经济犯罪案件,检察机关应适时介入侦查,引导侦查取证,围绕相关犯罪的犯罪构成和起诉的证据要求,对侦查机关收集、固定、完善证据提出意见和建议,夯实案件的证据基础。检察机关与公安机关要通过建立信息通报机制,重大、疑难案件听取意见建议机制,介入案件备案报告制度,介入案件跟踪监督制度等;强化对重大涉众型经济犯罪案件的介入力度,丰富介入方式和规范介入流程,确保介入效果。

(二)强化证据的收集、审查和运用

1.构建以客观性证据为核心的证据体系。应突出对物证、书证、电子数据、视听资料、技术性鉴定意见等客观性证据的审查,强化梳理、运用,重视发挥客观性证据特别是技术性证据在认定案件中的作用,减少对口供的依赖。

2.强化主观故意方面证据的收集、审查和运用。如前所述,涉众型经济犯罪多以公司形式实施,层级较多,各犯罪嫌疑人的主观故意复杂,认定难度大,因此,主观故意方面证据的收集、审查和运用显得尤为重要。(1)可从犯罪嫌疑人的任职情况、职业经历、专业背景、培训经历、此前任职单位或者其本人因从事同类行为受到处罚情况等多方面收集运用证据,准确认定是否具有主观故意。(2)对于具备相关职业经历、专业背景或从业时间较长且在犯罪活动中担任一定管理职务的犯罪嫌疑人,如果其行为在客观上具有非法性,我们认为原则上就可以认定其具有主观故意。(3)对于无相关职业经历、专业背景,且从业时间短暂,在共同犯罪中层级较低、纯属执行单位领导指令的犯罪嫌疑人在认定主观故意时应更加慎重,如确无其他证据的,建议不作为犯罪处理。[①]

3. 加强对电子数据的收集、审查和运用。互联网时代,电子数据在涉众型经济犯罪案件的证据体系中占有重要地位,对于指控证实相关犯罪事实具有重要作用,有必要加强对电子数据的收集与审查。对此,可从以下三个方面入手:(1)严格执行最高人民法院、最高人民检察院、公安部《关于办理刑事案件收集提取和审查判断电子数据若干问题的规定》(法发〔2016〕22 号)。加强对电子数据的真实性、完整性、关联性审查,必要时可征求相关领域专家的意见,并结合相关证人证言、犯罪嫌疑人供述和辩解等证据综合判断,准确认定案件事实。(2)突出对电子数据转化程序的审查。重点审查转化材料与原始数据是否一致,转化的主体、程序和方式是否符合法律和技术规范,确保转化内容真实完整,无剪裁、拼凑、篡改、添加等伪造、变造行为。(3)重视对电子数据鉴定材料的审查。注重审查鉴定意见是否由法定的司法鉴定机构出具,是否具备鉴定意见所要求的法定形式条件,其中对于缺乏鉴定资质或不具备鉴定意见形式要件且无法补强的鉴定材料,如确能与在案证据相互印证的,可考虑作为专家证人意见,必要时可申请相关人员出庭。

(三)严格实行非法证据排除规则

习近平总书记强调指出:"要靠制度来保障公平正义,在执法办案各个环节都设置隔离墙、通上高压电,谁违反制度就要给予最

① 最高人民检察院公诉厅高检诉〔2017〕14 号《关于办理涉互联网金融犯罪案件有关问题座谈会纪要》文中第 9 条至第 10 条、第 14 条至第 16 条中对非法集资类案件主观故意的认定作了较为细致全面的规定,对所有涉众型经济犯罪案件主观故意的认定具有极强的借鉴和指导作用。

严厉的处罚。”为此,在办理涉众型经济犯罪案件过程中,检察机关应充分认识和理解非法证据排除规则所体现的程序正义和人权保障理念,严格按照最高人民法院、最高人民检察院、公安部、国家安全部、司法部《关于办理刑事案件严格排除非法证据若干问题的规定》(法发〔2017〕15号)的规定,加强对证据合法性的审查,重视犯罪嫌疑人及其辩护人提供的相关非法证据线索或者材料的调查核实,对审查认定的非法证据,坚决予以排除,不作为提起公诉的根据;对不符合法定收集程序、可能严重影响司法公正的物证、书证,及时督促公安机关予以补正或者作出合理解释,不能补正或者作出合理解释的,对有关证据应当予以排除。

三、依法的确定性,准确理解和适用法律

(一)准确把握经济法律政策界限

对于涉众型经济犯罪,应着眼经济社会发展和该类犯罪特点,加强研究分析,重点把握经济纠纷与经济犯罪、金融创新与金融犯罪、民事欺诈与刑事诈骗等罪与非罪、法律与政策的界限。对于法律政策界限不明、罪与非罪不清的,应慎重妥善处理,注意听取行业主管部门、监管部门的意见,并及时向上级请示报告,避免将一般经济纠纷、民事欺诈甚至是符合国家法律、政策要求,有利于经济社会发展、改革创新的行为纳入刑事打击范围。

(二)准确区分罪与非罪、此罪与彼罪

首先,要重点把握集资诈骗罪与非法吸收公众存款罪,组织、领导传销活动罪与集资诈骗罪、非法吸收公众存款罪,诈骗罪与合同诈骗罪等之间的界限,着重从是否具有非法占有目的、是否符合传销活动的行为特征、是否扰乱市场经济秩序等方面审查。具体可从以下几个方面把握:(1)对于非法占有目的,可重点围绕项目真实性、资金去向、归还能力等事实进行综合判断。(2)以非法占有为目的,组织、领导传销活动,同时构成组织、领导传销活动罪和集资诈骗罪的,应根据想象竞合犯的处理原则,依照处罚较重的规定定罪处罚。(3)以非法占有为目的,在签订、履行合同过程中实施诈骗行为,同时构成诈骗罪和合同诈骗罪的,应根据特别法优于普通法的原则,以合同诈骗罪定罪处罚;二者界限难以准确区分,但犯罪行为破坏社会主义市场经济秩序的,建议以合同诈骗罪定罪处罚。

其次,要准确认定涉众型经济犯罪中不同层级人员的犯罪性质。在涉众型经济犯罪中,犯罪嫌疑人由于层级、职责分工、获取收益方式、对全部犯罪事实的知情程度等不同,其犯罪性质也不同,应加强审查区分:(1)在非法集资犯罪中,有的犯罪嫌疑人具有非法占有的目的,有的则不具有非法占有目的,对此,应根据主观故意的不同分别认定为集资诈骗罪、非法吸收公众存款罪。(2)在组织、领导传销活动犯罪中,对具有骗取财物目的的组织者、领导者,依法认定为组织、领导传销活动罪,对不具有骗取财物目的的其他参与人员,应根据其实施的具体行为、在共同犯罪中的作用慎重妥善处理,符合非法吸收公众存款罪等罪名的,以非法吸收公众存款罪等罪名定罪处罚。(3)对犯罪嫌疑人多为上下游、团伙作案、各个环节分工细化的电信网络诈骗犯罪,如果犯罪手段和犯罪环节涉及不同关联罪名,若各个环节犯罪嫌疑人之间存在通谋,则一般均可认定为诈骗犯罪,否则应按各个环节所涉罪名分别定罪处罚。

(三)准确认定犯罪嫌疑人的犯罪数额

涉众型经济犯罪中,对主犯和首要分子的犯罪数额仍要依照《刑法》总则第26条的规定来总体把握,即“对组织、领导犯罪集团的首要分子,按照集团所犯的全部罪行处罚”,对其他主犯“应当按照其所参与的或者组织、指挥的全部犯罪处罚”。对其他参与人员则应根据主客观相一致、行为与责任同时存在的原则来把握,即以其主观故意支配下实施的犯罪行为为根据准确认定犯罪数额。其中,对非法吸收公众存款犯罪的数额,应根据犯罪嫌疑人实际参与吸收的金额认定;对集资诈骗犯罪的数额,以犯罪嫌疑人实际骗取的金额计算;对电信网络诈骗犯罪的数额,应依据最高人民法院、最高人民检察院、公安部《关于办理电信网络诈骗等刑事案件适用法律若干问题的意见》(法发〔2016〕32号)第四部分的规定①准确认定,但对于第2条“多人共同实施电信网络诈骗,犯罪嫌疑人、被告人应对其参与期间该诈骗团伙实施的全部诈骗行为承担责任”中的“参与期间”不能机械理解,不应简单地以加入或参加时间点为唯一认定标准,应坚持主客观一致原则,全面考察犯罪嫌疑人的主观故意、在共同犯罪中的地位作用、造成的后果、获利情况、有无退赃、是否认罪等,综合判定,否则可能造成参与犯罪行为少、犯罪金额却极大、量刑过重等罪责刑不相一致情况的发生。

(四)贯彻宽严相济刑事政策,合理把握打击范围

涉众型经济犯罪案件涉案人员众多,成分复杂,为避免罪责刑

---

① 最高人民法院、最高人民检察院、公安部《关于办理电信网络诈骗等刑事案件适用法律若干问题的意见》(法发〔2016〕32号)第四部分规定:

“四、准确认定共同犯罪与主观故意

(一)三人以上为实施电信网络诈骗犯罪而组成的较为固定的犯罪组织,应依法认定为诈骗犯罪集团。对组织、领导犯罪集团的首要分子,按照集团所犯的全部罪行处罚。对犯罪集团中组织、指挥、策划者和骨干分子依法从严惩处。

对犯罪集团中起次要、辅助作用的从犯,特别是在规定期限内投案自首、积极协助抓获主犯、积极协助追赃的,依法从轻或减轻处罚。

对犯罪集团首要分子以外的主犯,应当按照其所参与的或者组织、指挥的全部犯罪处罚。全部犯罪包括能够查明具体诈骗数额的事实和能够查明发送诈骗信息条数、拨打诈骗电话人次数、诈骗信息网页浏览次数的事实。

(二)多人共同实施电信网络诈骗,犯罪嫌疑人、被告人应对其参与期间该诈骗团伙实施的全部诈骗行为承担责任。在其所参与的犯罪环节中起主要作用的,可以认定为主犯;起次要作用的,可以认定为从犯。

上述规定的‘参与期间’,从犯罪嫌疑人、被告人着手实施诈骗行为开始起算。

……”

不相一致情况的发生，应坚持谦抑、审慎、善意的司法理念，综合考虑各类人员主观目的、犯罪情节、犯罪后果、认罪态度等主客观情节，综合判断责任轻重，区别对待，避免简单一诉了之，造成打击面过宽。具体可从以下几个方面把握：(1)对犯罪情节严重、主观恶性大、在犯罪中起主要作用的人员，特别是核心管理层人员和骨干人员，应当依法从严打击。(2)对犯罪情节相对较轻、主观恶性较小、在犯罪中起次要作用的人员，或者有坦白、自首、立功、积极挽回损失等法定、酌定从宽处罚情节的，应当依法从宽处理。其中对于犯罪情节轻微，依照《刑法》规定不需要判处刑罚或者可以免除刑罚的，应当依法作不起诉决定；对于受单位领导指派而参与实施了一定犯罪行为的人员，除参与分成或者领取高额固定薪酬外，可不追究刑事责任；对于仅领取固定工资的办公室文员、后勤人员等一般参与人员，可不作犯罪处理。(3)结合犯罪手段、参与程度、地位作用等情节，判断是否属于“情节显著轻微危害不大的，不认为是犯罪”，不唯数额论，对符合该规定的，应当依法作不起诉处理。(4)对刚加入犯罪团伙的在校学生、大学毕业生等，应充分考虑其今后的就业、学习和生活，慎重、妥善处理。

鉴于涉众型经济犯罪案件涉及面广、情况复杂，检察机关公诉部门除了做好案件的公诉工作外，在办理案件过程中还要注意依靠当地党委政府，加强与公安、法院等部门的沟通协调，积极配合相关部门依法妥善处理各种重大敏感问题和争议问题，结合办案风险评估预警工作，做好检察环节风险防控，努力实现司法办案的法律效果、社会效果、政治效果有机统一。

（责任编辑：王亚兰）

“恶意透支”型信用卡诈骗案件司法实务疑难问题探析

叶　萍　石林山*

目　次

---

* 叶萍,北京市朝阳区人民检察院金融犯罪检察部副主任,四级高级检察官;石林山,北京市朝阳区人民检察院金融犯罪检察部,检察官助理。

（三）两次有效催收之间应当有合理的时间间隔

（四）审查重点

四、关于银行“类贷款业务”的理论和实践探讨

近年来，信用卡诈骗案件特别是恶意透支型信用卡诈骗案件数量在很多地区呈现大幅度攀升趋势。因恶意透支型信用卡诈骗案件刑民交织问题突出，现有司法解释对该类案件如何适用在实践中造成诸多困惑，使该类案件成为困扰司法人员的难点。北京市朝阳区人民检察院针对辖区内信用卡诈骗案件急剧增加的情形，于2013年牵头公、检、法出台了信用卡诈骗案件办理的联席会议纪要，2015年8月又联合公、检、法出台《关于办理“恶意透支”型信用卡诈骗案件法律适用意见》，对以非法占有为目的、催收、透支数额认定等实体性问题以及管辖、追捕、追诉等的程序性问题进行研究，并确立了公、检、法的沟通协调机制。本文从实证角度出发，通过办理的典型案例，逐一归纳分析产生问题的原因，总结、梳理有益的经验做法，以期对检察机关如何办理该类案件有所启发。

一、信用卡诈骗罪司法适用难点

以北京市朝阳区人民检察院为例，2014年至2017年12月，该院共受理信用卡诈骗案件613件622人，其中，不起诉87件88人，撤回起诉4件4人，定罪免刑3件3人。

从案件量来看，信用卡诈骗案件作为金融诈骗犯罪的常见类型，在经济发展领先和金融行业繁荣的朝阳辖区内一直呈多发态势，但近年来整体呈现下降趋势。2013年，该院共受理信用卡诈骗案件253件271人，2014年271件272人，2015年187件193人，2016年77件79人，2017年78件78人；从数据可以看出，2013年、2014年该类案件集中案发，但自2015年朝阳区公、检、法部门制定《关于办理“恶意透支”型信用卡诈骗案件法律适用

意见》以来,由于严把入罪门槛,信用卡诈骗案件数量出现下降趋势(见图1)。

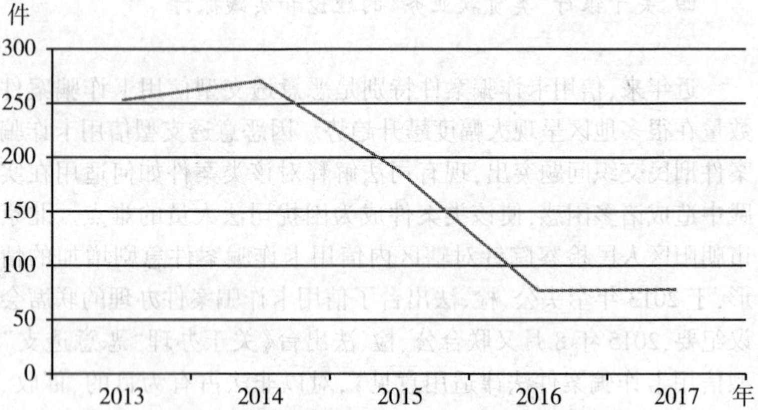

图1 近年信用卡诈骗案件的案件量趋势

从案件类型来看,“恶意透支”型信用卡诈骗案件在此类案件中仍占最大比重,经统计,该院“恶意透支”型信用卡诈骗案件所占比例超过九成,属于名副其实的“重灾区”。在此类信用卡诈骗案件中,如何认定具有“非法占有目的”成为认定能否定罪的重点和难点,并需要从嫌疑人的个人财产、消费去向、还款积极性、申领材料的真实性等多个方面进行调查取证,审查范围之广、审核证据之难,成为公、检、法三家不断探讨、研究的问题。同时,随着银行业务的不断拓展,“类贷款”等新的模式不断出现,也给司法实务认定带来了新的课题。主要难点问题体现在以下方面:

(一)“非法占有目的”的认定

与所有诈骗类案件相似,“非法占有目的”的认定是恶意透支型信用卡诈骗案件中最困扰司法官的焦点之一。实践中,对于客观上存在超过限额或者规定期限透支,并且发卡银行两次催收后超过3个月仍不归还的行为,是否就能直接推定其主观上具有非法占有目的,是“欠钱不还”还是“恶意透支”的民刑之争越来越激烈。最高人民法院、最高人民检察院(以下简称“两高”)《关于办理妨害信用卡管理刑事案件具体应用法律若干问题的解释》(以下简称《解释》)中对应当认定为《刑法》第196条第2款规定的“以非法占有为目的”的推定适用明确列举了六种情形,[①]在一定程度上明晰了这一争议,但同时也引发了司法实践中部分司法人员客观归罪的倾向。对该解释各情形如何理解和适用,司法人员之间、公、检、法各机关之间也存在不同认识。

目前,争议焦点基本集中于行为人属于客观上的还款不能还是主观上的不愿还款。比如,持卡人辩解称因失业、突发重大疾病、家庭变故等客观原因,而没有能力还款的;持卡人的信用卡透支款项主要用于公司经营使用,因经营不善导致欠款无法归还的;持卡人系在与银行进行还款沟通、协商过程中,银行报案由公安机关将其抓获的;持卡人没有拒不归还的意思表示,与发卡行之间联系畅通,积极与发卡行沟通、寻求解决方案,但确实很长时间内无法或者客观上不能还款的,能否认定持卡人具有“非法占有的目的”。此外,实践中还存在有的持卡人存在多个银行信用卡均有欠款,高达几十万,法定刑应在五年以上的情形,但持卡人有房有车,辩解称因为资金周转不灵,或资金用于投资没有按预期回款从而导致欠款较长时间不还,其手机能保持畅通,也与银行进行协商,但符合“两次有效催收后超过三个月拒不归还”的客观要件。

(二)“催收”的认定

关于催收的认定,同样存在争议。一是两次以上的催收如何

---

① 2009年最高人民法院、最高人民检察院《关于办理妨害信用卡管理刑事案件具体应用法律若干问题的解释》第6条第2款:“有以下情形之一的,应当认定为刑法第一百九十六条第二款规定的‘以非法占有为目的’:(一)明知没有还款能力而大量透支,无法归还的;(二)肆意挥霍透支的资金,无法归还的;(三)透支后逃匿、改变联系方式、逃避银行催收的;(四)抽逃、转移资金,隐匿财产,逃避还款的;(五)使用透支的资金进行违法犯罪活动的;(六)其他非法占有资金、拒不归还的行为。”

认定,即两次仅仅是绝对数量的两次以上,还是应当有所要求,如在催收间隔、催收方式等方面有一定标准。对此,有的实务人士提出了“有效催收”的概念:也就是说一定时间内频繁的催收只能视为一次有效催收;但实务界对此也有不同认识。二是如何确定“规定期限”起算催收的时间,特别是银行对信用卡欠款进行“分期处理”的情形下,如何计算起始时间。

（三）“类贷款业务”的认定

当前,部分商业银行为了拓展业务,突破银行关于传统贷款业务的监管,采取将类似小额贷款的现金贷业务纳入信用卡增值业务中,先放款到用款人信用卡或者名下其他储蓄卡中,再使用,再还款。利率和资金使用方式与信用卡透支业务不同,更类似贷款业务。但在用款人逾期还款不能后,直接以“恶意透支”信用卡犯罪提起刑事诉讼。该类业务性质本质上应当归属于信用卡诈骗罪还是贷款诈骗罪或者骗取贷款罪,理论和实践存在较大争议。

二、“以非法占有为目的”的认定思路

“以非法占有为目的”的认定历来是侵财类特别是诈骗类犯罪的认定难点,由于其系主观故意,在行为人不认罪的情形下,只能通过客观行为来推定。现有诈骗罪等多个司法解释中均出现了对“非法占有目的”的刑事推定的相关规定。而“恶意透支型”信用卡诈骗罪的案件量飙升也很大程度上与“两高”《解释》第6条第2款中关于认定“非法占有目的”的刑事推定的规定密切相关。我们在司法办案过程中,形成了以下司法认定的思路。

（一）认定的原则和前提——避免客观归罪

避免客观归罪,是认定“以非法占有为目的”的原则和前提,仅凭透支数额较大不能返还的结果不能直接推定行为人具有非法占有目的。在办案时,应认真审查行为人提出的辩解理由,综合考虑行为人申领时有无弄虚作假、透支款项的方式和用途、开卡使用后资产收入变化、曾经偿还的款项数额及次数等因素。确因客观原因导致无法还款的,不宜认定为非法占有目的,不能核实的应当综合全案慎重定性。

(二)可以认定"以非法占有为目的"的情形

具有下列情形的,可以适用相关司法解释的规定,推定行为人具有非法占有的目的。(1)行为人没有相对固定资产或收入来源,使用虚假的证明材料申领信用卡,大量透支后无法归还的;同一时间段内申领多张信用卡,后以透支信用卡为生活来源,无正常收入,无法归还信用卡欠款的;同时或先后在多家银行申领信用卡,利用"拆东墙补西墙"的形式进行恶意透支的,属于《解释》第6条第2款第1项规定的"明知没有还款能力而大量透支,无法归还的"情形。(2)行为人多次进行明显与自己的收入水平不符的大额消费,导致无法归还的,属于《解释》第6条第2款第2项规定的"肆意挥霍透支的资金,无法归还的"情形。(3)行为人申领信用卡后或透支后变更电话、住址等通信方式,且未向银行履行告知义务,属于《解释》第6条第2款第3项规定的"透支后逃匿、改变联系方式,逃避银行催收的"情形。(4)透支时及透支后均具有还款能力,被催收后仅履行低于最低还款额还款;或经催收后无任何还款,继续进行透支的,属于《解释》第6条第2款第6项规定的"其他非法占有资金,拒不归还的"情形。

(三)不能认定行为人"以非法占有为目的"的情形

具有下列情形之一,且不符合《解释》第6条第2款规定的六种情形的,不应推定行为人具有非法占有目的。

1. 持卡人原有正常、稳定收入来源,曾有持续还款行为且无大额拖欠,后因失业、突发重大疾病、家庭变故等客观原因导致经济状况严重恶化,无力还款,且未继续透支的;或虽继续透支,但系为维持日常生活的正常开支。如丁某某信用卡诈骗案中,丁某某自2007年5月至2013年3月11日办卡使用,消费、还款正常,于2013年2月8日最后一次消费,2013年3月11日最后一次还款。

丁某某于2013年2月26日在北京住院治疗,2013年3月4日出院确诊患有慢性粒细胞白血病,每月药费24,000元左右。截至案发时,共欠款人民币本金12,777.84元。丁某某在银行电话催缴过程中,多次表示现患白血病,生活困难无力还款。2013年9月27日经北京市劳动能力鉴定委员会鉴定确认:丁某某已达到完全丧失劳动能力鉴定标准。本案中,现有证据虽然可以证明持卡人透支信用卡,经过银行两次催收后超过3个月仍未归还的事实,但持卡人系因突发重大疾病而导致经济状态严重恶化,无力还款且未继续透支,应认定其没有"以非法占有为目的"恶意透支的主观故意,不构成信用卡诈骗罪。最终,检察机关以丁某某不具有"非法占有目的",作出法定不起诉决定。

2.资金用于生产经营活动,后因资金周转迟缓或不灵导致无法继续还款,曾有持续还款行为,且未继续透支的。如薛某某信用卡诈骗案中,薛某某系北京某公司法定代表人,自2013年8月15日第一次消费至2013年10月16日,薛某某持卡消费共计人民币2,015,863.68元,其中1,545,500元为支付其供货商上海某公司的货款。截至2014年4月29日,薛某某已还款1,778,100元,欠款本金为237,763.68元。后银行多次打电话催收还款,薛某某于2014年4月29日与银行签订了还款承诺书,约定2015年5月6日前还清全部款息。因公司资金周转不开,薛某某在4月29日还款8万元后再无还款行为。2014年12月5日银行报案,同日公安机关立案并将薛某某抓获。本案中,现有证据证明持卡人薛旭安持卡消费共计人民币2,015,863.68元,其中1,545,500元为支付其供货商上海驼鑫实业有限公司的货款;同时其未变更联系方式,后因公司资金周转不开,导致还款不能,且其与银行的还款协议期限也未到。故最终以现有证据不足以证明其主观上存在"非法占有目的",依法作出法定不起诉决定。

3.有证据能够证明行为人有主动还款的意愿和积极还款的客

观行为，不宜直接以客观上符合经多次催收，超过三个月仍未还款来推定其主观上具有非法占有目的。如李某信用卡诈骗案中，被告人李某系银行工作人员，为与银行商量还款事宜到达与银行约定还款的地点某银行，且当场给其男友打电话还款，其男友委托合伙人通过"缴费易"还款，但交易没有成功。银行报警后，李某当场被赶来的民警抓获。但本案中李某确有还款的行为，仅因客观原因（"缴费易"需要一段时间才能进入银行账户）钱没有马上到账，应当认定其主观上具有还款意愿，抓捕当时并不符合信用卡诈骗罪的主观构成要件。该案件也提示检察机关在审查该类案件中要谨慎，特别注重主观故意证据的审查。

4. 其他情形。实践中常见的以下情形也不宜认定行为人具有非法占有目的：一是持卡人透支消费未明显超过其收入水平，虽未完全清偿，但有持续的超过最低还款额的还款行为，已偿还的数额超过了未偿还金额。二是持卡人仅对欠款数额或还款方式有异议，无拒不归还欠款的意思表示，与发卡行之间联系畅通，积极与发卡行沟通、寻求解决方案的。

（四）审查重点

在判断持卡人是否具有"以非法占有为目的"时，应重点审查以下证据：（1）必须听取犯罪嫌疑人对信用卡透支欠款的辩解：钱款用途、收入情况、还款情况、无法正常还款的原因、是否与银行达成还款协议、未达成还款协议的原因、是否变更联系方式并及时通知银行等。（2）对透支钱款用途重点审核：结合消费明细及犯罪嫌疑人供述、家属等核实犯罪嫌疑人是否具有"肆意挥霍的行为"、生产经营的行为。（3）对于持卡人辩解因生病、家庭变故、工作变故等客观原因导致无力还款的情况，需调取相关证据予以核实；如诊断证明，工作单位出具的情况说明，父母、同事、朋友的证言等。

三、“两次催收,超过三个月仍未归还”的认定思路

根据法律规定,恶意透支型信用卡诈骗罪除必须具备主观要件“以非法占有为目的”之外,还必须具备“经发卡行两次催收后超过三个月仍不归还”这一客观要件。

(一)催收起点的确定

理论界和实务界普遍认为,催收的起点应当自持卡人无有效还款之日后起算。此处存在两个问题,一个是何为有效还款,另一个是分期付款等另行起算还款时间后如何计算催收起点。

1. 关于有效还款的问题,实践中存在持卡人为了规避法律风险,每月还款100元,甚至1元,就为了显示每个月均在还款。这种情形下能否认定其到期未还款?笔者认为,应当以达到或者基本达到最低还款额为标准认定有效还款,可以中断催收起点。远低于最低还款额的100元、1元等还款行为主观上是为了规避法律追诉风险,应当视为无效还款。

2. 关于分期付款情形下如何计算催收起点的问题。如前所述,在银行同意对持卡人到期后实施了分期付款的情形下,催收起点如何计算,检、法存在分歧。一种意见认为,应当从信用卡透支金额到期日开始计算;另一种意见认为,银行既然同意分期付款,视为变更合同期限的双方合意后形成新的合同,故而应当自分期付款到期后视为催收起点日。如在被告人罗某某信用卡诈骗案中,银行在被告人罗某某信用卡还款到期后,先后对其账户欠款分别于2013年7月、8月、9月、11月做了四次分期处理。在被告人长达五个月都不还款的情况下,银行明细显示2013年11月将该账户欠款全部分期处理,而本案被告人是2013年12月26日被抓获归案。检察机关以透支还款到期后未还款构成犯罪提起公诉,但法院认为分期还款协议系银行与被告人重新达成还款协议,期限应重新计算,自达成还款协议之日起至案发,银行催收未超过三个月,被告人不构成信用卡诈骗罪。最终检察机关撤回起诉并对

其不起诉。

此外,因自然灾害、重大疾病等不可抗拒的原因,或长期出差、出国等客观原因,持卡人未能及时收到银行的催收通知而造成了拖欠的,按照《刑法》不可抗力的理论,应当自上述情形消失之日作为催收起点。故应重点审查有无证据证明持卡人存在上述合理辩解。

(二)有效催收的认定

催收的形式包括电话催收、信件催收、上门催收、委托催收等。我们认为,一般情形下,持卡人本人实际接收到催收通知后才可认定为是有效催收。但因持卡人预留联系方式为假或为逃避银行催收变更联系方式,致使催收无法送达,且发卡银行能够证明已采取了两次以上催收行动的,可以认定银行的催收行为已发生效力。

(三)两次有效催收之间应当有合理的时间间隔

实践中经常存在银行方在一天之内、一个星期之内进行数次催收,而后或者之前均无有效催收行为,如果仅以一次电话记录算一次催收,则一天之内甚至一个小时之内连续拨打电话,本质上履行的催收行为无法体现出能够证明持卡人存在故意逃避催收的行为。直接认定多次显然与立法本意不符。笔者认为,两次有效催收之间至少间隔 1 个月,且经催收后还款金额占恶意透支数额的比例不应过低。如在李某某信用卡诈骗案中,根据催收记录,银行从 2014 年 8 月 9 日开始对嫌疑人李某某进行第一次催收。两次有效催收至少间隔 1 个月,故 9 月 9 日才能算作是第二次有效催收,从 2014 年 9 月 10 日至嫌疑人 2014 年 12 月 7 日被刑事拘留,未超过 3 个月,故不符合"两高"《解释》第 6 条"经发卡银行两次催收超过 3 个月仍不归还"的构成要件,不构成犯罪。检察机关对该案作法定不起诉处理。

此外,催收过程中,银行就行为人的还款提出不合理要求,致使行为人无法还款的,如不接受行为人合理的分期还款、要求行为人全额还款等,不应认定为有效催收。因为持卡人系合法诉求,不应以此来判定其逃避催收。

(四)审查重点

在认定上述构成要件时,应当对银行提供的证据进行更为详细的审核:一是核实交易明细中是否在"二次催收已满三个月后"又有主动对账单进行分期销账的情况;二是谨慎对待银行以商讨分期偿还卡债为由将持卡人约至银行后实施抓捕的情况;三是对银行报案人需详细核实消费及还款明细反映的内容及催收情况。同时,还应加强与公安机关的沟通协调,引导公安机关在立案侦查过程中搜集如下证据:发卡银行应当向侦查机关提供有效催收的证明材料。包括通信记录、录音、录像、照片或催收送达证明等书面材料;如系委托催收,必须搜集授权委托书、相关证人证言等证据材料。

四、关于银行"类贷款业务"的理论和实践探讨

随着银行业务的不断拓展,银行为方便不同客户的需求,依托信用卡推出了各种"类贷款"业务,如广发银行的"财智金"、浦发银行的"万用金"业务等,这种业务依托信用卡及持卡人的信用,采用"一次性贷款,分期还款"的模式,与传统信用卡"透支"业务存在一定区别,实务中将银行的该种业务称为"类贷款业务"。关于"类贷款业务"的欠款金额是否应计入恶意透支信用卡的金额,理论中和实务中均存在争议。

较为典型的案件如王某某信用卡诈骗案。2009年12月,被告人王某某申请办理广发银行信用卡一张,后持卡在北京市朝阳区等地透支消费,透支消费合计人民币117,997.3元(包括"财智金"分期还款业务67,000元),还款合计94,394.54元,透支本金人民币23,602.76元(本息100,435.39元)。被告人王某某于2015年12月26日还款人民币2000元,经银行多次催收,超过3个月仍未还款。被告人王某某于2016年12月31日还款人民币

100元。发卡行于2015年5月至2017年1月,多次通过电话、信函等方式向其催收,均为无人接听或关机状态。广发银行于2017年1月10日向公安机关报案,当日被告人被民警抓获归案。检察机关以王某某涉嫌信用卡诈骗罪提起公诉,一审法院判决被告人王某某犯信用卡诈骗罪,判处拘役6个月,缓刑6个月,罚金人民币2万元。被告人上诉后,二审法院以事实不清、证据不足为由,裁定发回重审。法院重审后认为,广发银行"财智金"业务属于贷款业务,不属于"透支"型的信用卡业务。后检察机关将该案撤回起诉并作出存疑不起诉决定。

从王某某信用卡诈骗案的诉讼过程来看,司法实务界对于该类案件的处理存在较大争议。一种意见认为,上述在信用卡名下的如"财智金"分期还款业务等类贷款业务属于信用卡功能,未还款额应计算在透支信用卡金额之内。其主要理由是:根据2004年12月29日全国人大常务委员会第十三次会议通过的《关于〈中华人民共和国刑法〉有关信用卡规定的解释》,《刑法》规定的"信用卡"是指商业银行或者其他金融机构发行的具有消费支付、信用贷款、转账结算、存取现金等全部或者部分功能的电子支付卡。根据广发银行提供的其于2012年5月10日向中国银行业监督管理委员会广东监管局报备的《广发银行关于信用卡"财智金"产品的备案报告》,"财智金"产品是在客户信用卡账户综合授信额度内,因应客户个性化还款方式的需求,为客户提供的一种透支转账分期还款服务。针对通过审批的客户,广发银行通过透支转账的方式从其信用卡内扣除一笔不超过其综合授信额度的现金,并划拨至持卡人指定的同名国内银行储蓄账户,客户可选择分3、6、12、18、24、36期(每月为一期)分期偿还本金和手续费。同时,广发银行还规定"财智金"款项仅可用于消费等正常用途,不可用于股票、黄金期货、外汇等投资、投机用途。根据以上表述,可以看出"财智金"未还款额虽不占用信用卡消费信贷额,但占用现金分期还款信贷额度,其实质是一种信用贷款,属于全国人大解释中规定的信用卡功能之一,恶意透支"财智金"额度亦构成信用卡诈骗罪。实践中也有判例对此意见予以认可。①

另一种意见认为,该类业务虽然置于信用卡功能中,但与信用卡先消费、银行代支付、持卡人后还款的透支服务的本质功能不同,均系银行经审核同意后先行发放一定额度资金进入指定账户,然后由持卡人再使用、再还款付息,不存在透支的本质特征。不应认定为信用卡透支业务,本质上是变相的突破相关内部监管的小额信用贷款业务。如案例十中的广发银行"财智金"业务属于贷款业务,不属于"透支"型的信用卡业务,故持卡人不构成信用卡诈骗罪,而其又未达到贷款诈骗或者骗取贷款罪的追诉标准,不构成犯罪。

目前,上述争议在不同地区检、法之间仍然存在。考虑到行为本质及罪责刑相一致原则,第二种意见目前在司法实务界支持者较多。

(责任编辑:王亚兰)

① 北京市第二中级人民法院于2016年12月27日以(2016)京02刑终817号刑事裁定书终审裁定,与广发银行"财智金"业务相同的浦发银行"万用金"业务中未还款额亦计算入恶意透支信用卡的金额中。

自首疑难问题分析

杨　静*

目　次

* 杨静,河北省承德市检察院监察处处长,中国政法大学法学硕士。

（二）同种罪行中供述的主要犯罪事实

（三）加重情节的如实供述

（四）共同犯罪案件中如实供述同案犯罪行

四、如实供述的时间点

（一）一审判决前如实供述的时间节点

（二）第一次讯问没有如实交代

自首作为法定量刑情节是司法实务中长期面临的问题，虽然1998年最高人民法院《关于处理自首和立功具体应用法律若干问题的解释》（以下简称《解释》）及2010年最高人民法院《关于处理自首和立功若干具体问题的意见》（以下简称《意见》）对自动投案的认定和如实供述的认定及自首中的常见问题进行了详细的规定，但因为司法实践中案件数量多且情节各有不同，加上在认定自首问题时认识不同，对自首本质的理解不同就产生了不同的判决结果。本文结合《刑法》和《刑事诉讼法》从自愿接受侦查与审判的自首本质出发，对实践中出现的一般自首认定问题进行分析研究。

一、投案的自动性

自动投案，究其本意，应为自愿、自动投案，犯罪嫌疑人的自愿投案主要表现为客观上的自愿投案，也就是犯罪嫌疑人即使内心根本无悔过之意，但客观上符合自愿投案的表现形式，也认为其是自愿投案；同理在司法实践中确定构成自动投案，要看其行为无约束、自由无限制情况下的自动投案的行为，在其行动自由不受限制的情况下，犯罪事实或犯罪嫌疑人未被发觉，或者被发觉，但没有受到讯问或者未被采取强制措施时，应当认定为自动投案。对于自动投案的情况在认定时的主动性、直接性也是看其是否符合行为上的自动投案，而不论其心理状态。自动投案以办案机关发觉为界限，没有发觉犯罪事实或犯罪嫌疑人时，犯罪嫌疑人自动投案的都为自首;办案机关发觉犯罪事实或犯罪嫌疑人后,只有在犯罪嫌疑人未被讯问,也未被采取强制措施,未被群众扭送时,主动向办案机关投案,接受审查与裁判的才为自首。

(一)传唤到案情形下自动投案

传唤,在司法实践中以多种形式出现,《刑事诉讼法》第119条规定:“对不需要逮捕、拘留的犯罪嫌疑人,可以传唤到犯罪嫌疑人所在市、县内的指定地点或者到他的住处进行讯问,但是应当出示人民检察院或者公安机关的证明文件。对在现场发现的犯罪嫌疑人,经出示工作证件,可以口头传唤,但应当在讯问笔录中注明。”这种传唤属于犯罪行为被侦查机关发现而强制带走进入侦查阶段,虽然形式上是口头传唤,但实质上具有强制性质,犯罪嫌疑人不具有自主选择权,即不能认定为自动投案。但传唤中的留置盘查、治安传唤等其他表现形式,通常因犯罪嫌疑人的投案、他人的报案、控告等而引发,犯罪行为未被司法机关发觉,这里的传唤就是调查、核查阶段,犯罪嫌疑人可以选择主动到案,而应认定为自动投案。

1. 侦查机关因现场调查进行传唤的

没有立案,侦查机关不掌握犯罪嫌疑人具体罪行,只是以摸排盘查为目的,犯罪嫌疑人被传唤到案后如实供述。此种情况多见于接到报案后到现场出警,将在场相关人员口头传唤带到办案机关进行询问,此时侦查机关并不掌握具体犯罪事实,也不确定是否需要刑事立案,例如,2013年3月29日,被告人王某与被害人因两车相蹭而引发口角,继而厮打,后被人拉开,二人分别拨打110、122进行报警,公安机关接警后到达现场,将二人带到派出所处理此事,并对二人分别做了询问笔录。王某如实地陈述了案件的经过,经鉴定被害人的伤情构成轻伤,侦查机关作出取保候审决定,后犯罪嫌疑人因无力赔偿而逃到北京打工,侦查机关于2013年4月21日、5月7日两次传唤,均未到案。2013年11月6日王某向派出所投案;一审法院认为不构成自首;二审认为王某有自动投案,后传唤不到案是去打工,而非潜逃,其再次主动归案的行为应认定为自首。王某是否构成自首呢?《解释》第1条规定,只要未被司法机关发觉,或者虽被发觉,但犯罪嫌疑人尚未受到讯问、未被采取强制措施时,主动、直接向公安机关、人民检察院或者人民法院投案的,是自动投案。王某在明知他人报警后留在现场等待警察到达现场,警察到达现场后,因没有鉴定无法确定构成刑事犯罪也无法确定王某为犯罪嫌疑人,故以传唤的方式将二人传到侦查机关,制作笔录后,等待伤害结果出来后再做处理。此时的传唤并不具有强制性,其主要目的是将案件事实调查清楚,等待进一步处理,所以在现场被口头传唤,侦查机关并不掌握犯罪事实而口头传唤犯罪嫌疑人到办案机关进行询问的应视为自动投案。

2. 侦查机关因发现犯罪行为而立案,对不确定犯罪嫌疑人传唤的

侦查机关因发现犯罪行为而立案,但并不掌握或发现犯罪嫌疑人,只是以摸排盘查为目的,依《意见》,犯罪嫌疑人被传唤到案后如实供述的应认定犯罪嫌疑人为自动投案。对传唤时并未明确将其列为调查对象的,符合犯罪嫌疑人未被司法机关发觉的自动投案。这里认定为自动投案,首先因为司法机关未发觉犯罪嫌疑人,因为犯罪事实的发生而对有嫌疑的人进行排查,这里既可以适用办案机关没有发觉犯罪嫌疑人,犯罪嫌疑人自动投案;也可以适用办案机关发觉犯罪事实,但并未对犯罪嫌疑人进行讯问或采取强制措施的规定来认定犯罪嫌疑人系自动投案。其次因为自动投案强调的是客观上主动到案,接受侦查或审判,在侦查机关未发觉之前传唤到案,犯罪嫌疑人在客观上主动到案并如实供述犯罪事实,此时犯罪嫌疑人虽然有可能出于心虚或认为侦查机关已掌握了自己的犯罪事实,但不排除其真诚悔罪并决定把问题讲清楚的主观意愿,客观行为见诸于主观,无论其投案的心理原因为何,都

应认定为自动投案。

3. 侦查机关发现犯罪事实进行口头传唤的

侦查机关已掌握犯罪嫌疑人部分或具体罪行,犯罪嫌疑人被口头传唤的,这时要视传唤的实质目的而定,传唤是传唤到指定地点,没有强制性,如果侦查机关没有强制性的要求,那么该传唤到案方式即应为自动投案。侦查机关办理案件通常会使用口头传唤、电话传唤等方式,犯罪嫌疑人明确知道或应当知道侦查人员为调查其实施的犯罪行为仍能主动到案,且到案后如实交代所犯罪行,就认为其有接受侦查审判的主观意愿,符合自首语境中的自动投案。此种情况分为传唤时告知传唤原因和传唤时未告知传唤原因,对于未告知传唤原因的,犯罪嫌疑人完全可以不到案从而做出逃跑等决定,故其主动、直接到案接受调查属于自愿到案接受司法审查与裁判。对明确告诉犯罪嫌疑人传唤原因的,也要视侦查机关的传唤是否有强制性,如果属于《刑事诉讼法》第 119 条的情形而在现场进行口头传唤的认为具有强制性外,通过打电话、捎口信的方式进行传唤的不应认为具有强制性。因为此时犯罪嫌疑人可以自主选择是否到案接受审查,如其能自动投案,表明其有悔过自新之主观心态,不再继续作案,接受司法机关审查与裁判的主观目的明确,本着"最高人民法院对自首的认定采取的是鼓励政策,所秉持的是宽松的态度",①结全宽严相济刑事政策可认为犯罪嫌疑人符合自动投案情形,《解释》第 1 条规定对通缉、追捕有自动投案行为的都可视为自动投案;举重以明轻,因传唤而主动归案也应视为自动投案。另外,根据《意见》,明知他人报案而在现场等待的,在抓捕时无抗拒抓捕行为,如实供述的都认定为自动投案,那么因侦查机关传唤到案自然应认定为自动投案,故犯罪嫌疑人被

① 邓勇:《从自首制度的本质认定"自动投案"》,载《法制与社会》2015 年第 11 期。

公安机关传唤并如实供述的可以认定为自动投案。

(二)行政机关移送的刑事案件

“海关、税务机关的调查部门依职权查获犯罪事实,并找到犯罪嫌疑人当面进行查询或核对时,犯罪嫌疑人如实供述自己的罪行后被扭送移交司法机关处理的,不能认定为自首。”①行政机关在行政执法过程中,发现属于刑事案件,应受刑事处罚而将全案移送侦查机关处理的情况不应认定为自首,因为此时侦查机关应当视为已掌握犯罪事实或犯罪嫌疑人。根据《刑事诉讼法》第52条第2款规定,行政机关在行政执法和查办案件过程中收集的物证、书证、视听资料、电子数据等证据材料,在刑事诉讼中可以作为证据使用。侦查机关在接受行政机关移送的案件时起就掌握了犯罪嫌疑人的犯罪事实及证据,行政机关将案件移送至侦查机关时,侦查机关就已掌握犯罪嫌疑人所犯罪行为对犯罪嫌疑人的讯问,不构成自动投案。一是行政机关正是因为犯罪嫌疑人有违法事实发生而进行审查,此时并非犯罪嫌疑人的主动到案,而是因行政机关依职权而进行的行政执法,犯罪嫌疑人缺乏到案的主动性;二是行政机关正是因为在行政执法过程中发现了犯罪事实而移送刑事部门处理,行政机关在执法过程中已将犯罪嫌疑人的违法犯罪事实的证据收集、固定,在移送侦查机关处理时,此证据当然一并移送,侦查机关因行政机关移送的犯罪事实证据而掌握了犯罪嫌疑人的犯罪事实;三是侦查机关通过已掌握的事实对犯罪嫌疑人进行讯问不成立自首。

(三)侦查机关发觉

侦查机关并未掌握犯罪嫌疑人的罪行,但其属于重大嫌疑对象,在传唤过程中对其做思想工作,“最终如实供述自己的犯罪事

① 阮齐林:《刑法学》,中国政法大学出版社2011年版,第293页。

实的,一般还是应当认定为自首,不宜把自首的要件掌握得过于严格”。[①] 犯罪嫌疑人能够如实供述所犯罪行的可以认为是符合主动到案条件,因为侦查机关并不掌握犯罪嫌疑人的罪行,通过其供述便可以明确侦查方向,快速侦结案件,节约司法资源,符合自首语境下的自动投案。“如果司法机关已经掌握了足以合理推定被怀疑人为待侦案件犯罪嫌疑人的直接证据或者虽然尚未掌握直接证据,但司法机关发现被怀疑人陈述中的谎言,并不断发现新的证实其犯罪的证据等,虽然现有证据尚不能完全证实其犯罪,但凭借办案经验和现有证据表明其实施犯罪的可能性,已经将其列为待侦案件的重大犯罪嫌疑人,被怀疑人因不能自圆其说,被突破心理防线才交代罪行的,不符合交代的主动性而不能认定为自动投案。[②]”

二、自动投案的特殊问题

关于取保候审期间潜逃又自动投案是否认定自首的问题,实践中有较多争议。有观点认为,“上一次的自动投案行为不能被认定为自首,因为这个自动投案行为已经被逃跑行为所中断,行为人又回到了不在案的状态,所以上次投案行为统归于无效,不能认定为自首。但如果行为人在逃跑之后,又有自动投案行为,仍然可能构成自首”。[③] 下面就实务中出现的自动投案的特殊问题进行分析。

(一)自动投案后如实供述在潜逃期间又自动投案的

对于犯罪嫌疑人在取保候审期间潜逃后又自动投案的,并能如实供述自己的犯罪事实的行为,应当认定为自首,但仅限于采取

① 黄祥青:《自首与立功司法认定若干问题探讨》,载《法律适用》2007年第2期。

② 任建华、解永照:《司法实践中七种疑难自首的认定》,载《江西公安专科学校学报》2005年第2期。

③ 吴扬传:《脱保后再投案的自首认定》,载《北京政法职业学院学报》2013年第4期。

取保候审时脱管后又自动投案且如实供述的情况。犯罪嫌疑人如果因自动投案而到案的,其一开始即完成了自首所要求的自动投案、如实供述的基本要求,在当时已构成自首,后来虽有取保候审的脱管行为,但既不能否认犯罪嫌疑人的自动投案,也不能否认其如实供述。而且《解释》中对自动投案后,在取保候审期潜逃的不认定为自首的立法本意是因为犯罪嫌疑人的潜逃而造成的不能及时起诉和审判,[①]而犯罪嫌疑人的再次自动投案完全可以弥补因当初脱管而不能及时起诉和审判的情况,使案件能够及时起诉和审判,故取保候审期间潜逃的应认定为自首;但考虑到犯罪嫌疑人悔罪的不稳定性(体现在行为上的取保候审期间逃跑),在对其处以刑罚时对前述这个任意性法定从轻条件不予适用。

(二)被动归案后,取保候审期间潜逃又自动投案的

被动归案情形下,取保候审后潜逃又自动投案的因其在首次归案时系被动归案,从而不能认定为自首。犯罪嫌疑人最初的被动归案,意味着非自愿接受审查与裁判,而此主观心态又因取保候审后潜逃而再一次表现出来,从客观行为上不符合自动投案的条件,即使其又自动投案,此时应视为被采取了强制措施而丧失了自动投案的条件。例如,"黄某驾驶无牌摩托车将他人撞死,归案后向公安机关如实供述了自己的交通肇事事实,但在取保候审期限届满前为躲避法律责任而逃跑,宿迁市宿豫区人民法院审理认为,黄某归案如实供述系坦白,在取保候审期间为躲避法律责任而逃跑,又主动到公安机关投案不认定为自首"。[②]

① 因为此时已因为犯罪嫌疑人的自动投案和如实供述而使案件得以侦破,所以此处只考虑起诉和审判。

② 边疆戈、关毅、刘畅等主编:《江苏省宿迁市宿豫区人民法院(2013)宿豫刑初字第137号刑事判决书》,载《中国法院2015年年度案例》,中国法制出版社2015年版,第139页。

(三)取保候审期间余罪的自首

一种观点认为,"对余罪应当认定为自首,因为余罪并未被采取强制措施,其自动投案,如实供述余罪的犯罪事实,且犯罪嫌疑人的余罪也未被讯问,故应当认定为自首"。[①] 另一种观点认为,前述情况"不应认定为自首,因为在取保候审期间逃跑,既违反了取保候审的规定,又不符合法律和司法解释规定的自首成立的条件,且应认为其被采取了强制措施,根据《刑事诉讼法》及立法本意,强制措施针对的是人,不是罪行,故应认为已被采取了强制措施,不符合自动投案的条件,不认为是自首"。[②] 笔者认为是否构成自首应以余罪投案时侦查机关所掌握犯罪事实或犯罪嫌疑人为条件,如果犯罪嫌疑人以余罪自动投案时,侦查机关并不掌握余罪,根据《解释》第1条,应为犯罪事实或犯罪嫌疑人未被办案机关所掌握,主动向办案机关投案的行为,应为自动投案,且因办案机关未掌握,故不再讨论侦查机关掌握后,未经讯问及未采取强制措施的条件了。而且从准自首的角度理解,被采取强制措施的犯罪嫌疑人主动供述办案机关尚未掌握的犯罪事实,应当认定为自首,故对余罪无论是采取强制措施期间还是采取强制措施潜逃期间,对办案机关不掌握而自动投案的,均符合自动投案的条件,构成自首;如犯罪嫌疑人以余罪自动投案时,侦查机关已掌握余罪,取保候审期间逃跑后又投案的,不应认定为自首。一是犯罪嫌疑人被采取取保候审时已有本罪及余罪,其在取保候审期间及之前均没有供述余罪,从犯罪嫌疑人的心理上讲多数是担心数罪并罚而存在侥幸心理,而其被取保候审期间既是对取保候审制度的违

① 陆建强:《脱保后自动投案交代余罪应主认定自首》,载《人民司法》2011年第18期。

② 郑敏:《取保候审期间发现余罪逃跑又投案的认定》,载《中国检察官》2014年第14期。

反,同时是对余罪的不愿接受审查与裁判的意思表示。二是犯罪嫌疑人因犯罪被采取取保候审的强制措施,在潜逃期间侦查机关又发现其还有余罪,此时侦查机关已掌握该余罪,根据《刑事诉讼法》强制措施针对的是人而非罪行,那么其余罪就无另行采取强制措施的必要了。那么,对于取保候审后潜逃,余罪被侦查机关所掌握而自动投案的情况,因不符合《解释》第1条办案机关已掌握犯罪事实,尚未讯问或尚未采取强制措施的自动投案,而应认定不构成自首。

(四)取保候审后又犯新罪潜逃,新旧两罪的自首

对于犯罪嫌疑人在取保候审期间潜逃后又犯新罪或又犯新罪潜逃的情况下,自动投案是否认定自首,应结合办案机关已掌握新罪犯罪事实和取保候审罪名是否自动投案的情况来综合认定。对于取保候审的罪名,适用前述意见。对于新罪,尚属侦查机关未掌握的事实或已掌握但未讯问,应当认定成立自动投案。例如,车某因故意伤害而被取保候审,在逃往外地时又犯抢劫罪,那么对于抢劫的自动投案应当成立;但如果侦查机关对该新罪已经掌握,其原取保候审的强制措施是否对该新罪有效而不适用自动投案呢?如果犯罪嫌疑人犯新罪,该取保候审的强制措施不能当然适用,因为采取取保候审的强制措施时还没有新罪的出现,所以该取保候审的强制措施不能当然地延续,而使新罪从一开始就失去自动投案的条件。这里犯罪嫌疑人犯新罪自动投案的,仍应当适用《解释》第1条。

(五)投案后继续实施犯罪

犯罪嫌疑人实施犯罪后打电话报警,发现犯罪未完成,于是继续实施该犯罪行为,不应认定为自首。例如,王某实施杀人行为后打电话报警,后来发现被害人未死,就返回现场继续持刀砍被害人头部,致被害人当场死亡,王某被前来抓捕的侦查机关抓获归案,那么王某就不成立自动投案。从犯罪事实角度来讲,自动投案应

对完整的犯罪事实有接受侦查与审判的意思表示，王某实施杀人行为是一个连续的行为，应当包括报警前的行为和报警后的行为，才为一个完整的过程，而王某在实施犯罪中的电话报警陈述的是前行为的犯罪事实，而非整个犯罪事实；王某在实行前犯罪行为后电话报警的行为应为自动投案，但因其继续实施了报警中的犯罪行为，表明对犯罪行为没有悔改，客观上实施了阻断或者影响其投案主动性、自愿性的行为，无法对整个犯罪事实表现为接受侦查与审判。

（六）投案后继续实施同种或密切联系的犯罪

犯罪嫌疑人实施的并不是一个罪行，而是同种罪行，即一个一个独立的犯罪，但罪名为一个罪名或所犯罪行之间有密切联系，犯罪嫌疑人在实施完一个犯罪行为之后打电话报警，又继续实施同种犯罪行为或有密切联系的犯罪行为，被侦查机关抓获归案，也不能认定为自动投案。其一，根据《解释》的规定，同种数罪不能认定为自首，犯罪嫌疑人的前犯罪行为和后犯罪行为是同种数罪，对于罪名相同的，是对罪名认定为自首，而不是对其中一个罪行认定为自首。其二，并非对整个犯罪事实自动投案。犯罪嫌疑人实施完该犯罪后又继续实施该犯罪，是刑法意义上的连续犯。基于连续犯，在处罚时是处断的一罪；对一罪而言，实施的多个犯罪行为总和才为整个犯罪事实。自动投案的时间点应为完成所有犯罪行为后，而非犯罪中。自动投案是对整个犯罪行为完成后，而做出的主动、自愿接受侦查与审判的意思表示。犯罪中的自动投案既无对全部犯罪行为自动投案的客观事实，也无对全部犯罪自愿接受侦查与审判的主观意愿。其三，根据《意见》第 3 条规定，是否属于同种罪行，一般应以罪名区分，但属于选择性罪名或在法律、事实上密切关联，仍应认定为同种罪行。

（七）投案后自杀的“自动性”认定

犯罪嫌疑人在犯罪行为实施完毕后，电话投案并在电话中交代了自己的犯罪事实,而后选择自杀的方式,是否可以认定犯罪嫌疑人有投案行为。笔者认为应该从自首的本质出发来探讨,虽然自首成立的要件只有自动投案和如实供述,“但是不可否认的是,接受国家的审查和裁判仍是构成自首的本质要求之一”,[①]接受侦查与审判反映犯罪嫌疑人的主观心态,从证据裁判的角度来讲,犯罪嫌疑人应具有接受侦查与审判的主观心态。根据主客观相一致的原则,犯罪嫌疑人犯罪后要求有自动投案情节和如实供述情节,犯罪嫌疑人此行为表现恰恰可以体现其主观上接受侦查与审判的心态,而存在于整个自首的过程中,是否认定为自首,尤其对于一些疑难案件要以自首的本质出发通过客观行为来体现主观想法,来判定是否构成自首。例如,唐某在故意杀人后打电话报警,向侦查机关供述了杀害他人的事实,事后产生自杀的想法,于是用刀子猛刺自己肚子两刀,待侦查机关到场抓捕时发现唐某受伤,遂将其送往医院并采取了取保候审的强制措施。唐某在犯罪事实发生后,即打电话投案称自己有杀害他人的行为,虽然在电话投案后有自杀行为,但这只是一个介入因素,是唐某在犯罪后,尤其是犯有严重刑事犯罪后的思想上的过激想法,而发生了自杀行为,但从唐某的内心想法并没有想因此逃避处罚,且其也没有抗拒抓捕的行为也体现其内心自愿接受侦查与审判,唐某应当构成自动投案。

三、如实供述主要事实

如实供述主要事实,从范围上讲,是既不缩小也不扩大自己的罪行;从内容上讲,要侧重于客观犯罪事实;从对象上讲,不仅包括主要犯罪事实,还包括姓名、住址等基本情况以及影响量刑的前科等;从效力上讲,自行辩解并非不如实供述主要犯罪事实;从时间上讲,原则上应为一审判决之前。如实供述主要犯罪事实的理解,

---

① 袁江华:《刑事审判视角下自首认定的若干问题探讨》,载《法律适用》2006年第3期。

应为犯罪嫌疑人如实供述的事实影响犯罪的构成及量刑,1998年最高人民法院《解释》规定:如实供述自己的罪行,是指犯罪嫌疑人自投案后,如实交代自己的主要犯罪事实。但什么是主要事实,《解释》和《意见》均未明确说明,在最高人民法院撰写的对《意见》的理解与适用中,"如实供述自己的罪行,是指犯罪嫌疑人自动投案后,如实交代自己的主要犯罪事实。主要犯罪事实首先包括定罪事实,而对于量刑事实,则应区分已如实供述与未如实供述部分的严重程度,决定是否认定为如实供述自己的主要犯罪事实"。①"如实供述自己的罪行",并不要求犯罪嫌疑人作出全面、细致的交代,只要供述主要犯罪事实即可,这种规定主要是考虑到不同犯罪嫌疑人在记忆能力、表达能力、对法律理解能力的个体差异,往往对同样的犯罪事实难以作出与客观真实完全一致的精确描述,从倡导投案自新和提高破案率的实际效果出发而采取的灵活策略,反映出我国司法机关从客观真实转向法律真实的尝试,符合刑事诉讼发展的客观规律。②

(一)基本犯罪事实的认定

如实供述主要犯罪事实,应侧重客观犯罪事实,而且主要犯罪事实的标准应为构成犯罪的基本事实,也可以是构成犯罪的定罪证据,是对构成犯罪方面证据的如实供述。"有观点认为犯罪构成不同于犯罪事实,而是对犯罪事实的选择、抽象和概括,属于法律的规范评价。在对犯罪有关事实的取舍、概括和抽象的过程中,需要法官进行各种全局综合和价值判断。"③这种观点的误区在于

① 周峰、薛淑兰、孟伟:《关于处理自首和立功若干具体问题的意见的理解与适用》,载《人民司法》2011年第3期。

② 戴勇:《自首中"如实供述罪行"的准确把握》,载《安徽警官职业学院学报》2010年第6期。

③ 袁博:《如实供述犯罪构成要件与如实供述犯罪事实的区别》,载《中国检察官》2014年第2期。

犯罪构成不仅仅是法律的规范评价,同时也是判断是否主要犯罪事实的标准,应该定义为对犯罪构成证据的如实供述更准确。根据《刑法》分则中的犯罪构成要件来认定是否构成犯罪,犯罪嫌疑人投案后,如实供述犯罪构成方面的事实才可认定为有犯罪事实在;有自首情节,如实供述的内容不构成犯罪或没有供述该犯罪,也就不存在自首情节的认定了,故犯罪构成的证据是认定基本犯罪事实的标准。主要犯罪事实顾名思义只要交代自己的主要的或基本的犯罪事实,并非要求全部事实都要交代。例如,故意杀人罪犯罪嫌疑人自动投案后没有供述尸体的去向,只说自己将他人杀死,就不能认定是供述了主要事实,因为构成故意杀人罪,除供述故意杀人的具体行为,还要有被害人已死亡的结果发生才行,犯罪嫌疑人没有供述尸体去向,无法确定被害人是否死亡,不具有《刑法》分则中的故意杀人的犯罪构成要件,无法认定犯罪行为,也就无法判断如实供述。但同样是故意杀人案件,犯罪嫌疑人如实供述故意杀人的犯罪事实,只是没有供述杀人用刀子的去向,就可以认为是供述了主要事实,因为刀子并非犯罪构成要件,可以不认为是主要犯罪事实。

(二)同种罪行中供述的主要犯罪事实

《意见》中规定犯罪嫌疑人多次实施同种罪行的,应当综合考虑已交代的犯罪事实与未交代的犯罪事实的严重程度,确定是否如实供述主要犯罪事实。投案后如实供述的犯罪情节较未供述的情节严重或交代的犯罪金额多于未交代的犯罪金额,都应认定为如实供述。但犯罪嫌疑人实施的犯罪行为是同种罪行,有既遂和未遂两种犯罪形态,是否适用《意见》中无法区分已交代的与未交代的犯罪情节的严重程度,无法区分已交代的与未交代的犯罪数额多少的规定呢?司法实践中,不应简单地认定无法区分情节严重和数额相当的情形而不适用如实供述,而是还应结合量刑指导意见,经衡量是否为如实供述。例如,犯罪嫌疑人吴某盗窃5万元既遂,后又使用同样的手段盗窃10万元,但因被害人发现而盗窃未遂。案发后,吴某主动到侦查机关投案,如实交代了盗窃10万元未遂的事实。吴某如实交代盗窃10万元的行为是否为如实供述主要犯罪事实?本案中吴某有两次盗窃行为,其只交代了其中的一起,根据《意见》的规定是否认定如实供述主要犯罪事实应综合分析情节和数额,吴某如实交代盗窃10万元这起,根据河北省关于盗窃罪的量刑数额标准,盗窃10万元虽然达到数额巨大的标准,但因是犯罪未遂状态,故需要按照《刑法》规定比照既遂犯从轻或减轻处罚,而未交代的盗窃5万元,虽然数额没有达到数额特别巨大,但犯罪形态是既遂,这样是不是属于《意见》中无法区分已交代的与未交代的犯罪情节的严重程度,而不认定为如实供述自己的主要犯罪事实呢?笔者认为对于同种罪行难以区分情节严重的,犯罪嫌疑人如实交代的内容只要符合犯罪情节严重或犯罪数额多其中一个条件即可,或者分出犯罪情节的严重程度,或者以数额多少来论。本案中吴某交代盗窃10万元的数额要多于未交代的盗窃的数额,且犯罪情节并不低于所未交代的情节严重程度,可以认定为如实供述主要犯罪事实。

(三)加重情节的如实供述

如实供述主要犯罪事实,不仅包括定罪事实,也包括量刑事实。刑法学界对于主要犯罪事实存有不同理解,有观点认为"犯罪嫌疑人自动投案、交代主要犯罪事实,但对影响量刑的情节有所隐瞒的,仍应成立自首";[1]还有观点则认为,"自动投案后应交代对行为性质的认定有决定意义的事实、情节以及对量刑有重大影响的事实、情节,这样才能认定为自首"。[2] 笔者同意第二种观点,

---

① 张明楷、黎宏、周光权:《刑法新问题探究》,清华大学出版社2003年版,第123页。

② 周加海:《自首制度研究》,中国人民公安大学出版社2004年版,第93页。

如果犯罪嫌疑人只交代对犯罪行为有决定意义的事实,而对量刑有重大影响的情节避而不谈,便不是如实供述。如实供述主要犯罪事实是应包含对犯罪行为有决定意义的定罪事实和对量刑有重大影响的事实。

对量刑有重大影响的包括情节犯、结果加重犯等,如该量刑事实是犯罪行为的加重情节,就应当认为是主要犯罪事实,因为加重情节就是对量刑有重大影响的事实,犯罪嫌疑人如对此加重情节不如实供述,便有避重就轻、不自愿接受侦查机关的侦查与审判的主观心态,而体现在行为上便是对加重情节的不如实供述,故不能认定为自首。如果罪名中没有对情节的具体规定,犯罪嫌疑人没有供述该情节或虚假供述了该情节,就应认定为如实供述主要犯罪事实。例如,犯罪嫌疑人在如实供述犯罪事实后,称自己犯罪时未满18周岁,是未成年人犯罪,或者犯罪嫌疑人实施了故意杀人行为,但其辩解自己只有故意伤害的故意;或者犯罪嫌疑人使用强拽的方式抢劫他人手包,而辩解称是抢夺行为;虽上述行为都没有如实供述,但应属于辩解,且不认为是主要犯罪事实没有如实供述。

(四)共同犯罪案件中如实供述同案犯罪行

对于共同犯罪中"自己的"罪行的范围界定,有观点认为,"共同犯罪嫌疑人要成立自首,只有在对其直接参与实施的犯罪行为作如实供述的同时,还对其所知道的,与其有密切联系的其他共同犯罪嫌疑人的犯罪行为亦作如实供述的,方可谓对自己的罪行作了如实供述"。[①]《解释》与上述观点不同的是还要如实供述同案犯才能认定自首,也就是同案犯的信息。共同犯罪是一个有机的犯罪整体,每个行为人都是其中的一部分,其行为基于分工配合而具有共同性。所以,共同犯罪嫌疑人自首时,除了如实供述自己参

① 周加海:《自首制度研究》,中国人民公安大学出版社2004年版,第138页。

与的行为之外,还必须对其所知道的其他密切联系的共犯的犯罪事实如实供述,才能将共同犯罪的事实客观清楚地呈现,从而为司法追诉提供便利条件;仅交代自己实施的部分行为,不交代其他同案犯,也就难以讲清自己的罪行。[①] 同时"对于犯罪嫌疑人供述的内容与其主观记忆和客观事实不要求完全一致,只要求近似即可。由于主、客观条件的限制,犯罪嫌疑人在供述自己罪的行的时候不可能保证所作供述与犯罪所有细节都相同,只要其所供述的罪行与客观存在的基本犯罪事实相一致,就可以视为如实供述"。[②] 如实供述自己的罪行是如实交代自己的主要犯罪事实,对于共同犯罪案件中的犯罪嫌疑人,除如实交代自己的罪行,还应当最少供述所知的同案犯;主犯则应当供述所知的其他同案犯的共同犯罪事实。衡量供述的标准对于主犯要求标准更高,要求如实供述同案犯的共同犯罪事实。

四、如实供述的时间点

关于如实供述时间的认定,《解释》的意思是犯罪嫌疑人如实供述的时间起点是自动投案后,最迟不得晚于一审判决前。有观点认为"原则上只要行为人在任一诉讼阶段有推翻原供,拒不承认本人罪行行为的,即不应以自首认定。只有行为人在整个诉讼阶段自始至终如实供述本人罪行的,方可以自首认定"。[③] 这种观点要求整个诉讼阶段都要如实交代而不得翻供,否则就不认定为如实供述。这未免太过严格,使犯罪嫌疑人为了构成自首甚至放弃为自己辩解的权利,并不利于充分保障犯罪嫌疑

① 马克昌:《刑罚通论》,武汉大学出版社 1999 年版,第 380 页。

② 陈兴良、周光权、车浩:《刑法总论精释》,人民法院出版社 2016 年版,第 832 页。

③ 廖冬瑜:《论犯罪行为人主观意志在自首认定中的重要性》,载中国法院网:http://old.chinacourt.org/html/article/021006/01/411847.shtml,2018 年 2 月 1 日最后访问。

人的各项诉讼权利及在实践中广泛的应用,犯罪嫌疑人从投案到供述均为司法机关侦破案件提供了便利条件,从而节约了司法成本,符合自首的本质要求。而且在实施犯罪行为之后,逃避刑事处罚可以说是人的一种本能反应,在侦查和审判阶段的思想不稳定也是因犯罪嫌疑人所处的环境及趋利避害的人之本性等而暂时存在,一概地要求犯罪嫌疑人在一审判决前不翻供并不利于自首制度的建立和实践中的应用;还有观点认为,“只要在判决未生效前如实供述哪怕是在二审阶段,也应当认定为如实供述”。[①] 这种观点认为如实供述的结止点在判决生效后,即使是二审阶段,这一观点未免又有放纵犯罪之嫌。这两种观点都不可取,笔者认为,犯罪嫌疑人自动投案后及时准确交代犯罪事实,且翻供的结止点为首次一审判决前,才能认定为如实供述。

(一)一审判决前如实供述的时间节点

一审判决前是否包括二审中的发回重审适用一审程序作出的一审判决和按审判监督程序审理的指定一审法院按一审程序所作出的一审判决呢?“对于行为人先自动投案并如实供述自己的罪行,后又翻供,二审期间又如实供述罪行的情况,不应当认定为自首。因为自首的认定机关应为一审法院,应由一审裁量刑罚时予以确定。如果一审判决不存在认定事实、适用法律的错误,行为人二审期间认罪态度发生的变化不能成为二审改判的理由”。[②] 根据《解释》的规定,犯罪嫌疑人在一审判决前又能如实供述的,应当认定为自首。一审判决如是生效判决,犯罪事实和量刑情节就会因为判决的生效而具有既判力,其自首情节是否认定必然取决

---

① 最高人民法院刑事审判第一庭、第二庭:《刑事审判参考》,法律出版社,2001年第7期。

② 张阳:《论自首中“如实供述”的司法认定》,载《河南财经政法大学学报》2013年第2期。

于一审判决之前。但对未生效的一审判决——引发了二审程序，在二审阶段可否对自首情节进行认定是一个问题。如果不认定，那么会出现三种结果：发回重审、直接改判、维持原判。其中，发回重审仍为一审程序，是否可以直接适用认定自首的条款？同理，判决生效后，因法院自己纠错或当事人申诉或检察院抗诉而按审判监督程序而引起的二审程序启动，当发回或指定一审法院重新审理为一审程序时，是否直接适用自首司法解释中关于一审判决前又能如实供述的相关规定？笔者认为，对此一审判决应做缩小解释。首先，翻供是犯罪嫌疑人主观上没有悔过自新，行动上体现为翻供的行为，虽然初始有自动投案行为，避免因抓捕行为造成侦查机关人力、物力、财力的浪费，到案后的如实供述当然地为侦查机关的侦查行为提供了线索和侦查范围，都是符合自首初衷的。但犯罪嫌疑人后期翻供了，那么除主观上没有悔过之意，还体现了行动上的不悔过，就不符合使案件及时审判这一要求；但如果在审判之前如实供述了，也就符合自首的本质要求。其次，《解释》中明确规定犯罪嫌疑人自动投案并如实供述自己的罪行后又翻供的，不能认定为自首；后面有但书。这要求投案和如实供述的对象仅限于犯罪嫌疑人，而非二审中以及再审中的原审被告人。最后，翻供行为体现出犯罪嫌疑人主观恶性深、根本无悔过之意，且体现在行动上，同时阻碍了及时侦查与审判。自动投案是多种形式并存，犯罪嫌疑人投案后的如实供述只是其投案之时的心理和思想状态，随着对自己所犯罪行的认识和庆幸有可能逃脱法律制裁的想法等情况的发生，其从原来的如实供述转变为拒不承认，或者对案件部分关键性证据提出疑问，无疑增加侦查机关的办案难度，同时在审判时必然会在出示证据时进行重点出示之外的全面出示而不能认为是如实供述。

（二）第一次讯问没有如实交代

自动投案后，什么时间如实交代自己的主要犯罪事实才算是如实供述?有观点认为,"一般情况下,行为人应当在第一次接受讯问时就向司法机关交代犯罪事实,特定情况下因为客观原因而不能在第一次接受讯问时交代的,在条件成熟时才做交代"。[①] 笔者认为《意见》中对犯罪嫌疑人自动投案时也没有供述的时间要求,虽然首次讯问未如实供述,未供述的可能因为犯罪嫌疑人在到案后思想极不稳定,出于恐惧或逃避的心理而没有如实供述,但只要及时在第二次讯问时如实供述即可认定为自首。但两次讯问之间应间隔时间较短,且不会因犯罪嫌疑人的第一次未如实供述而浪费司法资源。故对犯罪嫌疑人自动投案后,没有如实供述,但很快又如实供述,并且一直到一审判决前都如实供述的,应当构成自首。

(责任编辑:王亚兰)

① 王飞跃:《自首制度中"如实供述"的理解和认定》,载《湘潭大学学报》2009年第5期。

【案例评析】

欺诈发行私募债券案件的法律适用

——中恒通公司欺诈发行债券案评析

于 力 季敬聚*

目 次

一、基本案情

2013年下半年,中恒通公司实际控制人卢某旺因公司负债严重,陷入经营困境,欲通过发行私募债券融资,经与公司法定代表人卢某煊、财务总监卢某光合谋,采用虚增公司营业收入5.13亿

* 于力,上海市人民检察院第一分院公诉处主任检察官;季敬聚,上海市人民检察院第一分院公诉处检察官助理。

余元、利润总额1.31亿余元和资本公积6555万余元,虚构银行授信额度500万元以及隐瞒外债2025万元等手段,利用利安达会计师事务所浙江分所杨某杰、陈某明、徐某、王某宇出具内容重大失实的审计报告,通过申某证券股份有限公司出具了私募债券募集说明书,并经向上海证券交易所备案,于2014年5月至7月,向招某银行股份有限公司、某储蓄银行股份有限公司和个人投资者车某非公开发售2种二年期总额为1亿元的企业私募债券。其中,申某证券有限公司边某磊利用职务便利,收受中恒通公司150万元,介绍某储蓄银行股份有限公司认购了该企业私募债券。2016年到期后,中恒通公司无力偿付债券本息,造成投资人重大经济损失。

上海市第一中级人民法院对中恒通公司、卢某旺、卢某煊、卢某光欺诈发行债券等案件公开宣判,以欺诈发行债券罪对被告单位中恒通公司及直接负责的主管人员卢汉旺等被告人分别判处罚金及三年六个月以下有期徒刑或缓刑;以出具证明文件重大失实罪对杨某杰、陈某明、徐某、王某宇等被告人分别判处罚金及两年以下有期徒刑、拘役和缓刑;以边某磊犯非国家工作人员受贿罪,判处有期徒刑两年六个月。

二、案件评析

金融安全是国家安全的重要组成部分,对于股票债券市场的市场经济秩序,是维系金融安全的重要阵地之一。当前,欺诈发行债券特别是私募债券案件时有发生,严重危害债券市场运行秩序和投资人合法权益,引起社会高度关注。作为上海首例欺诈发行债券案件,该案不仅对欺诈发行债券的单位及其主管人员、直接责任人员追究刑事责任,而且对出具虚假证明文件的中介机构相关人员追究刑事责任,为此类案件的办理提供了证据审查及法律适用的参照标准,对于司法实践具有一定的指导意义。

(一)私募债券属于《刑法》调整的"债券"

债券是指依照法定程序发行,约定在一定期限内还本付息的有价证券。在我国证券市场上发行的债券,按募集方式不同,可分为公募债券和私募债券。公募债券是指经证券主管机构批准向社会公开发行,任何投资者均可购买的债券,它可以在证券市场上转让。私募债券是指向适格投资者非公开发行和转让的债券,其发行和转让均有一定的局限性。本案例中,涉案公司欺诈发行的债券就是私募债券。

就时间轴而言,由于私募债券出现的比较晚,2012年《中小企业私募债券业务试点办法》[①](以下简称《办法》)实施后,私募债券才开始进入人们的视野。有观点认为,现行《刑法》中第160条所规定的"债券",仅指公开发行的债券,不包括私募债券,此种观点的根基在于因为刑事立法当时私募债券并不存在。但这个观点从刑法解释论上是站不住脚的。《刑法》立法原意不可能针对还没有出现的社会现象予以规制,《刑法》第160条规定的债券应该包括私募债券,对于欺诈发行私募债券的行为应当依法追究刑事责任。理由如下:(1)私募债券符合《刑法》文义内容。如前所述,公募债券和私募债券是按发行方式不同进行的分类。不可否认,发行和非公开发行都是发行的一种方式。非公开发行并未超出"发行"文义。另外,我国《刑法》规定的欺诈发行债券罪中的"债券"出自于证券法等相关法律法规,其含义应当与证券法等相关法律法规的规定保持一致。《证券法》第10条第3款规定:"非公开发行证券,不得采用广告、公开劝诱和变相公开方式。"这表明

① 2012年5月由深圳证券交易所和上海证券交易所颁布。2015年1月,证监会在总结试点工作经验的基础上,对公募债券和私募债券的发行规定进行整合,出台了《公司债券发行与交易管理办法》,取代了2012年的《办法》,但2012年《办法》意味着相关行业标准的确立。

证券法所规范的证券包括非公开发行证券和公开发行证券,私募债券符合刑法文义。(2)立法的超前性使其没必要对该条文再作出修改。为节约频繁修法的高昂成本,尤其是为避免“刚修完便滞后”的恶性循环,立法者在立法时都会秉持超前立法意识,适度作出前瞻性、预期性的制度安排,以真正实现推动进步、维护正义、保障权利、规制权力等法律功能。即使在立法当时立法者没有考虑到私募债券的出现,私募债券作为金融市场衍生的产物,其出现之后既符合社会需求,也符合人们对债券概念的认知,将其纳入刑法调整的债券范畴,也符合国民的可预测性,不违反罪刑法定原则。从另一个角度来说,私募债券出现后,现行《刑法》经历了两次修正,若立法者认为现行刑法中的“债券”范畴包含“私募债券”的概念,必然会对其作出相关文义解释予以补充,但目前未出现对“债券”的限缩解释意见,故现行《刑法》中的“债券”范畴必然包含“私募债券”。

因此,从刑法解释论的角度而言,中小企业私募债券当然属于刑法调整的对象。

(二)中介服务机构人员涉罪行为的罪名认定

中小企业私募债券的发行,仅靠发行人的单一行为是难以完成的,中介服务机构的行为也是国家监管的重要环节之一。根据我国债券发行规则,一个债券的发行,离不开公司企业、会计师、券商、律师等相关工作,其中必是环环相扣,缺一不可。本案中,会计师事务所审计人员根据涉案公司提供的虚假财务数据,在未履行必要的审计程序、未尽审计审查义务的情况下,出具了含有重大失实财务数据的审计报告;而该审计报告被完全引用到私募债券募集说明书中,并经向上海证券交易所备案后,据此非公开发行了两年期私募债券。会计师事务所审计人员是否与涉案公司共同构成欺诈发行债券罪还是另定其他罪名?这需要结合案件事实分情形分别认定。

1. 会计师事务所审计人员没有与涉案公司合谋,只是过失提供了虚假证明文件,此时一方是故意,另一方是过失,不构成共同犯罪。但是,根据《刑法》第378条的规定,承担资产评估、验资、验证、会计、审计、法律服务等职责的中介组织的人员故意提供虚假证明文件,情节严重的,处五年以下有期徒刑或者拘役,并处罚金;严重不负责任,出具的证明文件有重大失实,造成严重后果的,处三年以下有期徒刑或者拘役,并处或者单处罚金。在具体办案时,应当结合出具虚假证明文件的主观过错性质、情节是否严重、是否造成严重后果等构成要件依法作出认定。

2. 两者合谋,事先有商议,事中有分工,按照商定的计划和分工出具了含有重大虚假内容的审计报告,则双方构成欺诈发行债券罪,且属共同犯罪;在这种情况下,涉案审计人员的行为可能同时符合提供虚假证明文件罪的构成要件,一行为触犯数罪名系想象竞合,应择一重处。

3. 两者虽然没有合谋,但涉案审计人员单方面明知该单位有欺诈发行意图,仍然违背法律规定故意提供虚假证明文件,在整个犯罪过程中,涉案审计人员与涉案公司若无犯意交流,则可能构成欺诈发行债券罪的片面共犯,且此行为亦提供虚假证明文件罪的构成要件,一行为触犯数罪名系想象竞合,也是择一重处。本案中,会计师事务所审计人员没有与中恒通公司合谋,但是却违反审计准则,在账外收入的相关合同、出入库单、商品明细清单等严重缺失、无法核实认定的情况下,未履行审核及复核义务,对中恒通公司营业收入、净利润、资本公积进行重大虚假调整,出具了与公司实际财务状况严重不符的审计报告,属于过失,故构成出具证明文件重大失实罪。

(三)其他人员的刑事责任

在私募债券发行的过程中,涉及的机构和人员众多。除了审查涉案人员是否构成欺诈发行债券、提供虚假证明文件、出具证明文件重大失实等犯罪外,还要注意审查相关人员是否涉嫌职务侵占、非国家工作人员受贿等犯罪。本案中,申某证券有限公司本是中恒通公司的承销券商,双方签订了余额包销协议,但随后申某万国公司与宏某证券公司合并,成立了申某证券公司,余额包销之事不了了之。被告人边某磊抓住了中恒通公司要在期限内完成企业私募债券发行的急切心理,利用职务便利收受好处费150万元,联系了某储蓄银行认购2000万元私募债券。对于这种行为,笔者认为,应定非国家工作人员受贿罪。理由如下:(1)行为人利用了职务便利。“利用职务上的便利”是指公司、企业或者其他单位的工作人员利用自己主管、经营或者参与公司、企业某项工作的便利条件,进而运用手中这种特有的资源,为达到自己的私利而进行的权钱交易。边某磊是申某证券公司负责债券发售的工作人员,其手中拥有寻找投资理财客户的资源。(2)行为人收受报酬如何认定为贿金。非国家工作人员受贿罪与收取合理报酬之间的界限,关键在于看行为获取的财物是否为合法的劳动收入,如果行为人不是用劳动换取的报酬,而是利用职务之便,为他人谋取利益,收受财物,且数额较大,应认定为非国家工作人员受贿罪。边某磊本身就是负责发售债券的,其劳动报酬已由申某证券公司支付,故150万元并非是合法的劳动收入,属于利用职务之便非法收受的财物。

(责任编辑:次仁卓嘎)

私设股指期货交易平台、违法组织期货交易构成非法经营罪

——林某明等人非法经营案评析

王 冠*

目 次

一、基本案情

上海佳络投资管理有限公司(以下简称佳络公司),成立于2012年10月26日,实际控制人系郑某中①(另案处理)。佳络公司未经国家有关主管部门批准,依托境外服务器,搭建虚假期货交

* 王冠,华东政法大学博士研究生,上海市静安区人民检察院检察官。
① 郑某中目前仍尚未到案。

易平台和账户交易系统,招募业务员通过拨打电话的方式,以低于正规期货交易所的开户和交易条件以及帮助客户配资为诱饵,招揽社会公众采用保证金交易,以集中交易的方式进行标准化合约交易。佳络公司向投资人提供“太极软件”并指导其安装使用期货交易端口,在佳络公司提供的“英联”“英联300”平台上进行中证500、沪深300等股指期货交易,但交易平台上的数据不与外部系统对接,交易资金未流入国家正规期货市场。客户开户最低额2万元。买卖各算一手,每手交易需提供7000元保证金,按相应交易股指期货每点指数300元盈亏进行结算,并收取每手交易手续费480元。经审计,被告人林某明等12人非法经营总额为人民币4000万余元。其中,被告人林某明2012年12月起担任佳络公司总经理;被告人李某胜2014年1月起任业务总监负责公司业务管理,负责培训业务员股指期货业务知识、督促指导业务员的工作;被告人李某福、李某硕、叶某凡于2014年7月至2016年5月,分别担任佳络公司行政总监、行政助理、业务经理,参与该公司的非法经营股指期货业务;被告人李某会、陶某静、殷某、郑某燕、张某晨、杜某、姚某庆明知不具备期货从业资格,仍应聘为佳络公司业务员。由于佳络公司成立之后所从事的经营内容主要是组织投资人进行非法买卖期货的犯罪活动,根据1999年《最高人民法院关于审理单位犯罪案件具体应用法律有关问题的解释》的有关规定,检察机关对林某明等12人以自然人共同犯罪提起公诉。

上海市静安区人民检察院提起公诉后,上海市静安区人民法院以非法经营罪对被告人林某明等人判处有期徒刑五年六个月至拘役六个月不等的刑罚。被告人均未上诉,判决已生效。

二、争议焦点

案件办理中,由于实际控制人郑某中未到案,林某明等被告人的主观故意内容与郑某中的主观故意内容存在差异,在案件定性问题上存在不同认识。一种观点认为,本案构成合同诈骗罪。主要理由在于该平台系虚假平台,实际交易方系佳络公司与投资人,佳络公司构成合同诈骗罪。另一种观点认为,本案构成非法经营罪。主要理由在于被告人林某明等人系佳络公司的从业人员,与实际控制人主观认识内容不一致,主观上不存在诈骗故意,但其明知佳络公司未经国家有关机关批准,擅自从事证券业务,宜认定为非法经营罪。

三、评析意见

当前,在国务院要求加强清理整顿各类交易场所、维护金融秩序与安全的背景下,本案对于如何认识此类私设证券期货类交易平台、擅自开展证券期货交易行为的性质及社会危害性,具有借鉴意义。本案的定性需要从现有证据出发,实质分析平台自身特点、从业人员岗位职责和主观认识等主客观因素,坚持主客观相统一,依法作出判断。

(一)被告人不具有合同诈骗的主观故意,不构成合同诈骗罪

现有证据无法证明本案被告人具有诈骗故意。诚然,佳络公司依托境外服务器搭建出来的交易平台,本质上是一种封闭的模拟交易系统。这个交易平台的虚假之处在于本身并未与我国正规的期货交易场所进行对接。事实上,我国目前也不存在正规的证券期货交易场所与外面交易平台对接的证券期货交易市场。但是交易平台的虚假性并不能直接推论出被告人等人具有诈骗故意。

首先,交易平台上的数据不与外部系统对接,交易资金未流入国家正规的期货市场,这一情况被实际控制人郑某中严格保密,只有其本人知晓,被告人林某明等人对此并不知情。此类虚假证券期货交易平台的犯罪模式,通常是真正的犯罪嫌疑人躲藏在幕后,将平台服务器置于境外,通过开设公司、招募人员进行发展投资客户。本案的多名被告人系实际控制人郑某中聘任的员工,主要职

责是发展投资客户。证据显示实际控制人郑某中并未告知被告人林某明等人平台的虚假内情,而是谎称公司从事场外配资服务。所谓的场外配资服务,即是将众多投资人的资金归集起来,利用佳络公司持有的期货交易账户进行正规期货市场内的交易,以规避投资人因个体投资资金少而无法达到期货交易开户和交易最低资金门槛的限制。因此,被告人林某明等人实际上是相信这一谎言的,也未能辨识出这种说辞的虚假性。可见,这种认识内容说明被告人林某明等人也认为所谓的场外配资业务是真实存在的,因此其主观上对交易平台的虚假性并不明知。

其次,本案被告人对平台存在幕后操纵交易时机导致投资人亏损并不知情,主观上不具有诈骗故意。多名投资人反映,在价格上涨后欲图抛售时却每每遭遇平台所谓的"网络卡滞",交易受限制不能正常交割而丧失最佳的成交机会,导致成交结果由盈转亏,而佳络公司则按相应交易股指每点指数300元盈亏进行结算,并收取每手交易手续费480元,实现非法获利上的"旱涝保收"。对于这个看似网络平台系统技术故障的问题,投资人多次向佳络公司反馈,并质疑存在幕后操纵之嫌。但本案中,被告人林某明等人不了解交易系统的原理和技术问题,经过向郑某中请示后得到的答复是因为同时交易操作的人过多导致网络通道卡滞,并将此解释转述给投资人。被告人林某明均非犯罪集团的核心成员,对交易软件的来源和交易平台的运作原理并不清楚,结合其自身并不存在网络技术背景,现有证据无法证明其认识到存在幕后操纵交易的内情。因此,从这个角度也难以认定本案多名被告人主观上存在诈骗故意。

综上所述,我们认为本案的多名被告人作为犯罪集团的下层人员,并不知晓交易平台的虚假性和可操纵性,主观上不具有诈骗故意,不构成诈骗罪。但需要注意的是,对于佳络公司幕后的操盘手和实际控制人郑某中等人而言,事实上对平台的虚假交易原理是明知的,应该认定为具有诈骗故意。若平台幕后操纵者到案,相关证据取证到位,可构成诈骗类犯罪。

(二)被告人构成非法经营罪

本案多名被告人是否构成非法经营罪,关键在于此类交易平台的经营模式是否违反相关证券期货管理法规。

以股指期货配资为名,模拟股指期货交易规则,降低交易门槛,组织投资人在私自设立的且不对接场内的交易平台上从事股指期货交易的行为构成非法经营期货行为。上述行为违法性主要表现在:

一是私设交易场所,提供交易设施,违法发布期货交易即时行情,模拟正规期货交易方式,组织投资人非法从事期货交易。《期货交易管理条例》第 6 条规定:未经国务院批准或者国务院期货监督管理机构批准,任何单位或者个人不得设立期货交易场所或者以任何形式组织期货交易及其相关活动。被告人通过向投资人提供"太极软件"并指导投资人安装使用期货交易网络端口,引导投资人从端口进入其私设的"英联""英联 300"期货交易平台,以保证金和开户资金远低于正规市场交易门槛为诱,组织投资人进行模拟的"中证 500""沪深 300"股指期货交易,已经构成非法设立期货交易场所和组织期货交易。

二是不具有从业资质,非法从事期货经纪,投资咨询业务。《期货交易管理条例》第 15 条规定:未经国务院期货监督管理机构批准,任何单位或者个人不得设立或者变相设立期货公司,经营期货业务。涉案公司佳络公司不属于期货公司,其所有员工亦不具备期货从业资格。佳络公司却大肆招募销售人员通过拨打电话方式向投资人提供分析、介绍、建议期货交易服务,已构成非法期货投资咨询行为。另外,佳络公司接受投资人委托,为其提供期货开户服务,通过平台软件接受交易指令,已构成非法从事期货经纪业务行为。

综上所述,本案多名被告人未经期货交易监管机构批准,非法经营股指期货业务,情节严重,其行为触犯了《刑法》第225条第1款第3项规定,构成非法经营罪。

(责任编辑:次仁卓嘎)

【2017年司法解释和司法解释性质文件】

最高人民法院、最高人民检察院公告

《最高人民法院、最高人民检察院关于适用犯罪嫌疑人、被告人逃匿、死亡案件违法所得没收程序若干问题的规定》已于2016年12月26日由最高人民法院审判委员会第1705次会议、最高人民检察院第十二届检察委员会第59次会议通过,现予公布,自2017年1月5日起施行。

最高人民法院
最高人民检察院
2017年1月4日

最高人民法院、最高人民检察院关于适用犯罪嫌疑人、被告人逃匿、死亡案件违法所得没收程序若干问题的规定

(2016年12月26日最高人民法院审判委员会第1705次会议、最高人民检察院第十二届检察委员会第59次会议通过,自2017年1月5日起施行 法释〔2017〕1号)

为依法适用犯罪嫌疑人、被告人逃匿、死亡案件违法所得没收程序,根据《中华人民共和国刑事诉讼法》《中华人民共和国刑法》《中华人民共和国民事诉讼法》①等法律规定,现就办理相关案件具体适用法律若干问题规定如下:

---

① 编者注:本文件中所指"《中华人民共和国刑事诉讼法》""刑事诉讼法"均为文件公布当时有效的法律,即2012年修正的《中华人民共和国刑事诉讼法》。新《刑事诉讼法》目前已于2018年10月26日被修正并施行。

第一条 下列犯罪案件,应当认定为刑事诉讼法第二百八十条第一款规定的"犯罪案件":

(一)贪污、挪用公款、巨额财产来源不明、隐瞒境外存款、私分国有资产、私分罚没财物犯罪案件;

(二)受贿、单位受贿、利用影响力受贿、行贿、对有影响力的人行贿、对单位行贿、介绍贿赂、单位行贿犯罪案件;

(三)组织、领导、参加恐怖组织,帮助恐怖活动,准备实施恐怖活动,宣扬恐怖主义、极端主义、煽动实施恐怖活动,利用极端主义破坏法律实施,强制穿戴宣扬恐怖主义、极端主义服饰、标志,非法持有宣扬恐怖主义、极端主义物品犯罪案件;

(四)危害国家安全、走私、洗钱、金融诈骗、黑社会性质的组织、毒品犯罪案件。

电信诈骗、网络诈骗犯罪案件,依照前款规定的犯罪案件处理。

第二条 在省、自治区、直辖市或者全国范围内具有较大影响,或者犯罪嫌疑人、被告人逃匿境外的,应当认定为刑事诉讼法第二百八十条第一款规定的"重大"。

第三条 犯罪嫌疑人、被告人为逃避侦查和刑事追究潜逃、隐匿,或者在刑事诉讼过程中脱逃的,应当认定为刑事诉讼法第二百八十条第一款规定的"逃匿"。

犯罪嫌疑人、被告人因意外事故下落不明满二年,或者因意外事故下落不明,经有关机关证明其不可能生存的,依照前款规定处理。

第四条 犯罪嫌疑人、被告人死亡,依照刑法规定应当追缴其违法所得及其他涉案财产的,人民检察院可以向人民法院提出没收违法所得的申请。

第五条 公安机关发布通缉令或者公安部通过国际刑警组织发布红色国际通报,应当认定为刑事诉讼法第二百八十条第一款规定的"通缉"。

第六条 通过实施犯罪直接或者间接产生、获得的任何财产,应当认定为刑事诉讼法第二百八十条第一款规定的"违法所得"。

违法所得已经部分或者全部转变、转化为其他财产的,转变、转化后的财产应当视为前款规定的"违法所得"。

来自违法所得转变、转化后的财产收益,或者来自已经与违法所得相混合财产中违法所得相应部分的收益,应当视为第一款规定的"违法所得"。

第七条 刑事诉讼法第二百八十一条第三款规定的“利害关系人”包括犯罪嫌疑人、被告人的近亲属和其他对申请没收的财产主张权利的自然人和单位。

刑事诉讼法第二百八十一条第二款、第二百八十二条第二款规定的“其他利害关系人”是指前款规定的“其他对申请没收的财产主张权利的自然人和单位”。

第八条 人民检察院向人民法院提出没收违法所得的申请,应当制作没收违法所得申请书。

没收违法所得申请书应当载明以下内容:

(一)犯罪嫌疑人、被告人的基本情况;

(二)案由及案件来源;

(三)犯罪嫌疑人、被告人涉嫌犯罪的事实及相关证据材料;

(四)犯罪嫌疑人、被告人逃匿、被通缉、脱逃、下落不明、死亡的情况;

(五)申请没收的财产的种类、数量、价值、所在地以及已查封、扣押、冻结财产清单和相关法律手续;

(六)申请没收的财产属于违法所得及其他涉案财产的相关事实及证据材料;

(七)提出没收违法所得申请的理由和法律依据;

(八)有无利害关系人以及利害关系人的姓名、身份、住址、联系方式;

(九)其他应当载明的内容。

上述材料需要翻译件的,人民检察院应当将翻译件随没收违法所得申请书一并移送人民法院。

第九条 对于没收违法所得的申请,人民法院应当在三十日内审查完毕,并根据以下情形分别处理:

(一)属于没收违法所得申请受案范围和本院管辖,且材料齐全、有证据证明有犯罪事实的,应当受理;

(二)不属于没收违法所得申请受案范围或者本院管辖的,应当退回人民检察院;

(三)对于没收违法所得申请不符合“有证据证明有犯罪事实”标准要求的,应当通知人民检察院撤回申请,人民检察院应当撤回;

(四)材料不全的,应当通知人民检察院在七日内补送,七日内不能补送的,应当退回人民检察院。

第十条 同时具备以下情形的,应当认定为本规定第九条规定的“有证据证明有犯罪事实”:

(一)有证据证明发生了犯罪事实;

(二)有证据证明该犯罪事实是犯罪嫌疑人、被告人实施的;

(三)证明犯罪嫌疑人、被告人实施犯罪行为的证据真实、合法。

第十一条 人民法院受理没收违法所得的申请后,应当在十五日内发布公告,公告期为六个月。公告期间不适用中止、中断、延长的规定。

公告应当载明以下内容:

(一)案由、案件来源以及属于本院管辖;

(二)犯罪嫌疑人、被告人的基本情况;

(三)犯罪嫌疑人、被告人涉嫌犯罪的事实;

(四)犯罪嫌疑人、被告人逃匿、被通缉、脱逃、下落不明、死亡的情况;

(五)申请没收的财产的种类、数量、价值、所在地以及已查封、扣押、冻结财产的清单和相关法律手续;

(六)申请没收的财产属于违法所得及其他涉案财产的相关事实;

(七)申请没收的理由和法律依据;

(八)利害关系人申请参加诉讼的期限、方式以及未按照该期限、方式申请参加诉讼可能承担的不利法律后果;

(九)其他应当公告的情况。

第十二条 公告应当在全国公开发行的报纸、信息网络等媒体和最高人民法院的官方网站刊登、发布,并在人民法院公告栏张贴。必要时,公告可以在犯罪地、犯罪嫌疑人、被告人居住地或者被申请没收财产所在地张贴。公告最后被刊登、发布、张贴日期为公告日期。人民法院张贴公告的,应当采取拍照、录像等方式记录张贴过程。

人民法院已经掌握境内利害关系人联系方式的,应当直接送达含有公告内容的通知;直接送达有困难的,可以委托代为送达、邮寄送达。经受送达人同意的,可以采用传真、电子邮件等能够确认其收悉的方式告知其公告内容,并记录在案;人民法院已经掌握境外犯罪嫌疑人、被告人、利害关系人联系方式,经受送达人同意的,可以采用传真、电子邮件等能够确认其收悉的方式告知其公告内容,并记录在案;受送达人未作出同意意思表示,或者人民法院未掌握境外犯罪嫌疑人、被告人、利害关系人联系方式,其所在地国(区)主管机关明确提出应当向受送达人送达含有公告内容的通知的,受理没收违法所得申请案件的人民法院可以决定是否送达。决定送达的,应当将公告内容层报最高人民法院,由最高人民法院依照刑事司法协助条约、多边公约,或者按照对等互惠原则,请求受送达人所在地国(区)的主管机关协助送达。

第十三条 利害关系人申请参加诉讼的,应当在公告期间内提出,并提供与犯罪嫌疑人、被告人关系的证明材料或者证明其可以对违法所得及其他涉案财产主张权利的证据材料。

利害关系人可以委托诉讼代理人参加诉讼。利害关系人在境外委托的,应当委托具有中华人民共和国律师资格并依法取得执业证书的律师,依照《最高人民法院关于适用〈中华人民共和国刑事诉讼法〉的解释》第四百零三条的规定对授权委托进行公证、认证。

利害关系人在公告期满后申请参加诉讼,能够合理说明理由的,人民法院应当准许。

第十四条 人民法院在公告期满后由合议庭对没收违法所得申请案件进行审理。

利害关系人申请参加及委托诉讼代理人参加诉讼的,人民法院应当开庭审理。利害关系人及其诉讼代理人无正当理由拒不到庭,且无其他利害关系人和其他诉讼代理人参加诉讼的,人民法院可以不开庭审理。

人民法院对没收违法所得申请案件开庭审理的,人民检察院应当派员出席。

人民法院确定开庭日期后,应当将开庭的时间、地点通知人民检察院、利害关系人及其诉讼代理人、证人、鉴定人员、翻译人员。通知书应当依照本规定第十二条第二款规定的方式至迟在开庭审理三日前送达;受送达人在境外的,至迟在开庭审理三十日前送达。

第十五条 出庭的检察人员应当宣读没收违法所得申请书,并在法庭调查阶段就申请没收的财产属于违法所得及其他涉案财产等相关事实出示、宣读证据。

对于确有必要出示但可能妨碍正在或者即将进行的刑事侦查的证据,针对该证据的法庭调查不公开进行。

利害关系人及其诉讼代理人对申请没收的财产属于违法所得及其他涉

案财产等相关事实及证据有异议的,可以提出意见;对申请没收的财产主张权利的,应当出示相关证据。

第十六条　人民法院经审理认为,申请没收的财产属于违法所得及其他涉案财产的,除依法应当返还被害人的以外,应当予以没收;申请没收的财产不属于违法所得或者其他涉案财产的,应当裁定驳回申请,解除查封、扣押、冻结措施。

第十七条　申请没收的财产具有高度可能属于违法所得及其他涉案财产的,应当认定为本规定第十六条规定的"申请没收的财产属于违法所得及其他涉案财产"。

巨额财产来源不明犯罪案件中,没有利害关系人对违法所得及其他涉案财产主张权利,或者利害关系人对违法所得及其他涉案财产虽然主张权利但提供的相关证据没有达到相应证明标准的,应当视为本规定第十六条规定的"申请没收的财产属于违法所得及其他涉案财产"。

第十八条　利害关系人非因故意或者重大过失在第一审期间未参加诉讼,在第二审期间申请参加诉讼的,人民法院应当准许,并发回原审人民法院重新审判。

第十九条　犯罪嫌疑人、被告人逃匿境外,委托诉讼代理人申请参加诉讼,且违法所得或者其他涉案财产所在地国(区)主管机关明确提出意见予以支持的,人民法院可以准许。

人民法院准许参加诉讼的,犯罪嫌疑人、被告人的诉讼代理人依照本规定关于利害关系人的诉讼代理人的规定行使诉讼权利。

第二十条　人民检察院、利害关系人对第一审裁定认定的事实、证据没有争议的,第二审人民法院可以不开庭审理。

第二审人民法院决定开庭审理的,应当将开庭的时间、地点书面通知同级人民检察院和利害关系人。

第二审人民法院应当就上诉、抗诉请求的有关事实和适用法律进行审查。

第二十一条　第二审人民法院对不服第一审裁定的上诉、抗诉案件,经审理,应当按照下列情形分别处理:

(一)第一审裁定认定事实清楚和适用法律正确的,应当驳回上诉或者抗诉,维持原裁定;

（二）第一审裁定认定事实清楚，但适用法律有错误的，应当改变原裁定；

（三）第一审裁定认定事实不清的，可以在查清事实后改变原裁定，也可以撤销原裁定，发回原审人民法院重新审判；

（四）第一审裁定违反法定诉讼程序，可能影响公正审判的，应当撤销原裁定，发回原审人民法院重新审判。

第一审人民法院对于依照前款第三项规定发回重新审判的案件作出裁定后，第二审人民法院对不服第一审人民法院裁定的上诉、抗诉，应当依法作出裁定，不得再发回原审人民法院重新审判。

第二十二条 违法所得或者其他涉案财产在境外的，负责立案侦查的公安机关、人民检察院等侦查机关应当制作查封、扣押、冻结的法律文书以及协助执行查封、扣押、冻结的请求函，层报公安、检察院等各系统最高上级机关后，由公安、检察院等各系统最高上级机关依照刑事司法协助条约、多边公约，或者按照对等互惠原则，向违法所得或者其他涉案财产所在地国（区）的主管机关请求协助执行。

被请求国（区）的主管机关提出，查封、扣押、冻结法律文书的制发主体必须是法院的，负责立案侦查的公安机关、人民检察院等侦查机关可以向同级人民法院提出查封、扣押、冻结的申请，人民法院经审查同意后制作查封、扣押、冻结令以及协助执行查封、扣押、冻结令的请求函，层报最高人民法院后，由最高人民法院依照刑事司法协助条约、多边公约，或者按照对等互惠原则，向违法所得或者其他涉案财产所在地国（区）的主管机关请求协助执行。

请求函应当载明以下内容：

（一）案由以及查封、扣押、冻结法律文书的发布主体是否具有管辖权；

（二）犯罪嫌疑人、被告人涉嫌犯罪的事实及相关证据，但可能妨碍正在或者即将进行的刑事侦查的证据除外；

（三）已发布公告的，发布公告情况、通知利害关系人参加诉讼以及保障诉讼参与人依法行使诉讼权利等情况；

（四）请求查封、扣押、冻结的财产的种类、数量、价值、所在地等情况以及相关法律手续；

（五）请求查封、扣押、冻结的财产属于违法所得及其他涉案财产的相关

事实及证据材料;

(六)请求查封、扣押、冻结财产的理由和法律依据;

(七)被请求国(区)要求载明的其他内容。

第二十三条 违法所得或者其他涉案财产在境外,受理没收违法所得申请案件的人民法院经审理裁定没收的,应当制作没收令以及协助执行没收令的请求函,层报最高人民法院后,由最高人民法院依照刑事司法协助条约、多边公约,或者按照对等互惠原则,向违法所得或者其他涉案财产所在地国(区)的主管机关请求协助执行。

请求函应当载明以下内容:

(一)案由以及没收令发布主体具有管辖权;

(二)属于生效裁定;

(三)犯罪嫌疑人、被告人涉嫌犯罪的事实及相关证据,但可能妨碍正在或者即将进行的刑事侦查的证据除外;

(四)犯罪嫌疑人、被告人逃匿、被通缉、脱逃、死亡的基本情况;

(五)发布公告情况、通知利害关系人参加诉讼以及保障诉讼参与人依法行使诉讼权利等情况;

(六)请求没收违法所得及其他涉案财产的种类、数量、价值、所在地等情况以及查封、扣押、冻结相关法律手续;

(七)请求没收的财产属于违法所得及其他涉案财产的相关事实及证据材料;

(八)请求没收财产的理由和法律依据;

(九)被请求国(区)要求载明的其他内容。

第二十四条 单位实施本规定第一条规定的犯罪后被撤销、注销,单位直接负责的主管人员和其他直接责任人员逃匿、死亡,导致案件无法适用刑事诉讼普通程序进行审理的,依照本规定第四条的规定处理。

第二十五条 本规定自2017年1月5日起施行。之前发布的司法解释与本规定不一致的,以本规定为准。

最高人民法院、最高人民检察院公告

《最高人民法院、最高人民检察院关于办理组织、利用邪教组织破坏法律实施等刑事案件适用法律若干问题的解释》已于 2017 年 1 月 4 日由最高人民法院审判委员会第 1706 次会议、2016 年 12 月 8 日由最高人民检察院第十二届检察委员会第 58 次会议通过，现予公布，自 2017 年 2 月 1 日起施行。

最高人民法院
最高人民检察院
2017 年 1 月 25 日

最高人民法院、最高人民检察院关于办理组织、利用邪教组织破坏法律实施等刑事案件适用法律若干问题的解释

（2017 年 1 月 4 日最高人民法院审判委员会第 1706 次会议、2016 年 12 月 8 日最高人民检察院第十二届检察委员会第 58 次会议通过，自 2017 年 2 月 1 日起施行　法释〔2017〕3 号）

为依法惩治组织、利用邪教组织破坏法律实施等犯罪活动，根据《中华人民共和国刑法》《中华人民共和国刑事诉讼法》①有关规定，现就办理此类刑事案件适用法律的若干问题解释如下：

第一条　冒用宗教、气功或者以其他名义建立，神化、鼓吹首要分子，利

① 编者注：本文件中所指"《中华人民共和国刑事诉讼法》"为文件公布当时有效的法律，即 2012 年修正的《中华人民共和国刑事诉讼法》。新《刑事诉讼法》目前已于 2018 年 10 月 26 日被修正并施行。

用制造、散布迷信邪说等手段蛊惑、蒙骗他人,发展、控制成员,危害社会的非法组织,应当认定为刑法第三百条规定的"邪教组织"。

第二条 组织、利用邪教组织,破坏国家法律、行政法规实施,具有下列情形之一的,应当依照刑法第三百条第一款的规定,处三年以上七年以下有期徒刑,并处罚金:

(一)建立邪教组织,或者邪教组织被取缔后又恢复、另行建立邪教组织的;

(二)聚众包围、冲击、强占、哄闹国家机关、企业事业单位或者公共场所、宗教活动场所,扰乱社会秩序的;

(三)非法举行集会、游行、示威,扰乱社会秩序的;

(四)使用暴力、胁迫或者以其他方法强迫他人加入或者阻止他人退出邪教组织的;

(五)组织、煽动、蒙骗成员或者他人不履行法定义务的;

(六)使用"伪基站""黑广播"等无线电台(站)或者无线电频率宣扬邪教的;

(七)曾因从事邪教活动被追究刑事责任或者二年内受过行政处罚,又从事邪教活动的;

(八)发展邪教组织成员五十人以上的;

(九)敛取钱财或者造成经济损失一百万元以上的;

(十)以货币为载体宣扬邪教,数量在五百张(枚)以上的;

(十一)制作、传播邪教宣传品,达到下列数量标准之一的:

1. 传单、喷图、图片、标语、报纸一千份(张)以上的;

2. 书籍、刊物二百五十册以上的;

3. 录音带、录像带等音像制品二百五十盒(张)以上的;

4. 标识、标志物二百五十件以上的;

5. 光盘、U盘、储存卡、移动硬盘等移动存储介质一百个以上的;

6. 横幅、条幅五十条(个)以上的。

(十二)利用通讯信息网络宣扬邪教,具有下列情形之一的:

1. 制作、传播宣扬邪教的电子图片、文章二百张(篇)以上,电子书籍、刊物、音视频五十册(个)以上,或者电子文档五百万字符以上、电子音视频二百五十分钟以上的;

2. 编发信息、拨打电话一千条(次)以上的;

3. 利用在线人数累计达到一千以上的聊天室,或者利用群组成员、关注人员等账号数累计一千以上的通讯群组、微信、微博等社交网络宣扬邪教的;

4. 邪教信息实际被点击、浏览数达到五千次以上的。

(十三)其他情节严重的情形。

第三条 组织、利用邪教组织,破坏国家法律、行政法规实施,具有下列情形之一的,应当认定为刑法第三百条第一款规定的“情节特别严重”,处七年以上有期徒刑或者无期徒刑,并处罚金或者没收财产:

(一)实施本解释第二条第一项至第七项规定的行为,社会危害特别严重的;

(二)实施本解释第二条第八项至第十二项规定的行为,数量或者数额达到第二条规定相应标准五倍以上的;

(三)其他情节特别严重的情形。

第四条 组织、利用邪教组织,破坏国家法律、行政法规实施,具有下列情形之一的,应当认定为刑法第三百条第一款规定的“情节较轻”,处三年以下有期徒刑、拘役、管制或者剥夺政治权利,并处或者单处罚金:

(一)实施本解释第二条第一项至第七项规定的行为,社会危害较轻的;

(二)实施本解释第二条第八项至第十二项规定的行为,数量或者数额达到相应标准五分之一以上的;

(三)其他情节较轻的情形。

第五条 为了传播而持有、携带,或者传播过程中被当场查获,邪教宣传品数量达到本解释第二条至第四条规定的有关标准的,按照下列情形分别处理:

(一)邪教宣传品是行为人制作的,以犯罪既遂处理;

(二)邪教宣传品不是行为人制作,尚未传播的,以犯罪预备处理;

(三)邪教宣传品不是行为人制作,传播过程中被查获的,以犯罪未遂处理;

(四)邪教宣传品不是行为人制作,部分已经传播出去的,以犯罪既遂处理,对于没有传播的部分,可以在量刑时酌情考虑。

第六条 多次制作、传播邪教宣传品或者利用通讯信息网络宣扬邪教,未经处理的,数量或者数额累计计算。

制作、传播邪教宣传品,或者利用通讯信息网络宣扬邪教,涉及不同种类或者形式的,可以根据本解释规定的不同数量标准的相应比例折算后累计计算。

第七条 组织、利用邪教组织,制造、散布迷信邪说,蒙骗成员或者他人绝食、自虐等,或者蒙骗病人不接受正常治疗,致人重伤、死亡的,应当认定为刑法第三百条第二款规定的组织、利用邪教组织"蒙骗他人,致人重伤、死亡"。

组织、利用邪教组织蒙骗他人,致一人以上死亡或者三人以上重伤的,处三年以上七年以下有期徒刑,并处罚金。

组织、利用邪教组织蒙骗他人,具有下列情形之一的,处七年以上有期徒刑或者无期徒刑,并处罚金或者没收财产:

(一)造成三人以上死亡的;

(二)造成九人以上重伤的;

(三)其他情节特别严重的情形。

组织、利用邪教组织蒙骗他人,致人重伤的,处三年以下有期徒刑、拘役、管制或者剥夺政治权利,并处或者单处罚金。

第八条 实施本解释第二条至第五条规定的行为,具有下列情形之一的,从重处罚:

(一)与境外机构、组织、人员勾结,从事邪教活动的;

(二)跨省、自治区、直辖市建立邪教组织机构、发展成员或者组织邪教活动的;

(三)在重要公共场所、监管场所或者国家重大节日、重大活动期间聚集滋事,公开进行邪教活动的;

(四)邪教组织被取缔后,或者被认定为邪教组织后,仍然聚集滋事,公开进行邪教活动的;

(五)国家工作人员从事邪教活动的;

(六)向未成年人宣扬邪教的;

(七)在学校或者其他教育培训机构宣扬邪教的。

第九条 组织、利用邪教组织破坏国家法律、行政法规实施,符合本解释第四条规定情形,但行为人能够真诚悔罪,明确表示退出邪教组织、不再从事邪教活动的,可以不起诉或者免予刑事处罚。其中,行为人系受蒙蔽、胁迫参加邪教组织的，可以不作为犯罪处理。

组织、利用邪教组织破坏国家法律、行政法规实施，行为人在一审判决前能够真诚悔罪，明确表示退出邪教组织、不再从事邪教活动的，分别依照下列规定处理：

（一）符合本解释第二条规定情形的，可以认定为刑法第三百条第一款规定的“情节较轻”；

（二）符合本解释第三条规定情形的，可以不认定为刑法第三百条第一款规定的“情节特别严重”，处三年以上七年以下有期徒刑，并处罚金。

第十条 组织、利用邪教组织破坏国家法律、行政法规实施过程中，又有煽动分裂国家、煽动颠覆国家政权或者侮辱、诽谤他人等犯罪行为的，依照数罪并罚的规定定罪处罚。

第十一条 组织、利用邪教组织，制造、散布迷信邪说，组织、策划、煽动、胁迫、教唆、帮助其成员或者他人实施自杀、自伤的，依照刑法第二百三十二条、第二百三十四条的规定，以故意杀人罪或者故意伤害罪定罪处罚。

第十二条 邪教组织人员以自焚、自爆或者其他危险方法危害公共安全的，依照刑法第一百一十四条、第一百一十五条的规定，以放火罪、爆炸罪、以危险方法危害公共安全罪等定罪处罚。

第十三条 明知他人组织、利用邪教组织实施犯罪，而为其提供经费、场地、技术、工具、食宿、接送等便利条件或者帮助的，以共同犯罪论处。

第十四条 对于犯组织、利用邪教组织破坏法律实施罪、组织、利用邪教组织致人重伤、死亡罪，严重破坏社会秩序的犯罪分子，根据刑法第五十六条的规定，可以附加剥夺政治权利。

第十五条 对涉案物品是否属于邪教宣传品难以确定的，可以委托地市级以上公安机关出具认定意见。

第十六条 本解释自2017年2月1日起施行。《最高人民法院、最高人民检察院关于办理组织和利用邪教组织犯罪案件具体应用法律若干问题的解释》（法释〔1999〕18号），《最高人民法院、最高人民检察院关于办理组织和利用邪教组织犯罪案件具体应用法律若干问题的解释（二）》（法释〔2001〕19号），以及《最高人民法院、最高人民检察院关于办理组织和利用邪教组织犯罪案件具体应用法律若干问题的解答》（法发〔2002〕7号）同时废止。

最高人民法院公告

《最高人民法院关于国家赔偿监督程序若干问题的规定》已于2017年2月27日由最高人民法院审判委员会第1711次会议通过,现予公布,自2017年5月1日起施行。

最高人民法院

2017年4月20日

最高人民法院关于国家赔偿监督程序若干问题的规定

(2017年2月27日最高人民法院审判委员会第1711次会议审议通过,自2017年5月1日起施行　法释〔2017〕9号)

为了保障赔偿请求人和赔偿义务机关的申诉权,规范国家赔偿监督程序,根据《中华人民共和国国家赔偿法》及有关法律规定,结合国家赔偿工作实际,制定本规定。

第一条　依照国家赔偿法第三十条的规定,有下列情形之一的,适用本规定予以处理:

(一)赔偿请求人或者赔偿义务机关认为赔偿委员会生效决定确有错误,向上一级人民法院赔偿委员会提出申诉的;

(二)赔偿委员会生效决定违反国家赔偿法规定,经本院院长决定或者上级人民法院指令重新审理,以及上级人民法院决定直接审理的;

(三)最高人民检察院对各级人民法院赔偿委员会生效决定,上级人民检察院对下级人民法院赔偿委员会生效决定,发现违反国家赔偿法规定,向同级人民法院赔偿委员会提出重新审查意见的。

行政赔偿案件的审判监督依照行政诉讼法的相关规定执行。

第二条 赔偿请求人或者赔偿义务机关对赔偿委员会生效决定,认为确有错误的,可以向上一级人民法院赔偿委员会提出申诉。申诉审查期间,不停止生效决定的执行。

第三条 赔偿委员会决定生效后,赔偿请求人死亡或者其主体资格终止的,其权利义务承继者可以依法提出申诉。

赔偿请求人死亡,依法享有继承权的同一顺序继承人有数人时,其中一人或者部分人申诉的,申诉效力及于全体;但是申请撤回申诉或者放弃赔偿请求的,效力不及于未明确表示撤回申诉或者放弃赔偿请求的其他继承人。

赔偿义务机关被撤销或者职权变更的,继续行使其职权的机关可以依法提出申诉。

第四条 赔偿请求人、法定代理人可以委托一至二人作为代理人代为申诉。申诉代理人的范围包括:

(一)律师、基层法律服务工作者;

(二)赔偿请求人的近亲属或者工作人员;

(三)赔偿请求人所在社区、单位以及有关社会团体推荐的公民。

赔偿义务机关可以委托本机关工作人员、法律顾问、律师一至二人代为申诉。

第五条 赔偿请求人或者赔偿义务机关申诉,应当提交以下材料:

(一)申诉状。申诉状应当写明申诉人和被申诉人的基本信息,申诉的法定事由,以及具体的请求、事实和理由;书写申诉状确有困难的,可以口头申诉,由人民法院记入笔录。

(二)身份证明及授权文书。赔偿请求人申诉的,自然人应当提交身份证明,法人或者其他组织应当提交营业执照、组织机构代码证书、法定代表人或者主要负责人身份证明;赔偿义务机关申诉的,应当提交法定代表人或者主要负责人身份证明;委托他人申诉的,应当提交授权委托书和代理人身份证明。

(三)法律文书。即赔偿义务机关、复议机关及赔偿委员会作出的决定书等法律文书。

(四)其他相关材料。以有新的证据证明原决定认定的事实确有错误为由提出申诉的,应当同时提交相关证据材料。

申诉材料不符合前款规定的,人民法院应当一次性告知申诉人需要补正的全部内容及补正期限。补正期限一般为十五日,最长不超过一个月。申诉人对必要材料拒绝补正或者未能在规定期限内补正的,不予审查。收到申诉材料的时间自人民法院收到补正后的材料之日起计算。

第六条 申诉符合下列条件的,人民法院应当在收到申诉材料之日起七日内予以立案:

(一)申诉人具备本规定的主体资格;

(二)受理申诉的人民法院是作出生效决定的人民法院的上一级人民法院;

(三)提交的材料符合本规定第五条的要求。

申诉不符合上述规定的,人民法院不予受理并应当及时告知申诉人。

第七条 赔偿请求人或者赔偿义务机关申诉,有下列情形之一的,人民法院不予受理:

(一)赔偿委员会驳回申诉后,申诉人再次提出申诉的;

(二)赔偿请求人对作为赔偿义务机关的人民法院作出的决定不服,未在法定期限内向其上一级人民法院赔偿委员会申请作出赔偿决定,在赔偿义务机关的决定发生法律效力后直接向人民法院赔偿委员会提出申诉的;

(三)赔偿请求人、赔偿义务机关对最高人民法院赔偿委员会作出的决定不服提出申诉的;

(四)赔偿请求人对行使侦查、检察职权的机关以及看守所主管机关、监狱管理机关作出的决定,未在法定期限内向其上一级机关申请复议,或者申请复议后复议机关逾期未作出决定或者复议机关已作出复议决定,但赔偿请求人未在法定期限内向复议机关所在地的同级人民法院赔偿委员会申请作出赔偿决定,在赔偿义务机关、复议机关的相关决定生效后直接向人民法院赔偿委员会申诉的。

第八条 赔偿委员会对于立案受理的申诉案件,应当着重围绕申诉人的申诉事由进行审查。必要时,应当对原决定认定的事实、证据和适用法律进行全面审查。

第九条 赔偿委员会审查申诉案件采取书面审查的方式,根据需要可以听取申诉人和被申诉人的陈述和申辩。

第十条 赔偿委员会审查申诉案件,一般应当在三个月内作出处理,至迟不得超过六个月。有特殊情况需要延长的,由本院院长批准。

第十一条 有下列情形之一的,应当决定重新审理:

(一)有新的证据,足以推翻原决定的;

(二)原决定认定的基本事实缺乏证据证明的;

(三)原决定认定事实的主要证据是伪造的;

(四)原决定适用法律确有错误的;

(五)原决定遗漏赔偿请求,且确实违反国家赔偿法规定的;

(六)据以作出原决定的法律文书被撤销或者变更的;

(七)审判人员在审理该案时有贪污受贿、徇私舞弊、枉法裁判行为的;

(八)原审理程序违反法律规定,可能影响公正审理的。

第十二条 申诉人在申诉阶段提供新的证据,应当说明逾期提供的理由。

申诉人提供的新的证据,能够证明原决定认定的基本事实或者处理结果错误的,应当认定为本规定第十一条第一项规定的情形。

第十三条 赔偿委员会经审查,对申诉人的申诉按照下列情形分别处理:

(一)申诉人主张的重新审理事由成立,且符合国家赔偿法和本规定的申诉条件的,决定重新审理。重新审理包括上级人民法院赔偿委员会直接审理或者指令原审人民法院赔偿委员会重新审理。

(二)申诉人主张的重新审理事由不成立,或者不符合国家赔偿法和本规定的申诉条件的,书面驳回申诉。

(三)原决定不予受理或者驳回赔偿申请错误的,撤销原决定,指令原审人民法院赔偿委员会依法审理。

第十四条 人民法院院长发现本院赔偿委员会生效决定违反国家赔偿法规定,认为需要重新审理的,应当提交审判委员会讨论决定。

最高人民法院对各级人民法院赔偿委员会生效决定,上级人民法院对下级人民法院赔偿委员会生效决定,发现违反国家赔偿法规定的,有权决定直接审理或者指令下级人民法院赔偿委员会重新审理。

第十五条 最高人民检察院对各级人民法院赔偿委员会生效决定,上级人民检察院对下级人民法院赔偿委员会生效决定,向同级人民法院赔偿委员会提出重新审查意见的,同级人民法院赔偿委员会应当决定直接审理,并将决定书送达提出意见的人民检察院。

第十六条 赔偿委员会重新审理案件,适用国家赔偿法和相关司法解释关于赔偿委员会审理程序的规定;本规定依据国家赔偿法和相关法律对重新审理程序有特别规定的,适用本规定。

原审人民法院赔偿委员会重新审理案件,应当另行指定审判人员。

第十七条 决定重新审理的案件,可以根据案件情形中止原决定的执行。

第十八条 赔偿委员会重新审理案件,采取书面审理的方式,必要时可以向有关单位和人员调查情况、收集证据,听取申诉人、被申诉人或者赔偿请求人、赔偿义务机关的陈述和申辩。有本规定第十一条第一项、第三项情形,或者赔偿委员会认为确有必要的,可以组织申诉人、被申诉人或者赔偿请求人、赔偿义务机关公开质证。

对于人民检察院提出意见的案件,赔偿委员会组织质证时应当通知提出意见的人民检察院派员出席。

第十九条 赔偿委员会重新审理案件,应当对原决定认定的事实、证据和适用法律进行全面审理。

第二十条 赔偿委员会重新审理的案件,应当在两个月内依法作出决定。

第二十一条 案件经重新审理后,应当根据下列情形分别处理:

(一)原决定认定事实清楚、适用法律正确的,应当维持原决定;

(二)原决定认定事实、适用法律虽有瑕疵,但决定结果正确的,应当在决定中纠正瑕疵后予以维持;

(三)原决定认定事实、适用法律错误,导致决定结果错误的,应当撤销、变更、重新作出决定;

(四)原决定违反国家赔偿法规定,对不符合案件受理条件的赔偿申请进行实体处理的,应当撤销原决定,驳回赔偿申请;

(五)申诉人、被申诉人或者赔偿请求人、赔偿义务机关经协商达成协议的,赔偿委员会依法审查并确认后,应当撤销原决定,根据协议作出新决定。

第二十二条 赔偿委员会重新审理后作出的决定,应当及时送达申诉人、被申诉人或者赔偿请求人、赔偿义务机关和提出意见的人民检察院。

第二十三条 在申诉审查或者重新审理期间,有下列情形之一的,赔偿委员会应当决定中止审查或者审理:

(一)申诉人、被申诉人或者原赔偿请求人、原赔偿义务机关死亡或者终止，尚未确定权利义务承继者的；

（二）申诉人、被申诉人或者赔偿请求人丧失行为能力，尚未确定法定代理人的；

（三）宣告无罪的案件，人民法院决定再审或者人民检察院按照审判监督程序提出抗诉的；

（四）申诉人、被申诉人或者赔偿请求人、赔偿义务机关因不可抗拒的事由，在法定审限内不能参加案件处理的；

（五）其他应当中止的情形。

中止的原因消除后，赔偿委员会应当及时恢复审查或者审理，并通知申诉人、被申诉人或者赔偿请求人、赔偿义务机关和提出意见的人民检察院。

第二十四条 在申诉审查期间，有下列情形之一的，赔偿委员会应当决定终结审查：

（一）申诉人死亡或者终止，无权利义务承继者或者权利义务承继者声明放弃申诉的；

（二）据以申请赔偿的撤销案件决定、不起诉决定或者无罪判决被撤销的；

（三）其他应当终结的情形。

在重新审理期间，有上述情形或者人民检察院撤回意见的，赔偿委员会应当决定终结审理。

第二十五条 申诉人在申诉审查或者重新审理期间申请撤回申诉的，赔偿委员会应当依法审查并作出是否准许的决定。

赔偿委员会准许撤回申诉后，申诉人又重复申诉的，不予受理，但有本规定第十一条第一项、第三项、第六项、第七项规定情形，自知道或者应当知道该情形之日起六个月内提出的除外。

第二十六条 赔偿请求人在重新审理期间申请撤回赔偿申请的，赔偿委员会应当依法审查并作出是否准许的决定。准许撤回赔偿申请的，应当一并撤销原决定。

赔偿委员会准许撤回赔偿申请的决定送达后，赔偿请求人又重复申请国家赔偿的，不予受理。

第二十七条 本规定自2017年5月1日起施行。最高人民法院以前发布的司法解释和规范性文件，与本规定不一致的，以本规定为准。

最高人民法院、最高人民检察院公告

《最高人民法院、最高人民检察院关于办理侵犯公民个人信息刑事案件适用法律若干问题的解释》已于2017年3月20日由最高人民法院审判委员会第1712次会议、2017年4月26日由最高人民检察院第十二届检察委员会第63次会议通过,现予公布,自2017年6月1日起施行。

最高人民法院
最高人民检察院
2017年5月8日

最高人民法院、最高人民检察院关于办理侵犯公民个人信息刑事案件适用法律若干问题的解释

(2017年3月20日最高人民法院审判委员会第1712次会议、2017年4月26日最高人民检察院第十二届检察委员会第63次会议通过,自2017年6月1日起施行　法释〔2017〕10号)

为依法惩治侵犯公民个人信息犯罪活动,保护公民个人信息安全和合法权益,根据《中华人民共和国刑法》《中华人民共和国刑事诉讼法》①的有关规定,现就办理此类刑事案件适用法律的若干问题解释如下:

第一条　刑法第二百五十三条之一规定的"公民个人信息",是指以电子或者其他方式记录的能够单独或者与其他信息结合识别特定自然人身份

① 编者注:本文件中所指"《中华人民共和国刑事诉讼法》"为文件公布当时有效的法律,即2012年修正的《中华人民共和国刑事诉讼法》。新《刑事诉讼法》目前已于2018年10月26日被修正并施行。

或者反映特定自然人活动情况的各种信息,包括姓名、身份证件号码、通信通讯联系方式、住址、账号密码、财产状况、行踪轨迹等。

第二条 违反法律、行政法规、部门规章有关公民个人信息保护的规定的,应当认定为刑法第二百五十三条之一规定的“违反国家有关规定”。

第三条 向特定人提供公民个人信息,以及通过信息网络或者其他途径发布公民个人信息的,应当认定为刑法第二百五十三条之一规定的“提供公民个人信息”。

未经被收集者同意,将合法收集的公民个人信息向他人提供的,属于刑法第二百五十三条之一规定的“提供公民个人信息”,但是经过处理无法识别特定个人且不能复原的除外。

第四条 违反国家有关规定,通过购买、收受、交换等方式获取公民个人信息,或者在履行职责、提供服务过程中收集公民个人信息的,属于刑法第二百五十三条之一第三款规定的“以其他方法非法获取公民个人信息”。

第五条 非法获取、出售或者提供公民个人信息,具有下列情形之一的,应当认定为刑法第二百五十三条之一规定的“情节严重”:

(一)出售或者提供行踪轨迹信息,被他人用于犯罪的;

(二)知道或者应当知道他人利用公民个人信息实施犯罪,向其出售或者提供的;

(三)非法获取、出售或者提供行踪轨迹信息、通信内容、征信信息、财产信息五十条以上的;

(四)非法获取、出售或者提供住宿信息、通信记录、健康生理信息、交易信息等其他可能影响人身、财产安全的公民个人信息五百条以上的;

(五)非法获取、出售或者提供第三项、第四项规定以外的公民个人信息五千条以上的;

(六)数量未达到第三项至第五项规定标准,但是按相应比例合计达到有关数量标准的;

(七)违法所得五千元以上的;

(八)将在履行职责或者提供服务过程中获得的公民个人信息出售或者提供给他人,数量或者数额达到第三项至第七项规定标准一半以上的;

(九)曾因侵犯公民个人信息受过刑事处罚或者二年内受过行政处罚,又非法获取、出售或者提供公民个人信息的;

(十)其他情节严重的情形。

实施前款规定的行为,具有下列情形之一的,应当认定为刑法第二百五十三条之一第一款规定的"情节特别严重":

(一)造成被害人死亡、重伤、精神失常或者被绑架等严重后果的;

(二)造成重大经济损失或者恶劣社会影响的;

(三)数量或者数额达到前款第三项至第八项规定标准十倍以上的;

(四)其他情节特别严重的情形。

第六条 为合法经营活动而非法购买、收受本解释第五条第一款第三项、第四项规定以外的公民个人信息,具有下列情形之一的,应当认定为刑法第二百五十三条之一规定的"情节严重":

(一)利用非法购买、收受的公民个人信息获利五万元以上的;

(二)曾因侵犯公民个人信息受过刑事处罚或者二年内受过行政处罚,又非法购买、收受公民个人信息的;

(三)其他情节严重的情形。

实施前款规定的行为,将购买、收受的公民个人信息非法出售或者提供的,定罪量刑标准适用本解释第五条的规定。

第七条 单位犯刑法第二百五十三条之一规定之罪的,依照本解释规定的相应自然人犯罪的定罪量刑标准,对直接负责的主管人员和其他直接责任人员定罪处罚,并对单位判处罚金。

第八条 设立用于实施非法获取、出售或者提供公民个人信息违法犯罪活动的网站、通讯群组,情节严重的,应当依照刑法第二百八十七条之一的规定,以非法利用信息网络罪定罪处罚;同时构成侵犯公民个人信息罪的,依照侵犯公民个人信息罪定罪处罚。

第九条 网络服务提供者拒不履行法律、行政法规规定的信息网络安全管理义务,经监管部门责令采取改正措施而拒不改正,致使用户的公民个人信息泄露,造成严重后果的,应当依照刑法第二百八十六条之一的规定,以拒不履行信息网络安全管理义务罪定罪处罚。

第十条 实施侵犯公民个人信息犯罪,不属于"情节特别严重",行为人系初犯,全部退赃,并确有悔罪表现的,可以认定为情节轻微,不起诉或者免予刑事处罚;确有必要判处刑罚的,应当从宽处罚。

第十一条 非法获取公民个人信息后又出售或者提供的,公民个人信息的条数不重复计算。

向不同单位或者个人分别出售、提供同一公民个人信息的,公民个人信息的条数累计计算。

对批量公民个人信息的条数,根据查获的数量直接认定,但是有证据证明信息不真实或者重复的除外。

第十二条 对于侵犯公民个人信息犯罪,应当综合考虑犯罪的危害程度、犯罪的违法所得数额以及被告人的前科情况、认罪悔罪态度等,依法判处罚金。罚金数额一般在违法所得的一倍以上五倍以下。

第十三条 本解释自2017年6月1日起施行。

最高人民法院、最高人民检察院公告

《最高人民法院、最高人民检察院关于办理扰乱无线电通讯管理秩序等刑事案件适用法律若干问题的解释》已于2017年4月17日由最高人民法院审判委员会第1715次会议、2017年5月25日由最高人民检察院第十二届检察委员会第64次会议通过,现予公布,自2017年7月1日起施行。

最高人民法院
最高人民检察院
2017年6月27日

最高人民法院、最高人民检察院关于办理扰乱无线电通讯管理秩序等刑事案件适用法律若干问题的解释

(法释〔2017〕11号)

为依法惩治扰乱无线电通讯管理秩序犯罪,根据《中华人民共和国刑法》《中华人民共和国刑事诉讼法》①的有关规定,现就办理此类刑事案件适用法律的若干问题解释如下:

第一条 具有下列情形之一的,应当认定为刑法第二百八十八条第一款规定的"擅自设置、使用无线电台(站),或者擅自使用无线电频率,干扰无线电通讯秩序":

(一)未经批准设置无线电广播电台(以下简称"黑广播"),非法使用广

① 编者注:本文件中所指"《中华人民共和国刑事诉讼法》"为文件公布当时有效的法律,即2012年修正的《中华人民共和国刑事诉讼法》。新《刑事诉讼法》目前已于2018年10月26日被修正并施行。

播电视专用频段的频率的；

（二）未经批准设置通信基站（以下简称“伪基站”），强行向不特定用户发送信息，非法使用公众移动通信频率的；

（三）未经批准使用卫星无线电频率的；

（四）非法设置、使用无线电干扰器的；

（五）其他擅自设置、使用无线电台（站），或者擅自使用无线电频率，干扰无线电通讯秩序的情形。

第二条 违反国家规定，擅自设置、使用无线电台（站），或者擅自使用无线电频率，干扰无线电通讯秩序，具有下列情形之一的，应当认定为刑法第二百八十八条第一款规定的“情节严重”：

（一）影响航天器、航空器、铁路机车、船舶专用无线电导航、遇险救助和安全通信等涉及公共安全的无线电频率正常使用的；

（二）自然灾害、事故灾难、公共卫生事件、社会安全事件等突发事件期间，在事件发生地使用“黑广播”“伪基站”的；

（三）举办国家或者省级重大活动期间，在活动场所及周边使用“黑广播”“伪基站”的；

（四）同时使用三个以上“黑广播”“伪基站”的；

（五）“黑广播”的实测发射功率五百瓦以上，或者覆盖范围十公里以上的；

（六）使用“伪基站”发送诈骗、赌博、招嫖、木马病毒、钓鱼网站链接等违法犯罪信息，数量在五千条以上，或者销毁发送数量等记录的；

（七）雇佣、指使未成年人、残疾人等特定人员使用“伪基站”的；

（八）违法所得三万元以上的；

（九）曾因扰乱无线电通讯管理秩序受过刑事处罚，或者二年内曾因扰乱无线电通讯管理秩序受过行政处罚，又实施刑法第二百八十八条规定的行为的；

（十）其他情节严重的情形。

第三条 违反国家规定，擅自设置、使用无线电台（站），或者擅自使用无线电频率，干扰无线电通讯秩序，具有下列情形之一的，应当认定为刑法第二百八十八条第一款规定的“情节特别严重”：

（一）影响航天器、航空器、铁路机车、船舶专用无线电导航、遇险救助和

安全通信等涉及公共安全的无线电频率正常使用,危及公共安全的;

(二)造成公共秩序混乱等严重后果的;

(三)自然灾害、事故灾难、公共卫生事件和社会安全事件等突发事件期间,在事件发生地使用"黑广播""伪基站",造成严重影响的;

(四)对国家或者省级重大活动造成严重影响的;

(五)同时使用十个以上"黑广播""伪基站"的;

(六)"黑广播"的实测发射功率三千瓦以上,或者覆盖范围二十公里以上的;

(七)违法所得十五万元以上的;

(八)其他情节特别严重的情形。

第四条 非法生产、销售"黑广播""伪基站"、无线电干扰器等无线电设备,具有下列情形之一的,应当认定为刑法第二百二十五条规定的"情节严重":

(一)非法生产、销售无线电设备三套以上的;

(二)非法经营数额五万元以上的;

(三)其他情节严重的情形。

实施前款规定的行为,数量或者数额达到前款第一项、第二项规定标准五倍以上,或者具有其他情节特别严重的情形的,应当认定为刑法第二百二十五条规定的"情节特别严重"。在非法生产、销售无线电设备窝点查扣的零件,以组装完成的套数以及能够组装的套数认定;无法组装为成套设备的,每三套广播信号调制器(激励器)认定为一套"黑广播"设备,每三块主板认定为一套"伪基站"设备。

第五条 单位犯本解释规定之罪的,对单位判处罚金,并对直接负责的主管人员和其他直接责任人员,依照本解释规定的自然人犯罪的定罪量刑标准定罪处罚。

第六条 擅自设置、使用无线电台(站),或者擅自使用无线电频率,同时构成其他犯罪的,按照处罚较重的规定定罪处罚。

明知他人实施诈骗等犯罪,使用"黑广播""伪基站"等无线电设备为其发送信息或者提供其他帮助,同时构成其他犯罪的,按照处罚较重的规定定罪处罚。

第七条 负有无线电监督管理职责的国家机关工作人员滥用职权或者

玩忽职守,致使公共财产、国家和人民利益遭受重大损失的,应当依照刑法第三百九十七条的规定,以滥用职权罪或者玩忽职守罪追究刑事责任。

有查禁扰乱无线电管理秩序犯罪活动职责的国家机关工作人员,向犯罪分子通风报信、提供便利,帮助犯罪分子逃避处罚的,应当依照刑法第四百一十七条的规定,以帮助犯罪分子逃避处罚罪追究刑事责任;事先通谋的,以共同犯罪论处。

第八条 为合法经营活动,使用"黑广播""伪基站"或者实施其他扰乱无线电通讯管理秩序的行为,构成扰乱无线电通讯管理秩序罪,但不属于"情节特别严重",行为人系初犯,并确有悔罪表现的,可以认定为情节轻微,不起诉或者免予刑事处罚;确有必要判处刑罚的,应当从宽处罚。

第九条 对案件所涉的有关专门性问题难以确定的,依据司法鉴定机构出具的鉴定意见,或者下列机构出具的报告,结合其他证据作出认定:

(一)省级以上无线电管理机构、省级无线电管理机构依法设立的派出机构、地市级以上广播电视主管部门就是否系"伪基站""黑广播"出具的报告;

(二)省级以上广播电视主管部门及其指定的检测机构就"黑广播"功率、覆盖范围出具的报告;

(三)省级以上航空、铁路、船舶等主管部门就是否干扰导航、通信等出具的报告。

对移动终端用户受影响的情况,可以依据相关通信运营商出具的证明,结合被告人供述、终端用户证言等证据作出认定。

第十条 本解释自2017年7月1日起施行。

最高人民法院、最高人民检察院公告

《最高人民法院、最高人民检察院关于办理组织、强迫、引诱、容留、介绍卖淫刑事案件适用法律若干问题的解释》已于2017年5月8日由最高人民法院审判委员会第1716次会议、2017年7月4日由最高人民检察院第十二届检察委员会第66次会议通过,现予公布,自2017年7月25日起施行。

最高人民法院
最高人民检察院
2017年7月21日

最高人民法院、最高人民检察院关于办理组织、强迫、引诱、容留、介绍卖淫刑事案件适用法律若干问题的解释

(法释〔2017〕13号)

为依法惩治组织、强迫、引诱、容留、介绍卖淫犯罪活动,根据刑法有关规定,结合司法工作实际,现就办理这类刑事案件具体应用法律的若干问题解释如下:

第一条 以招募、雇佣、纠集等手段,管理或者控制他人卖淫,卖淫人员在三人以上的,应当认定为刑法第三百五十八条规定的"组织他人卖淫"。

组织卖淫者是否设置固定的卖淫场所、组织卖淫者人数多少、规模大小,不影响组织卖淫行为的认定。

第二条 组织他人卖淫,具有下列情形之一的,应当认定为刑法第三百五十八条第一款规定的"情节严重":

(一)卖淫人员累计达十人以上的;

(二)卖淫人员中未成年人、孕妇、智障人员、患有严重性病的人累计达

五人以上的；

（三）组织境外人员在境内卖淫或者组织境内人员出境卖淫的；

（四）非法获利人民币一百万元以上的；

（五）造成被组织卖淫的人自残、自杀或者其他严重后果的；

（六）其他情节严重的情形。

第三条 在组织卖淫犯罪活动中，对被组织卖淫的人有引诱、容留、介绍卖淫行为的，依照处罚较重的规定定罪处罚。但是，对被组织卖淫的人以外的其他人有引诱、容留、介绍卖淫行为的，应当分别定罪，实行数罪并罚。

第四条 明知他人实施组织卖淫犯罪活动而为其招募、运送人员或者充当保镖、打手、管账人等的，依照刑法第三百五十八条第四款的规定，以协助组织卖淫罪定罪处罚，不以组织卖淫罪的从犯论处。

在具有营业执照的会所、洗浴中心等经营场所担任保洁员、收银员、保安员等，从事一般服务性、劳务性工作，仅领取正常薪酬，且无前款所列协助组织卖淫行为的，不认定为协助组织卖淫罪。

第五条 协助组织他人卖淫，具有下列情形之一的，应当认定为刑法第三百五十八条第四款规定的"情节严重"：

（一）招募、运送卖淫人员累计达十人以上的；

（二）招募、运送的卖淫人员中未成年人、孕妇、智障人员、患有严重性病的人累计达五人以上的；

（三）协助组织境外人员在境内卖淫或者协助组织境内人员出境卖淫的；

（四）非法获利人民币五十万元以上的；

（五）造成被招募、运送或者被组织卖淫的人自残、自杀或者其他严重后果的；

（六）其他情节严重的情形。

第六条 强迫他人卖淫，具有下列情形之一的，应当认定为刑法第三百五十八条第一款规定的"情节严重"：

（一）卖淫人员累计达五人以上的；

（二）卖淫人员中未成年人、孕妇、智障人员、患有严重性病的人累计达三人以上的；

（三）强迫不满十四周岁的幼女卖淫的；

(四)造成被强迫卖淫的人自残、自杀或者其他严重后果的;

(五)其他情节严重的情形。

行为人既有组织卖淫犯罪行为,又有强迫卖淫犯罪行为,且具有下列情形之一的,以组织、强迫卖淫"情节严重"论处:

(一)组织卖淫、强迫卖淫行为中具有本解释第二条、本条前款规定的"情节严重"情形之一的;

(二)卖淫人员累计达到本解释第二条第一、二项规定的组织卖淫"情节严重"人数标准的;

(三)非法获利数额相加达到本解释第二条第四项规定的组织卖淫"情节严重"数额标准的。

第七条 根据刑法第三百五十八条第三款的规定,犯组织、强迫卖淫罪,并有杀害、伤害、强奸、绑架等犯罪行为的,依照数罪并罚的规定处罚。协助组织卖淫行为人参与实施上述行为的,以共同犯罪论处。

根据刑法第三百五十八条第二款的规定,组织、强迫未成年人卖淫的,应当从重处罚。

第八条 引诱、容留、介绍他人卖淫,具有下列情形之一的,应当依照刑法第三百五十九条第一款的规定定罪处罚:

(一)引诱他人卖淫的;

(二)容留、介绍二人以上卖淫的;

(三)容留、介绍未成年人、孕妇、智障人员、患有严重性病的人卖淫的;

(四)一年内曾因引诱、容留、介绍卖淫行为被行政处罚,又实施容留、介绍卖淫行为的;

(五)非法获利人民币一万元以上的。

利用信息网络发布招嫖违法信息,情节严重的,依照刑法第二百八十七条之一的规定,以非法利用信息网络罪定罪处罚。同时构成介绍卖淫罪的,依照处罚较重的规定定罪处罚。

引诱、容留、介绍他人卖淫是否以营利为目的,不影响犯罪的成立。

引诱不满十四周岁的幼女卖淫的,依照刑法第三百五十九条第二款的规定,以引诱幼女卖淫罪定罪处罚。

被引诱卖淫的人员中既有不满十四周岁的幼女,又有其他人员的,分别以引诱幼女卖淫罪和引诱卖淫罪定罪,实行并罚。

第九条 引诱、容留、介绍他人卖淫，具有下列情形之一的，应当认定为刑法第三百五十九条第一款规定的“情节严重”：

（一）引诱五人以上或者引诱、容留、介绍十人以上卖淫的；

（二）引诱三人以上的未成年人、孕妇、智障人员、患有严重性病的人卖淫，或者引诱、容留、介绍五人以上该类人员卖淫的；

（三）非法获利人民币五万元以上的；

（四）其他情节严重的情形。

第十条 组织、强迫、引诱、容留、介绍他人卖淫的次数，作为酌定情节在量刑时考虑。

第十一条 具有下列情形之一的，应当认定为刑法第三百六十条规定的“明知”：

（一）有证据证明曾到医院或者其他医疗机构就医或者检查，被诊断为患有严重性病的；

（二）根据本人的知识和经验，能够知道自己患有严重性病的；

（三）通过其他方法能够证明行为人是“明知”的。

传播性病行为是否实际造成他人患上严重性病的后果，不影响本罪的成立。

刑法第三百六十条规定所称的“严重性病”，包括梅毒、淋病等。其它性病是否认定为“严重性病”，应当根据《中华人民共和国传染病防治法》《性病防治管理办法》的规定，在国家卫生与计划生育委员会规定实行性病监测的性病范围内，依照其危害、特点与梅毒、淋病相当的原则，从严掌握。

第十二条 明知自己患有艾滋病或者感染艾滋病病毒而卖淫、嫖娼的，依照刑法第三百六十条的规定，以传播性病罪定罪，从重处罚。

具有下列情形之一，致使他人感染艾滋病病毒的，认定为刑法第九十五条第三项“其他对于人身健康有重大伤害”所指的“重伤”，依照刑法第二百三十四条第二款的规定，以故意伤害罪定罪处罚：

（一）明知自己感染艾滋病病毒而卖淫、嫖娼的；

（二）明知自己感染艾滋病病毒，故意不采取防范措施而与他人发生性关系的。

第十三条 犯组织、强迫、引诱、容留、介绍卖淫罪的，应当依法判处犯罪所得二倍以上的罚金。共同犯罪的，对各共同犯罪嫌疑人合计判处的罚金应当在犯罪所得的二倍以上。

对犯组织、强迫卖淫罪被判处无期徒刑的,应当并处没收财产。

第十四条 根据刑法第三百六十二条、第三百一十条的规定,旅馆业、饮食服务业、文化娱乐业、出租汽车业等单位的人员,在公安机关查处卖淫、嫖娼活动时,为违法犯罪分子通风报信,情节严重的,以包庇罪定罪处罚。事前与犯罪分子通谋的,以共同犯罪论处。

具有下列情形之一的,应当认定为刑法第三百六十二条规定的"情节严重":

(一)向组织、强迫卖淫犯罪集团通风报信的;

(二)二年内通风报信三次以上的;

(三)一年内因通风报信被行政处罚,又实施通风报信行为的;

(四)致使犯罪集团的首要分子或者其他共同犯罪的主犯未能及时归案的;

(五)造成卖淫嫖娼人员逃跑,致使公安机关查处犯罪行为因取证困难而撤销刑事案件的;

(六)非法获利人民币一万元以上的;

(七)其他情节严重的情形。

第十五条 本解释自2017年7月25日起施行。

最高人民检察院公告

《最高人民检察院关于贪污养老、医疗等社会保险基金能否适用〈最高人民法院、最高人民检察院关于办理贪污贿赂刑事案件适用法律若干问题的解释〉第一条第二款第一项规定的批复》已于2017年7月19日由最高人民检察院第十二届检察委员会第六十七次会议通过,现予公布,自2017年8月7日起施行。

最高人民检察院

2017年7月26日

最高人民检察院关于贪污养老、医疗等社会保险基金能否适用《最高人民法院、最高人民检察院关于办理贪污贿赂刑事案件适用法律若干问题的解释》第一条第二款第一项规定的批复

(2017年7月19日最高人民检察院第十二届检察委员会第六十七次会议通过　高检发释字〔2017〕1号)

各省、自治区、直辖市人民检察院,解放军军事检察院,新疆生产建设兵团人民检察院:

近来,一些地方人民检察院就贪污养老、医疗等社会保险基金能否适用《最高人民法院、最高人民检察院关于办理贪污贿赂刑事案件适用法律若干问题的解释》第一条第二款第一项规定请示我院。经研究,批复如下:

养老、医疗、工伤、失业、生育等社会保险基金可以认定为《最高人民法院、最高人民检察院关于办理贪污贿赂刑事案件适用法律若干问题的解释》第一条第二款第一项规定的“特定款物”。

根据刑法和有关司法解释规定,贪污罪和挪用公款罪中的“特定款物”

的范围有所不同,实践中应注意区分,依法适用。

此复。

最高人民检察院

2017年7月26日

最高人民法院、最高人民检察院公告

《最高人民法院、最高人民检察院关于办理药品、医疗器械注册申请材料造假刑事案件适用法律若干问题的解释》已于2017年4月10日由最高人民法院审判委员会第1714次会议、2017年6月8日由最高人民检察院第十二届检察委员会第65次会议通过,现予公布,自2017年9月1日起施行。

最高人民法院
最高人民检察院
2017年8月14日

最高人民法院、最高人民检察院关于办理药品、医疗器械注册申请材料造假刑事案件适用法律若干问题的解释

(2017年4月10日最高人民法院审判委员会第1714次会议、2017年6月8日最高人民检察院第十二届检察委员会第65次会议通过,自2017年9月1日起施行　法释〔2017〕15号)

为依法惩治药品、医疗器械注册申请材料造假的犯罪行为,维护人民群众生命健康权益,根据《中华人民共和国刑法》《中华人民共和国刑事诉讼法》①的有关规定,现就办理此类刑事案件适用法律的若干问题解释如下:

第一条　药物非临床研究机构、药物临床试验机构、合同研究组织的工作人员,故意提供虚假的药物非临床研究报告、药物临床试验报告及相关

① 编者注:本文件中所指“《中华人民共和国刑事诉讼法》”为文件公布当时有效的法律,即2012年修正的《中华人民共和国刑事诉讼法》。新《刑事诉讼法》目前已于2018年10月26日被修正并施行。

材料的,应当认定为刑法第二百二十九条规定的“故意提供虚假证明文件”。

实施前款规定的行为,具有下列情形之一的,应当认定为刑法第二百二十九条规定的“情节严重”,以提供虚假证明文件罪处五年以下有期徒刑或者拘役,并处罚金:

(一)在药物非临床研究或者药物临床试验过程中故意使用虚假试验用药品的;

(二)瞒报与药物临床试验用药品相关的严重不良事件的;

(三)故意损毁原始药物非临床研究数据或者药物临床试验数据的;

(四)编造受试动物信息、受试者信息、主要试验过程记录、研究数据、检测数据等药物非临床研究数据或者药物临床试验数据,影响药品安全性、有效性评价结果的;

(五)曾因在申请药品、医疗器械注册过程中提供虚假证明材料受过刑事处罚或者二年内受过行政处罚,又提供虚假证明材料的;

(六)其他情节严重的情形。

第二条 实施本解释第一条规定的行为,索取或者非法收受他人财物的,应当依照刑法第二百二十九条第二款规定,以提供虚假证明文件罪处五年以上十年以下有期徒刑,并处罚金;同时构成提供虚假证明文件罪和受贿罪、非国家工作人员受贿罪的,依照处罚较重的规定定罪处罚。

第三条 药品注册申请单位的工作人员,故意使用符合本解释第一条第二款规定的虚假药物非临床研究报告、药物临床试验报告及相关材料,骗取药品批准证明文件生产、销售药品的,应当依照刑法第一百四十一条规定,以生产、销售假药罪定罪处罚。

第四条 药品注册申请单位的工作人员指使药物非临床研究机构、药物临床试验机构、合同研究组织的工作人员提供本解释第一条第二款规定的虚假药物非临床研究报告、药物临床试验报告及相关材料的,以提供虚假证明文件罪的共同犯罪论处。

具有下列情形之一的,可以认定为前款规定的“指使”,但有相反证据的除外:

(一)明知有关机构、组织不具备相应条件或者能力,仍委托其进行药物非临床研究、药物临床试验的;

（二）支付的价款明显异于正常费用的。

药品注册申请单位的工作人员和药物非临床研究机构、药物临床试验机构、合同研究组织的工作人员共同实施第一款规定的行为，骗取药品批准证明文件生产、销售药品，同时构成提供虚假证明文件罪和生产、销售假药罪的，依照处罚较重的规定定罪处罚。

第五条 在医疗器械注册申请中，故意提供、使用虚假的医疗器械临床试验报告及相关材料的，参照适用本解释第一条至第四条规定。

第六条 单位犯本解释第一条至第五条规定之罪的，对单位判处罚金，并依照本解释规定的相应自然人犯罪的定罪量刑标准对直接负责的主管人员和其他直接责任人员定罪处罚。

第七条 对药品、医疗器械注册申请负有核查职责的国家机关工作人员，滥用职权或者玩忽职守，导致使用虚假证明材料的药品、医疗器械获得注册，致使公共财产、国家和人民利益遭受重大损失的，应当依照刑法第三百九十七条规定，以滥用职权罪或者玩忽职守罪追究刑事责任。

第八条 对是否属于虚假的药物非临床研究报告、药物或者医疗器械临床试验报告及相关材料，是否影响药品或者医疗器械安全性、有效性评价结果，以及是否属于严重不良事件等专门性问题难以确定的，可以根据国家药品监督管理部门设置或者指定的药品、医疗器械审评等机构出具的意见，结合其他证据作出认定。

第九条 本解释所称“合同研究组织”，是指受药品或者医疗器械注册申请单位、药物非临床研究机构、药物或者医疗器械临床试验机构的委托，从事试验方案设计、数据统计、分析测试、监查稽查等与非临床研究或者临床试验相关活动的单位。

第十条 本解释自2017年9月1日起施行。

最高人民法院、最高人民检察院公告

《最高人民法院、最高人民检察院关于利用网络云盘制作、复制、贩卖、传播淫秽电子信息牟利行为定罪量刑问题的批复》已于2017年8月28日由最高人民法院审判委员会第1724次会议、2017年10月10日由最高人民检察院第十二届检察委员会第70次会议通过,现予公布,自2017年12月1日起施行。

最高人民法院
最高人民检察院
2017年11月22日

最高人民法院、最高人民检察院关于利用网络云盘制作、复制、贩卖、传播淫秽电子信息牟利行为定罪量刑问题的批复

(2017年8月28日最高人民法院审判委员会第1724次会议、2017年10月10日最高人民检察院第十二届检察委员会第70次会议通过,自2017年12月1日起施行　法释〔2017〕19号)

各省、自治区、直辖市高级人民法院、人民检察院,解放军军事法院、军事检察院,新疆维吾尔自治区高级人民法院生产建设兵团分院、新疆生产建设兵团人民检察院:

近来,部分高级人民法院、省级人民检察院就如何对利用网络云盘制作、复制、贩卖、传播淫秽电子信息牟利行为定罪量刑的问题提出请示。经研究,批复如下:

一、对于以牟利为目的,利用网络云盘制作、复制、贩卖、传播淫秽电子信息的行为,是否应当追究刑事责任,适用刑法和《最高人民法院、最高人民检

察院关于办理利用互联网、移动通讯终端、声讯台制作、复制、出版、贩卖、传播淫秽电子信息刑事案件具体应用法律若干问题的解释》(法释〔2004〕11号)、《最高人民法院、最高人民检察院关于办理利用互联网、移动通讯终端、声讯台制作、复制、出版、贩卖、传播淫秽电子信息刑事案件具体应用法律若干问题的解释(二)》(法释〔2010〕3号)的有关规定。

二、对于以牟利为目的,利用网络云盘制作、复制、贩卖、传播淫秽电子信息的行为,在追究刑事责任时,鉴于网络云盘的特点,不应单纯考虑制作、复制、贩卖、传播淫秽电子信息的数量,还应充分考虑传播范围、违法所得、行为人一贯表现以及淫秽电子信息、传播对象是否涉及未成年人等情节,综合评估社会危害性,恰当裁量刑罚,确保罪责刑相适应。

此复。

最高人民检察院关于印发《最高人民检察院关于充分履行检察职能加强产权司法保护的意见》的通知

（高检发〔2017〕1号）

各省、自治区、直辖市人民检察院，军事检察院，新疆生产建设兵团人民检察院：

现将《最高人民检察院关于充分履行检察职能加强产权司法保护的意见》印发给你们，请结合实际贯彻执行。

最高人民检察院

2017年1月6日

最高人民检察院关于充分履行检察职能加强产权司法保护的意见

党的十八大以来，以习近平同志为核心的党中央高度重视产权保护，提出加强对各种所有制组织和自然人财产权的保护。为深入贯彻党的十八大，十八届三中、四中、五中、六中全会精神和习近平总书记系列重要讲话精神，落实《关于完善产权保护制度依法保护产权的意见》和中央经济工作会议的部署要求，充分履行检察职能，加强产权司法保护，提出如下意见：

一、深刻认识产权制度重要意义，明确产权保护的总体要求

1. 充分认识加强产权司法保护的重要意义。依法保护产权是完善中国特色社会主义市场经济体制的内在要求，是坚持稳中求进工作总基调，促进经济转型升级、全面深化改革、全面建成小康社会的客观需要。各级检察机关要把思想和行动统一到党中央重要决策、部署和要求上来，牢固树立和贯彻落实新发展理念，主动适应经济发展新常态，切实把防控风险、服务发展摆在更加突出位置，为保护企业和个人合法产权、促进经济平稳健康发展和社会和谐稳定提供优质的司法服务。

2. 严格落实加强产权司法保护的总体要求。各级检察机关要坚持依法保护原则,充分发挥惩治、预防、监督、教育、保护等检察职能,加强对产权的司法保护。坚持平等保护原则,平等保护各种所有制组织和自然人的财产权,确保各类产权主体的诉讼地位和诉讼权利平等、法律适用和法律责任平等、法律保护和法律服务平等。坚持全面保护原则,全面保护物权、债权、股权、知识产权等各种类型的财产权,切实维护产权主体的合法权益。

二、准确把握法律政策界限,规范改进司法行为,注重产权司法保护实效

3. 严格把握产权案件罪与非罪的界限标准。各级检察机关办理有关产权刑事案件,要严格区分经济纠纷与经济犯罪的界限,企业正当融资与非法集资的界限,民营企业参与国有企业兼并重组中涉及的产权纠纷与恶意侵占国有资产的界限,执行和利用国家政策谋发展中的偏差与钻改革空子实施犯罪的界限。坚持主客观相一致原则,避免客观归罪。对民营企业生产、经营、融资等经济行为,除法律、行政法规明确禁止外,不以违法犯罪对待。对于正在办理的涉产权刑事案件,法律和司法解释规定不明确、法律界限不明、罪与非罪界限不清的,不作为犯罪处理。

4. 依法妥善处理历史形成的产权案件。以发展眼光客观看待和依法妥善处理改革开放以来各类企业,特别是民营企业经营发展过程中存在的不规范问题。办案中坚持罪刑法定、法不溯及既往、从旧兼从轻、疑罪从无原则,对于确属事实不清、证据不足、适用法律错误的错案冤案,坚决予以纠正。对于没有犯罪事实或者具有《刑事诉讼法》第十五条规定的情形之一的,或者犯罪情节轻微不需要判处刑罚的,或者经过补充侦查仍达不到起诉证据标准的,依法不起诉。对于构成犯罪但认罪认罚的,依法从宽处理。对于社会反映强烈、当事人长期申诉的历史形成的产权案件,要抓紧组织力量进行甄别,对确属错案冤案的,坚决依法纠正并赔偿当事人的损失。

5. 规范自身司法行为,改进办案方式方法,最大程度减少对产权主体合法权益和正常经济活动的损害及影响。严禁以刑事手段插手经济纠纷。严禁使用当事人的交通通讯工具、办公设备,或者以办案为名到发案单位吃、拿、卡、要、报。严禁干预涉案企业正常生产经营活动。慎重选择办案时机和方式,慎重使用搜查、查封、扣押、冻结、拘留、逮捕等强制性措施。对于涉嫌犯罪的各类产权主体主动配合调查,认罪态度好,犯罪情节较轻,且没有社会危险性的,一律不采取拘留、逮捕、指定居所监视居住等强制措施;对于不涉案的款物、账户,包括企业生产经营资料、涉案人员近亲属的合法财产等,一律不查封、扣押、冻结。对于涉及企业和投资、生产、经营者、科技创新人员犯罪的举报,经查证失实的,及时澄清事实。

三、依法履行刑事检察职能,加大惩治侵犯产权犯罪力度

6. 加强审查批捕、起诉工作,确保依法、准确、及时、有效打击侵犯产权犯罪。依法惩治破坏市场经济秩序、侵犯各类产权主体财产权的犯罪,突出打击非法吸收公众存款、集资诈骗、组织领导传销等涉众型经济犯罪,以商业贿赂、金融诈骗、虚假诉讼、强迫交易等不法手段破坏公平市场营商环境的犯罪,以及通过内幕交易、利用未公开信息交易、操纵证券期货市场等手段,严重损害公众投资者特别是中小投资者权益的犯罪。依法惩治侵犯知识产权和制售假冒伪劣商品犯罪,突出打击链条式、产业化侵犯知识产权犯罪,以及具有反复侵权、恶意侵权、网络侵权、有组织侵权等恶劣情节的犯罪,加大对涉外知识产权犯罪打击力度。对利用公权力严重侵害私有产权,勾结黑恶势力在特定经济领域形成非法控制,受害者人数众多,引发群体性事件等严重侵犯产权的犯罪案件,要实行挂牌督办,第一时间介入侦查,引导侦查机关全面收集固定证据,确保办案效率和质量。

7. 正确适用法律和刑事政策,提升审查批捕、起诉工作质量。准确理解和适用法律,贯彻宽严相济刑事政策,严把事实关、证据关、程序关和法律适用关。细化涉产权犯罪案件审查逮捕质量标准,严格审查是否具备社会危险性条件,对构成犯罪但无社会危险性的一般不批准逮捕。建立涉产权犯罪案件审查逮捕质量分析评查制度,对逮捕后撤案、不起诉、判无罪和公安机关提请复议复核、当事人提出申诉的案件实时监控、及时分析,有针对性地改进工作。严格依法把握起诉条件,从经济安全、公共利益、市场秩序等方面准确认定社会危害性,综合考虑政策调整、经营不善、市场风险等市场主体意志以外的因素,对符合不起诉条件的,依法适用不起诉。保障涉案当事人及其委托人的诉讼权利,尊重犯罪嫌疑人、被告人的诉讼地位和人格尊严,保障律师依法履行职责。进一步推进刑事速裁程序、认罪认罚从宽制度的试点工作,对于轻微案件简化诉讼程序,加快诉讼进程,切实维护各类产权主体的合法权益。

8. 针对薄弱环节和突出问题,延伸审查批捕、起诉工作产权保护效果。结合审查批捕、起诉工作,加强对侵犯产权犯罪活动的分析研判,提高产权司法保护的精准度。积极参与社会治安防控体系建设，采取检察建议等形式，帮助各类产权主体强化产权保护意识，促进国有企业健全内部监督制度和内控机制、规范国有资产流转程序和交易行为，促进集体经济组织建立健全集体资产管理制度和财务管理监督制度，促进民营企业提高依法规范经营和维护自身合法权益的意识和能力，从源头上预防和治理侵犯产权犯罪。

四、加强侦查预防工作，依法惩治侵犯产权职务犯罪

9. 严肃查办侵犯产权的职务犯罪。重点惩治利用国有产权所有者和代理人关系不明晰，国有企业财务、采购、营销、投资等方面内部监督制度不健全实施的贪污、受贿、挪用公款、私分国有资产等犯罪，以及通过内部人控制、关联交易、利益输送、利益交换等方式，以市场行为掩盖非法目的，导致国有资产严重流失的犯罪。重点惩治发生在金融、土地、财税、能源、资源等重要领域行政审批、管理过程中侵犯产权的失职渎职犯罪。重点惩治发生在国有资产、集体资产清产核资、登记、保管、使用、处置过程中的职务犯罪，以及利用农村产权流转交易侵犯农村集体产权、侵犯农民权益的职务犯罪。

10. 严格规范涉案财产处置的法律程序，最大限度降低对产权主体正常生产经营活动的不利影响。对于涉案企业和人员正在投入生产运营或者正在用于科技创新、产品研发的设备、资金和技术资料等，能够采取非强制性措施即可达到保障诉讼目的的，不使用强制性措施。加强查封、扣押、冻结涉案财产甄别审查工作，最大限度缩短甄别审查期限，确保合法财产不受牵连。办案中要注意听取有关行业主管、监管部门的意见，对争议大的案件及时向上级检察机关请示报告。

11. 通过查办职务犯罪发现产权保护制度机制的漏洞和风险点，从源头上减少涉产权职务犯罪。要结合办案开展职务犯罪预防工作，既支持企业和企业家创业创新谋发展，又引导企业和企业家依法规范经营。围绕国有产权、农村集体产权和自然资源资产产权等重点领域，深入剖析典型案件和发案规律，开展有针对性的职务犯罪预防工作。结合办案，对产权保护中存在的普遍性问题，组织开展专题预防活动，积极运用检察建议、年度报告、专项报告等方式，督促产权登记、审批、监管、保护等部门完善制度机制，加强改进产权保护工作，增强预防工作整体效果。

五、强化刑事诉讼监督，保障涉案产权主体的合法权益

12. 加强立案监督和侦查活动监督。加强对刑事立案活动的监督，重点监督侦查机关以刑事手段插手经济纠纷、选择性执法等妨害产权平等保护的问题,加大对该立不立、不该立乱立等执法不严、司法不公问题的监督纠正力度。加强对侦查活动的监督,贯彻落实非法证据排除等办案制度,坚决纠正刑讯逼供、非法取证、漏捕漏诉、滥用强制措施、查封扣押冻结财物不当等侦查违法行为。对于因涉嫌犯罪被逮捕的各种所有制组织的投资者、生产者、经营者、专业技术人员等,切实履行好羁押必要性审查职责,发现不需要继续羁押的,应当依法予以释放或者变更强制措施。

13. 加强刑事审判和刑事执行监督。加强对刑事审判活动的监督,重点监督判决、裁定在认定事实、采信证据、适用法律方面确有错误的案件,做到敢于监督、善于监督、依法监督和规范监督,对符合法定条件的案件依法提出抗诉。加强对刑事执行活动的监督,重点监督涉产权案件生效判决、裁定的执行活动,发现人民法院执行财产刑过程中,存在应当执行而不执行,不应当执行而执行,非法处置被执行人或者案外人财产等侵犯产权违法情形的,应当依法提出纠正意见,确保财产刑执行到位。依法保障各类产权主体在服刑期间的申诉权,防止其因申诉而被限制或者剥夺依法获得减刑的权利。对于犯罪的民营企业投资人,依法保障其在服刑期间行使财产权利等民事权利。

六、加强民事行政检察工作,形成多元化产权保护格局

14. 依法履行民事行政检察职责,加强对产权诉讼案件的法律监督。依法保障各类产权主体申请监督权,规范民事行政诉讼监督案件的受理和审查程序,注重倾听当事人意见,畅通申请监督渠道,积极通过抗诉、提出检察建议等方式加强对涉产权民事、行政案件的审判监督,有效保障产权主体的合法权益。加强对民事、行政执行活动的监督,重点监督因不依法履行执行职责及错误采取执行措施、错误处置执行标的物、错误追加被执行人,致使当事人或利害关系人、案外人等财产权受到侵害的案件。加大对涉产权虚假诉讼、恶意诉讼监督力度,重点审查双方当事人恶意串通,通过以物抵债等方式损害案外人产权案件,督促人民法院依法惩治虚假诉讼行为,维护司法公正和司法权威。

15. 依法推进公益诉讼试点,积极探索开展对行政强制措施和履行职责中发现的行政违法行为的监督。稳步推进公益诉讼试点工作,以国有资产保护、国有土地使用权出让等产权领域为重点,积极运用诉前程序和提起公益诉讼的方式,维护被民事、行政违法行为侵害的国家和社会公共利益。积极探索对涉及人身、财产权益的行政强制措施和在履行职责中发现的行政机关违法行使职权或不行使职权行为的监督措施，防止和纠正违法行政行为对各类产权主体合法权益的侵害。

七、加强控告申诉检察工作，依法化解产权纠纷引发的社会矛盾

16. 畅通诉求表达渠道，依法受理历史形成产权案件的申诉，做到有错必纠。打造“信、访、网、电”四位一体的诉求表达体系，为产权人寻求法律咨询、权利救济提供更加便捷高效的服务。对社会反映强烈的涉及产权的刑事申诉案件，依法导入法律程序，按照诉求性质、案件管辖和法律程序及时审查办理。凡是违反法律政策侵犯产权、不利于经济发展的决定、判决、裁定，要依法监督纠正。

17. 依法办理涉产权保护的国家赔偿案件。坚持法定赔偿原则，保障符合赔偿条件的产权主体依法获得赔偿。支持人民法院对涉产权国家赔偿案件依法进行审理。依法办理检察机关作为赔偿义务机关的刑事赔偿案件，积极履行赔偿义务，保障符合法定赔偿条件的产权主体及时获得赔偿。依法受理和审查产权主体对人民法院作出的赔偿决定和行政赔偿判决、裁定提出申诉的案件，并依法提出监督意见。

18. 拓展控告申诉工作模式，有效化解社会矛盾。建立涉产权民事、行政申诉案件引导当事人和解机制，积极推动建立社会帮扶、政府扶贫等化解矛盾机制，推动建立健全与人民调解组织、行业调解组织的衔接联动机制，引导当事人向调解组织提出调解申请，并根据调解情况依法作出相应处理。推动律师参与代理和化解涉及产权纠纷信访案件工作，鼓励社会各界共同参与，有效解决产权纠纷。

八、加强组织领导和协调配合，确保产权保护措施落到实处

19. 加强组织领导。各级检察机关要把充分履行检察职能、加强产权司法保护作为当前一项重要政治任务，狠抓落实。切实加强对产权保护法律政策界限和工作措施的研究、协调和推进，加大保护和纠错力度。积极参与民法典编纂研究工作，推动产权保护法律制度的健全完善。及时对相关司法解释和规范性文件进行清理，凡是不符合依法保护产权的，应当废止或者修改。要深入研究分析产权司法保护中的新情况、新问题，发挥检察一体化优势，加强对下业务指导。对重大侵犯产权刑事犯罪案件、重大妨害产权保护职务犯罪案件，实行挂牌督办。下级人民检察院对办案中遇到的有关困难和问题,应当及时向上级人民检察院请示报告,必要时层报最高人民检察院。

20.加强工作机制建设。各级检察机关要立足检察职能建立健全产权司法保护的长效机制。加强办理产权案件的能力建设和队伍建设,注重培养选拔专家型人才和业务骨干办理产权案件。严格落实司法责任制,完善办案质量终身负责制和错案责任倒查问责制。推进检务公开,及时回应社会关切,自觉接受人大监督、民主监督和社会监督,增强司法公信力,维护司法公正和权威。

21.加强协调配合。积极参与党委牵头,人大、政府、司法机关共同参加的产权保护协调工作机制,形成工作合力。对办案中发现的体制性、政策性等重大问题和事项,及时向党委报告。加强与纪检、审判、公安、行政执法部门的协作配合,加强产权领域行政执法与刑事司法衔接机制建设。加强与各级工商联、相关行业协会的密切联系,建立健全联席会议、定期通报情况、共同开展调研等常态化机制,支持开展对涉及产权纠纷的中小企业维权援助工作。广泛听取人大代表、政协委员、专家学者、律师、企业人士等方面意见,增强产权司法保护的针对性和实效性。

22.加强法治宣传。落实"谁执法谁普法"的普法责任制,把培育全社会尊重产权、保护产权意识作为以案释法、法治宣传教育的一项基础性工作。充分利用检察机关宣传主阵地、"两微一端"、微电影、微视频等媒体平台,加强与主流媒体、重点商业网络和自媒体的联系协作,深入宣传解读党和国家加强产权保护的政策和法律法规,及时报道检察机关工作部署、举措、进展和成效。选择检察机关依法纠正侵害企业产权的有重大影响的错案冤案典型,适时向社会公布,释放保护产权的积极信号,增强人民群众财产财富安全感,增强社会信心。着力宣传和营造法治、透明、公平的体制政策环境和社会舆论环境,保护企业家精神,支持企业家专心创新创业。

最高人民法院关于被告人林少钦受贿请示一案的答复

（〔2016〕最高法刑他5934号）

福建省高级人民法院：

你院闽高法〔2016〕250号《关于立案追诉后因法律司法解释修改导致追诉时效发生变化的案件法律适用问题的请示》收悉。经研究，答复如下：

追诉时效是依照法律规定对犯罪分子追究刑事责任的期限，在追诉时效期限内，司法机关应当依法追究犯罪分子刑事责任。对于法院正在审理的贪污贿赂案件，应当依据司法机关立案侦查时的法律规定认定追诉时效。依据立案侦查时的法律规定未过时效，且已经进入诉讼程序的案件，在新的法律规定生效后应当继续审理。

此复。

最高人民法院

二〇一七年二月十三日

最高人民法院印发《关于全面推进以审判为中心的刑事诉讼制度改革的实施意见》的通知

(法发〔2017〕5号)

各省、自治区、直辖市高级人民法院,解放军军事法院,新疆维吾尔自治区高级人民法院生产建设兵团分院;全国地方各中级人民法院,各大单位军事法院,新疆生产建设兵团各中级法院:

为贯彻落实《最高人民法院、最高人民检察院、公安部、国家安全部、司法部关于推进以审判为中心的刑事诉讼制度改革的意见》,全面推进改革工作,最高人民法院制定了《关于全面推进以审判为中心的刑事诉讼制度改革的实施意见》(以下简称《实施意见》),现印发给你们,请结合审判工作实际参照执行。

为了在审判实践中更好地贯彻执行《实施意见》,现提出以下要求:

1. 充分认识改革意义,明确改革方向。推进以审判为中心的刑事诉讼制度改革,是中央十八届四中全会作出的重大决策,是坚持严格司法、确保刑事司法公正的现实需要,是完善人权司法保障的必然要求,体现了中央对司法性质和规律的科学认识和准确把握。各级人民法院要充分认识改革的重要意义,准确把握改革精神,抓好各项改革措施的落实。要充分发挥审判程序的职能作用,确保侦查、审查起诉的案件事实证据经得起法律的检验,通过法庭审判的程序公正实现案件裁判的实体公正,提高司法公信力。

2. 加强组织领导和协调,确保改革取得成效。推进以审判为中心的刑事诉讼制度改革,牵涉到政法工作全局,各级人民法院要紧紧依靠党委领导和人大监督,密切与其他政法机关的沟通、协调,确保各项改革统筹推进,落到实处。各高级人民法院要高度重视,成立由主要领导负责的领导小组,统一领导改革工作,加强对下指导,制定具体可行的实施方案,扎实推进本辖区的改革工作。

3. 注重制度探索,及时总结改革经验。在改革过程中,要遵循刑事诉讼规律，处理好惩罚犯罪与保障人权、实体公正与程序公正、司法公正与司法效率、互相配合与互相制约等关系，确保改革稳步推进。要以庭审实质化改革为核心，以强化证人、鉴定人、侦查人员出庭作证和律师辩护为重点，着力推进庭审制度改革。在贯彻执行过程中遇到的新情况、新问题和探索的新经验、新做法，要认真加以总结，并及时层报最高人民法院。

特此通知。

最高人民法院

2017年2月17日

最高人民法院关于全面推进以审判为中心的刑事诉讼制度改革的实施意见

为贯彻落实《最高人民法院、最高人民检察院、公安部、国家安全部、司法部关于推进以审判为中心的刑事诉讼制度改革的意见》，确保有罪的人受到公正惩罚、无罪的人不受刑事追究，实现公正司法，依照法律规定，结合审判实际，对人民法院全面推进以审判为中心的刑事诉讼制度改革提出如下意见：

一、坚持严格司法原则，树立依法裁判理念

1. 坚持证据裁判原则，认定案件事实，必须以证据为根据。重证据，重调查研究，不轻信口供，没有证据不得认定案件事实。

2. 坚持非法证据排除原则，不得强迫任何人证实自己有罪。经审查认定的非法证据，应当依法予以排除，不得作为定案的根据。

3. 坚持疑罪从无原则，认定被告人有罪，必须达到犯罪事实清楚，证据确实、充分的证明标准。不得因舆论炒作、上访闹访等压力作出违反法律的裁判。

4. 坚持程序公正原则，通过法庭审判的程序公正实现案件裁判的实体公正。发挥庭审在查明事实、认定证据、保护诉权、公正裁判中的决定性作用，确保诉讼证据出示在法庭、案件事实查明在法庭、诉辩意见发表在法庭、裁判结果形成在法庭。

二、规范庭前准备程序,确保法庭集中审理

5. 对被告人及其辩护人申请排除非法证据,证据材料较多、案情重大复杂,或者社会影响重大等案件,人民法院可以召开庭前会议。

庭前会议在法庭或者其他办案场所进行,由审判人员主持,控辩双方参加,必要时可以通知被告人到场。

6. 人民法院可以在庭前会议中组织控辩双方展示证据,听取控辩双方对在案证据的意见,并梳理存在争议的证据。对控辩双方在庭前会议中没有争议的证据,可以在庭审中简化举证、质证。

人民法院可以在庭前会议中听取控辩双方对与审判相关问题的意见,询问控辩双方是否提出申请或者异议,并归纳控辩双方的争议焦点。对控辩双方没有争议或者达成一致意见的事项,可以在庭审中简化审理。

被害方提起附带民事诉讼的,可以在庭前会议中进行调解。

7. 控辩双方对管辖、回避、出庭证人名单等事项提出申请或者异议,可能导致庭审中断的,人民法院可以在庭前会议中对有关事项依法作出处理,确保法庭集中、持续审理。

对案件中被告人及其辩护人申请排除非法证据的情形,人民法院可以在庭前会议中核实情况、听取意见。人民检察院可以决定撤回有关证据;撤回的证据,没有新的理由,不得在庭审中出示。被告人及其辩护人可以撤回排除非法证据的申请;撤回申请后,没有新的线索或者材料,不得再次对有关证据提出排除申请。

8. 人民法院在庭前会议中听取控辩双方对案件事实证据的意见后,对明显事实不清、证据不足的案件,可以建议人民检察院补充侦查或者撤回起诉。

对人民法院在庭前会议中建议撤回起诉的案件,人民检察院不同意的,人民法院开庭审理后,没有新的事实和理由,一般不准许撤回起诉。

9. 控辩双方在庭前会议中就相关事项达成一致意见,又在庭审中提出异议的,应当说明理由。

召开庭前会议应当制作笔录,由参加人员核对后签名。

审判人员应当制作庭前会议报告,说明庭前会议的基本情况、程序性事项的处理结果、控辩双方的争议焦点以及就相关事项达成的一致意见。

10. 对召开庭前会议的案件,在法庭调查开始前,法庭应当宣布庭前会议

报告的主要内容，实现庭前会议与庭审的衔接。

三、规范普通审理程序，确保依法公正审判

11. 证明被告人有罪或者无罪、罪轻或者罪重的证据，都应当在法庭上出示，依法保障控辩双方的质证权。

对影响定罪量刑的关键证据和控辩双方存在争议的证据，一般应当单独质证。

12. 法庭应当依照法定程序审查、核实、认定证据。证据未经当庭出示、辨认、质证等法庭调查程序查证属实，不得作为定案的根据。

13. 采取技术侦查措施收集的证据，当庭质证可能危及有关人员的人身安全，或者可能产生其他严重后果的，应当采取不暴露有关人员身份、不公开技术侦查措施和方法等保护措施。

法庭决定在庭外对技术侦查证据进行核实的，可以召集公诉人、侦查人员和辩护律师到场。在场人员应当履行保密义务。

14. 控辩双方对证人证言有异议，人民法院认为证人证言对案件定罪量刑有重大影响的，应当通知证人出庭作证。控辩双方申请证人出庭的，人民法院通知证人出庭后，申请方应当负责协助相关证人到庭。

证人没有正当理由不出庭作证的，人民法院在必要时可以强制证人到庭。

根据案件情况，可以实行远程视频作证。

15. 控辩双方对鉴定意见有异议，人民法院认为鉴定人有必要出庭的，应当通知鉴定人出庭作证。

16. 证人、鉴定人、被害人因出庭作证，本人或者其近亲属的人身安全面临危险的，人民法院应当采取不公开其真实姓名、住址、工作单位和联系方式等个人信息，或者不暴露其外貌、真实声音等保护措施。必要时，可以建议有关机关采取专门性保护措施。

人民法院应当建立证人出庭作证补助专项经费机制，对证人出庭作证所支出的交通、住宿、就餐等合理费用给予补助。

17. 人民法院应当依法履行指定辩护和通知辩护职责，确保被告人依法获得法律援助。

配合有关部门逐步扩大法律援助范围，健全法律援助值班律师制度，为派驻人民法院的值班律师提供办公场所及必要的工作条件。

18. 法庭应当依法保障控辩双方在庭审中的发问、质证、辩论等诉讼权利。对控辩双方当庭提出的申请或者异议,法庭应当作出处理。

法庭可以在审理过程中归纳控辩双方的争议焦点,引导控辩双方针对影响定罪量刑的实质性问题进行辩论。对控辩双方的发言与案件无关、重复或者扰乱法庭秩序等情形,法庭应当予以提醒、制止。

19. 法庭应当充分听取控辩双方的量刑建议和意见,根据查明的事实、情节,参照量刑指导意见规范量刑,保证量刑公正。

20. 法庭应当加强裁判说理,通过裁判文书展现法庭审理过程。对控辩双方的意见和争议,应当说明采纳与否的理由。对证据采信、事实认定、定罪量刑等实质性问题,应当阐释裁判的理由和依据。

四、完善证据认定规则,切实防范冤假错案

21. 采取刑讯逼供、暴力、威胁等非法方法收集的言词证据,应当予以排除。

收集物证、书证不符合法定程序,可能严重影响司法公正,不能补正或者作出合理解释的,对有关证据应当予以排除。

22. 被告人在侦查终结前接受检察人员对讯问合法性的核查询问时,明确表示侦查阶段不存在刑讯逼供、非法取证情形,在审判阶段又提出排除非法证据申请,法庭经审查对证据收集的合法性没有疑问的,可以驳回申请。

检察人员在侦查终结前未对讯问合法性进行核查,或者未对核查过程全程同步录音录像,被告人在审判阶段提出排除非法证据申请,人民法院经审查对证据收集的合法性存在疑问的,应当依法进行调查。

23. 法庭决定对证据收集的合法性进行调查的,应当先行当庭调查。但为防止庭审过分迟延,也可以在法庭调查结束前进行调查。

24. 法庭对证据收集的合法性进行调查的,应当重视对讯问过程录音录像的审查。讯问笔录记载的内容与讯问录音录像存在实质性差异的,以讯问录音录像为准。

对于法律规定应当对讯问过程录音录像的案件,公诉人没有提供讯问录音录像,或者讯问录音录像存在选择性录制、剪接、删改等情形,现有证据不能排除以非法方法收集证据情形的,对有关供述应当予以排除。

25. 现有证据材料不能证明证据收集合法性的,人民法院可以通知有关侦查人员出庭说明情况。不得以侦查人员签名并加盖公章的说明材料替代侦查人员出庭。

经人民法院通知,侦查人员不出庭说明情况,不能排除以非法方法收集证据情形的,对有关证据应当予以排除。

26. 法庭对证据收集的合法性进行调查后,应当当庭作出是否排除有关证据的决定。必要时,可以宣布休庭,由合议庭评议或者提交审判委员会讨论,再次开庭时宣布决定。

在法庭作出是否排除有关证据的决定前,不得对有关证据宣读、质证。

27. 通过勘验、检查、搜查等方式收集的物证、书证等证据,未通过辨认、鉴定等方式确定其与案件事实的关联的,不得作为定案的根据。

28. 收集证据的程序、方式存在瑕疵,严重影响证据真实性,不能补正或者作出合理解释的,有关证据不得作为定案的根据。

29. 证人没有出庭作证,其庭前证言真实性无法确认的,不得作为定案的根据。证人当庭作出的证言与其庭前证言矛盾,证人能够作出合理解释,并与相关证据印证的,可以采信其庭审证言;不能作出合理解释,而其庭前证言与相关证据印证的,可以采信其庭前证言。

经人民法院通知,鉴定人拒不出庭作证的,鉴定意见不得作为定案的根据。

30. 人民法院作出有罪判决,对于定罪事实应当综合全案证据排除合理怀疑。

定罪证据不足的案件,不能认定被告人有罪,应当作出证据不足、指控的犯罪不能成立的无罪判决。定罪证据确实、充分,量刑证据存疑的,应当作出有利于被告人的认定。

五、完善繁简分流机制,优化司法资源配置

31. 推进速裁程序改革,逐步扩大速裁程序适用范围,完善速裁程序运行机制。

对被告人认罪的轻微案件,探索实行快速审理和简便裁判机制。

32. 推进认罪认罚从宽制度改革,对适用速裁程序、简易程序或者普通程序简化审理的被告人认罪案件,法庭应当告知被告人享有的诉讼权利,依法审查被告人认罪认罚的自愿性和真实性,确认被告人了解认罪认罚的性质和法律后果。

法庭确认被告人自愿认罪认罚,同意适用简化审理程序的,应当落实从宽处罚的法律制度。被告人当庭不认罪或者不同意适用简化审理程序的,应当适用普通程序审理。

33. 适用速裁程序审理的案件,应当当庭宣判。适用简易程序审理的案件,一般应当当庭宣判。适用普通程序审理的案件,逐步提高当庭宣判率。

最高人民法院关于实施修订后的《关于常见犯罪的量刑指导意见》的通知

（法发〔2017〕7号）

各省、自治区、直辖市高级人民法院、解放军军事法院，新疆维吾尔自治区高级人民法院生产建设兵团分院：

最高人民法院《关于常见犯罪的量刑指导意见》从2014年起在全国中级、基层人民法院正式实施，各高级人民法院高度重视，积极稳妥组织实施，取得良好效果。我院在总结实践经验的基础上，对量刑指导意见作了进一步修改、完善。现印发修订后的《关于常见犯罪的量刑指导意见》（以下简称《量刑指导意见》），并从2017年4月1日起实施。现将有关事项通知如下：

（一）认真修改实施细则。《量刑指导意见》进一步完善量刑方法，明确"以定性分析为主，定量分析为辅"的量刑方法；进一步修改完善常见量刑情节的适用和个罪的量刑规范。各高级人民法院要认真学习领会，在总结经验的基础上，结合新出台的刑事法律、司法解释、业务指导文件和审判实际，对照修改完善实施细则，保证实施细则依法有据，符合罪责刑相适应原则，符合量刑实际，具有可操作性。实施细则经审判委员会讨论通过后实施，并于4月底前报最高人民法院备案。

（二）全面深入组织实施。量刑规范化工作是一项长期的工作。各级人民法院要以这次修改《量刑指导意见》和实施细则为契机，认真总结经验，全面深入推进量刑规范化工作，将十五种常见犯罪全部纳入规范范围，所有中级、基层法院全面实施到位。要结合审判实际，主动对接以审判为中心的刑事诉讼制度改革、认罪认罚从宽制度改革和刑事速裁程序改革，建立完善量刑规范化长效工作机制，促进量刑规范化工作制度化、常态化，努力让人民群众在每一个司法案件中感受到公平正义。

（三）切实加强培训指导。《量刑指导意见》对量刑方法等内容作了重要修改，各地法院要结合工作实际，加强对中级、基层法院办案法官特别是新任法官的业务培训,保证《量刑指导意见》及实施细则的正确实施。在量刑过程中,定性分析始终处于主导地位,应在定性分析的基础上进行定量分析,依法确定量刑起点、基准刑和宣告刑,保证罪责刑相适应。上级法院要切实加强调研指导,对实施过程中出现的新情况新问题,及时加以研究解决,不断总结提高。实施中遇到的重大疑难问题,要及时层报最高人民法院,保证量刑规范化工作持续、深入发展。

最高人民法院

2017年3月9日

最高人民法院关于常见犯罪的量刑指导意见

为进一步规范刑罚裁量权,落实宽严相济刑事政策,增强量刑的公开性,实现量刑公正,根据刑法和刑事司法解释等有关规定,结合审判实践,制定本指导意见。

一、量刑的指导原则

1. 量刑应当以事实为根据,以法律为准绳,根据犯罪的事实、性质、情节和对于社会的危害程度,决定判处的刑罚。

2. 量刑既要考虑被告人所犯罪行的轻重,又要考虑被告人应负刑事责任的大小,做到罪责刑相适应,实现惩罚和预防犯罪的目的。

3. 量刑应当贯彻宽严相济的刑事政策,做到该宽则宽,当严则严,宽严相济,罚当其罪,确保裁判法律效果和社会效果的统一。

4. 量刑要客观、全面把握不同时期不同地区的经济社会发展和治安形势的变化,确保刑法任务的实现;对于同一地区同一时期、案情相似的案件,所判处的刑罚应当基本均衡。

二、量刑的基本方法

量刑时,应以定性分析为主,定量分析为辅,依次确定量刑起点、基准刑和宣告刑。

1. 量刑步骤

(1)根据基本犯罪构成事实在相应的法定刑幅度内确定量刑起点。

(2)根据其他影响犯罪构成的犯罪数额、犯罪次数、犯罪后果等犯罪事实,在量刑起点的基础上增加刑罚量确定基准刑。

(3)根据量刑情节调节基准刑,并综合考虑全案情况,依法确定宣告刑。

2. 调节基准刑的方法

(1)具有单个量刑情节的,根据量刑情节的调节比例直接调节基准刑。

(2)具有多个量刑情节的,一般根据各个量刑情节的调节比例,采用同向相加、逆向相减的方法调节基准刑;具有未成年人犯罪、老年人犯罪、限制行为能力的精神病人犯罪、又聋又哑的人或者盲人犯罪,防卫过当、避险过当、犯罪预备、犯罪未遂、犯罪中止,从犯、胁从犯和教唆犯等量刑情节的,先适用该量刑情节对基准刑进行调节,在此基础上,再适用其他量刑情节进行调节。

(3)被告人犯数罪,同时具有适用于各个罪的立功、累犯等量刑情节的,先适用该量刑情节调节个罪的基准刑,确定个罪所应判处的刑罚,再依法实行数罪并罚,决定执行的刑罚。

3. 确定宣告刑的方法

(1)量刑情节对基准刑的调节结果在法定刑幅度内,且罪责刑相适应的,可以直接确定为宣告刑;如果具有应当减轻处罚情节的,应依法在法定最低刑以下确定宣告刑。

(2)量刑情节对基准刑的调节结果在法定最低刑以下,具有法定减轻处罚情节,且罪责刑相适应的,可以直接确定为宣告刑;只有从轻处罚情节的,可以依法确定法定最低刑为宣告刑;但是根据案件的特殊情况,经最高人民法院核准,也可以在法定刑以下判处刑罚。

(3)量刑情节对基准刑的调节结果在法定最高刑以上的,可以依法确定法定最高刑为宣告刑。

(4)综合考虑全案情况,独任审判员或合议庭可以在20%的幅度内对调节结果进行调整,确定宣告刑。当调节后的结果仍不符合罪责刑相适应原则的,应提交审判委员会讨论,依法确定宣告刑。

(5)综合全案犯罪事实和量刑情节,依法应当判处无期徒刑以上刑罚、管制或者单处附加刑、缓刑、免刑的,应当依法适用。

三、常见量刑情节的适用

量刑时要充分考虑各种法定和酌定量刑情节,根据案件的全部犯罪事实以及量刑情节的不同情形,依法确定量刑情节的适用及其调节比例。对严重暴力犯罪、毒品犯罪等严重危害社会治安犯罪,在确定从宽的幅度时,应当从严掌握对犯罪情节较轻的犯罪,应当充分体现从宽。具体确定各个量刑情节的调节比例时,应当综合平衡调节幅度与实际增减刑罚量的关系,确保罪责刑相适应。

1. 对于未成年人犯罪,应当综合考虑未成年人对犯罪的认识能力、实施犯罪行为的动机和目的、犯罪时的年龄、是否初犯、偶犯、悔罪表现、个人成长经历和一贯表现等情况,予以从宽处罚。

(1)已满十四周岁不满十六周岁的未成年人犯罪,减少基准刑的30%—60%;

(2)已满十六周岁不满十八周岁的未成年人犯罪,减少基准刑的10%—50%。

2. 对于未遂犯,综合考虑犯罪行为的实行程度、造成损害的大小、犯罪未得逞的原因等情况,可以比照既遂犯减少基准刑的50%以下。

3. 对于从犯,应当综合考虑其在共同犯罪中的地位、作用等情况,予以从宽处罚,减少基准刑的20%—50%;犯罪较轻的,减少基准刑的50%以上或者依法免除处罚。

4. 对于自首情节,综合考虑自首的动机、时间、方式、罪行轻重、如实供述罪行的程度以及悔罪表现等情况,可以减少基准刑的40%以下;犯罪较轻的,可以减少基准刑的40%以上或者依法免除处罚。恶意利用自首规避法律制裁等不足以从宽处罚的除外。

5. 对于坦白情节,综合考虑如实供述罪行的阶段、程度、罪行轻重以及悔罪程度等情况,确定从宽的幅度。

(1)如实供述自己罪行的,可以减少基准刑的20%以下;

(2)如实供述司法机关尚未掌握的同种较重罪行的,可以减少基准刑的10%—30%;

(3)因如实供述自己罪行,避免特别严重后果发生的,可以减少基准刑的30%—50%。

6. 对于当庭自愿认罪的,根据犯罪的性质、罪行的轻重、认罪程度以及悔罪表现等情况,可以减少基准刑的10%以下。依法认定自首、坦白的除外。

7. 对于立功情节,综合考虑立功的大小、次数、内容、来源、效果以及罪行轻重等情况,确定从宽的幅度。

(1)一般立功的,可以减少基准刑的20%以下;

(2)重大立功的,可以减少基准刑的20%—50%;犯罪较轻的,减少基准刑的50%以上或者依法免除处罚。

8. 对于退赃、退赔的,综合考虑犯罪性质,退赃、退赔行为对损害结果所能弥补的程度,退赃、退赔的数额及主动程度等情况,可以减少基准刑的30%以下。其中抢劫等严重危害社会治安犯罪的应从严掌握。

9. 对于积极赔偿被害人经济损失并取得谅解的,综合考虑犯罪性质、赔偿数额、赔偿能力以及认罪、悔罪程度等情况,可以减少基准刑的40%以下;积极赔偿但没有取得谅解的,可以减少基准刑的30%以下;尽管没有赔偿,但取得谅解的,可以减少基准刑的20%以下。其中抢劫、强奸等严重危害社会治安犯罪的应从严掌握。

10. 对于当事人根据刑事诉讼法第二百七十七条达成刑事和解协议的,综合考虑犯罪性质、赔偿数额、赔礼道歉以及真诚悔罪等情况,可以减少基准刑的50%以下;犯罪较轻的,可以减少基准刑的50%以上或者依法免除处罚。

11. 对于累犯,应当综合考虑前后罪的性质、刑罚执行完毕或赦免以后至再犯罪时间的长短以及前后罪罪行轻重等情况,增加基准刑的10%—40%,一般不少于3个月。

12. 对于有前科的,综合考虑前科的性质、时间间隔长短、次数、处罚轻重等情况,可以增加基准刑的10%以下。前科犯罪为过失犯罪和未成年人犯罪的除外。

13. 对于犯罪对象为未成年人、老年人、残疾人、孕妇等弱势人员的,综合考虑犯罪的性质、犯罪的严重程度等情况,可以增加基准刑的20%以下。

14. 对于在重大自然灾害、预防、控制突发传染病疫情等灾害期间故意犯罪的,根据案件的具体情况,可以增加基准刑的20%以下。

四、常见犯罪的量刑

(一)交通肇事罪

1. 构成交通肇事罪的,可以根据下列不同情形在相应的幅度内确定量刑起点:

(1)致人重伤、死亡或者使公私财产遭受重大损失的,可以在二年以下有期徒刑、拘役幅度内确定量刑起点。

(2)交通运输肇事后逃逸或者有其他特别恶劣情节的,可以在三年至五年有期徒刑幅度内确定量刑起点。

(3)因逃逸致一人死亡的,可以在七年至十年有期徒刑幅度内确定量刑起点。

2.在量刑起点的基础上,可以根据事故责任、致人重伤、死亡的人数或者财产损失的数额以及逃逸等其他影响犯罪构成的犯罪事实增加刑罚量,确定基准刑。

(二)故意伤害罪

1.构成故意伤害罪的,可以根据下列不同情形在相应的幅度内确定量刑起点:

(1)故意伤害致一人轻伤的,可以在二年以下有期徒刑、拘役幅度内确定量刑起点。

(2)故意伤害致一人重伤的,可以在三年至五年有期徒刑幅度内确定量刑起点。

(3)以特别残忍手段故意伤害致一人重伤,造成六级严重残疾的,可以在十年至十三年有期徒刑幅度内确定量刑起点。依法应当判处无期徒刑以上刑罚的除外。

2.在量刑起点的基础上,可以根据伤害后果、伤残等级、手段残忍程度等其他影响犯罪构成的犯罪事实增加刑罚量,确定基准刑。

故意伤害致人轻伤的,伤残程度可在确定量刑起点时考虑,或者作为调节基准刑的量刑情节。

(三)强奸罪

1.构成强奸罪的,可以根据下列不同情形在相应的幅度内确定量刑起点:

(1)强奸妇女一人的,可以在三年至六年有期徒刑幅度内确定量刑起点。奸淫幼女一人的,可以在四年至七年有期徒刑幅度内确定量刑起点。

(2)有下列情形之一的,可以在十年至十三年有期徒刑幅度内确定量刑起点:强奸妇女、奸淫幼女情节恶劣的;强奸妇女、奸淫幼女三人的;在公共场所当众强奸妇女的;二人以上轮奸妇女的;强奸致被害人重伤或者造成其他严重后果的。依法应当判处无期徒刑以上刑罚的除外。

2. 在量刑起点的基础上，可以根据强奸妇女、奸淫幼女情节恶劣程度、强奸人数、致人伤害后果等其他影响犯罪构成的犯罪事实增加刑罚量，确定基准刑。

强奸多人多次的，以强奸人数作为增加刑罚量的事实，强奸次数作为调节基准刑的量刑情节。

（四）非法拘禁罪

1. 构成非法拘禁罪的，可以根据下列不同情形在相应的幅度内确定量刑起点：

（1）犯罪情节一般的，可以在一年以下有期徒刑、拘役幅度内确定量刑起点。

（2）致一人重伤的，可以在三年至五年有期徒刑幅度内确定量刑起点。

（3）致一人死亡的，可以在十年至十三年有期徒刑幅度内确定量刑起点。

2. 在量刑起点的基础上，可以根据非法拘禁人数、拘禁时间、致人伤亡后果等其他影响犯罪构成的犯罪事实增加刑罚量，确定基准刑。

非法拘禁多人多次的，以非法拘禁人数作为增加刑罚量的事实，非法拘禁次数作为调节基准刑的量刑情节。

3. 有下列情节之一的，可以增加基准刑的10%—20%：

（1）具有殴打、侮辱情节的；

（2）国家机关工作人员利用职权非法扣押、拘禁他人的。

（五）抢劫罪

1. 构成抢劫罪的，可以根据下列不同情形在相应的幅度内确定量刑起点：

（1）抢劫一次的，可以在三年至六年有期徒刑幅度内确定量刑起点。

（2）有下列情形之一的，可以在十年至十三年有期徒刑幅度内确定量刑起点：入户抢劫的；在公共交通工具上抢劫的；抢劫银行或者其他金融机构的；抢劫三次或者抢劫数额达到数额巨大起点的；抢劫致一人重伤的；冒充军警人员抢劫的；持枪抢劫的；抢劫军用物资或者抢险、救灾、救济物资的。依法应当判处无期徒刑以上刑罚的除外。

2. 在量刑起点的基础上，可以根据抢劫情节严重程度、抢劫次数、数额、致人伤害后果等其他影响犯罪构成的犯罪事实增加刑罚量，确定基准刑。

(六)盗窃罪

1.构成盗窃罪的,可以根据下列不同情形在相应的幅度内确定量刑起点:

(1)达到数额较大起点的,两年内三次盗窃的,入户盗窃的,携带凶器盗窃的,或者扒窃的,可以在一年以下有期徒刑、拘役幅度内确定量刑起点。

(2)达到数额巨大起点或者有其他严重情节的,可以在三年至四年有期徒刑幅度内确定量刑起点。

(3)达到数额特别巨大起点或者有其他特别严重情节的,可以在十年至十二年有期徒刑幅度内确定量刑起点。依法应当判处无期徒刑的除外。

2.在量刑起点的基础上,可以根据盗窃数额、次数、手段等其他影响犯罪构成的犯罪事实增加刑罚量,确定基准刑。

多次盗窃,数额达到较大以上的,以盗窃数额确定量刑起点,盗窃次数可作为调节基准刑的量刑情节;数额未达到较大的,以盗窃次数确定量刑起点,超过三次的次数作为增加刑罚量的事实。

(七)诈骗罪

1.构成诈骗罪的,可以根据下列不同情形在相应的幅度内确定量刑起点:

(1)达到数额较大起点的,可以在一年以下有期徒刑、拘役幅度内确定量刑起点。

(2)达到数额巨大起点或者有其他严重情节的,可以在三年至四年有期徒刑幅度内确定量刑起点。

(3)达到数额特别巨大起点或者有其他特别严重情节的,可以在十年至十二年有期徒刑幅度内确定量刑起点。依法应当判处无期徒刑的除外。

2.在量刑起点的基础上,可以根据诈骗数额等其他影响犯罪构成的犯罪事实增加刑罚量,确定基准刑。

(八)抢夺罪

1.构成抢夺罪的,可以根据下列不同情形在相应的幅度内确定量刑起点:

(1)达到数额较大起点或者两年内三次抢夺的,可以在一年以下有期徒刑、拘役幅度内确定量刑起点。

(2)达到数额巨大起点或者有其他严重情节的,可以在三年至五年有期徒刑幅度内确定量刑起点。

(3)达到数额特别巨大起点或者有其他特别严重情节的,可以在十年至十二年有期徒刑幅度内确定量刑起点。依法应当判处无期徒刑的除外。

2. 在量刑起点的基础上,可以根据抢夺数额、次数等其他影响犯罪构成的犯罪事实增加刑罚量,确定基准刑。

多次抢夺,数额达到较大以上的,以抢夺数额确定量刑起点,抢夺次数可作为调节基准刑的量刑情节;数额未达到较大的,以抢夺次数确定量刑起点,超过三次的次数作为增加刑罚量的事实。

(九)职务侵占罪

1. 构成职务侵占罪的,可以根据下列不同情形在相应的幅度内确定量刑起点:

(1)达到数额较大起点的,可以在二年以下有期徒刑、拘役幅度内确定量刑起点。

(2)达到数额巨大起点的,可以在五年至六年有期徒刑幅度内确定量刑起点。

2. 在量刑起点的基础上,可以根据职务便占数额等其他影响犯罪构成的犯罪事实增加刑罚量,确定基准刑。

(十)敲诈勒索罪

1. 构成敲诈勒索罪的,可以根据下列不同情形在相应的幅度内确定量刑起点:

(1)达到数额较大起点的,或者两年内三次敲诈勒索的,可以在一年以下有期徒刑、拘役幅度内确定量刑起点。

(2)达到数额巨大起点或者有其他严重情节的,可以在三年至五年有期徒刑幅度内确定量刑起点。

(3)达到数额特别巨大起点或者有其他特别严重情节的,可以在十年至十二年有期徒刑幅度内确定量刑起点。

2. 在量刑起点的基础上,可以根据敲诈勒索数额、次数、犯罪情节严重程度等其他影响犯罪构成的犯罪事实增加刑罚量,确定基准刑。

多次敲诈勒索,数额达到较大以上的,以敲诈勒索数额确定量刑起点,敲诈勒索次数可作为调节基准刑的量刑情节;数额未达到较大的,以敲诈勒索次数确定量刑起点,超过三次的次数作为增加刑罚量的事实。

(十一)妨害公务罪

1.构成妨害公务罪的,可以在二年以下有期徒刑、拘役幅度内确定量刑起点。

2.在量刑起点的基础上,可以根据妨害公务造成的后果、犯罪情节严重程度等其他影响犯罪构成的犯罪事实增加刑罚量,确定基准刑。

3.暴力袭击正在依法执行职务的人民警察的,可以增加基准刑的10%—30%。

(十二)聚众斗殴罪

1.构成聚众斗殴罪的,可以根据下列不同情形在相应的幅度内确定量刑起点:

(1)犯罪情节一般的,可以在二年以下有期徒刑、拘役幅度内确定量刑起点。

(2)有下列情形之一的,可以在三年至五年有期徒刑幅度内确定量刑起点:聚众斗殴三次的;聚众斗殴人数多,规模大,社会影响恶劣的;在公共场所或者交通要道聚众斗殴,造成社会秩序严重混乱的;持械聚众斗殴的。

2.在量刑起点的基础上,可以根据聚众斗殴人数、次数、手段严重程度等其他影响犯罪构成的犯罪事实增加刑罚量,确定基准刑。

(十三)寻衅滋事罪

1.构成寻衅滋事罪的,可以根据下列不同情形在相应的幅度内确定量刑起点:

(1)寻衅滋事一次的,可以在三年以下有期徒刑、拘役幅度内确定量刑起点。

(2)纠集他人三次寻衅滋事(每次都构成犯罪),严重破坏社会秩序的,可以在五年至七年有期徒刑幅度内确定量刑起点。

2.在量刑起点的基础上,可以根据寻衅滋事次数、伤害后果、强拿硬要他人财物或任意损毁、占用公私财物数额等其他影响犯罪构成的犯罪事实增加刑罚量,确定基准刑。

(十四)掩饰、隐瞒犯罪所得、犯罪所得收益罪

1.构成掩饰、隐瞒犯罪所得、犯罪所得收益罪的,可以根据下列不同情形在相应的幅度内确定量刑起点:

(1)犯罪情节一般的,可以在一年以下有期徒刑、拘役幅度内确定量刑

起点。

(2)情节严重的,可以在三年至四年有期徒刑幅度内确定量刑起点。

2. 在量刑起点的基础上,可以根据犯罪数额等其他影响犯罪构成的犯罪事实增加刑罚量,确定基准刑。

(十五)走私、贩卖、运输、制造毒品罪

1. 构成走私、贩卖、运输、制造毒品罪的,可以根据下列不同情形在相应的幅度内确定量刑起点:

(1)走私、贩卖、运输、制造鸦片一千克,海洛因、甲基苯丙胺五十克或者其它毒品数量达到数量大起点的,量刑起点为十五年有期徒刑。依法应当判处无期徒刑以上刑罚的除外。

(2)走私、贩卖、运输、制造鸦片二百克,海洛因、甲基苯丙胺十克或者其它毒品数量达到数量较大起点的,可以在七年至八年有期徒刑幅度内确定量刑起点。

(3)走私、贩卖、运输、制造鸦片不满二百克,海洛因、甲基苯丙胺不满十克或者其他少量毒品的,可以在三年以下有期徒刑、拘役幅度内确定量刑起点;情节严重的,可以在三年至四年有期徒刑幅度内确定量刑起点。

2. 在量刑起点的基础上,可以根据毒品犯罪次数、人次、毒品数量等其他影响犯罪构成的犯罪事实增加刑罚量,确定基准刑。

3. 有下列情节之一的,可以增加基准刑的10%—30%:

(1)利用、教唆未成年人走私、贩卖、运输、制造毒品的;

(2)向未成年人出售毒品的;

(3)毒品再犯。

4. 有下列情节之一的,可以减少基准刑的30%以下:

(1)受雇运输毒品的;

(2)毒品含量明显偏低的;

(3)存在数量引诱情形的。

五、附则

1. 本指导意见规范上列十五种犯罪判处有期徒刑、拘役的案件。其他判处有期徒刑、拘役的案件,可以参照量刑的指导原则、基本方法和常见量刑情节的适用规范量刑。

2. 各高级人民法院应当结合当地实际制定实施细则。

3. 本指导意见自2017年4月1日起实施。《最高人民法院关于实施量刑规范化工作的通知》(法发〔2013〕14号)同时废止。

相关刑法条文:

第一百三十三条 【交通肇事罪】违反交通运输管理法规,因而发生重大事故,致人重伤、死亡或者使公私财产遭受重大损失的,处三年以下有期徒刑或者拘役;交通运输肇事后逃逸或者有其他特别恶劣情节的,处三年以上七年以下有期徒刑;因逃逸致人死亡的,处七年以上有期徒刑。

第二百三十四条 【故意伤害罪】故意伤害他人身体的,处三年以下有期徒刑、拘役或者管制。

犯前款罪,致人重伤的,处三年以上十年以下有期徒刑;致人死亡或者以特别残忍手段致人重伤造成严重残疾的,处十年以上有期徒刑、无期徒刑或者死刑。本法另有规定的,依照规定。

第二百三十六条 【强奸罪】以暴力、胁迫或者其他手段强奸妇女的,处三年以上十年以下有期徒刑。

奸淫不满十四周岁的幼女的,以强奸论,从重处罚。

强奸妇女、奸淫幼女,有下列情形之一的,处十年以上有期徒刑、无期徒刑或者死刑:

(一)强奸妇女、奸淫幼女情节恶劣的;

(二)强奸妇女、奸淫幼女多人的;

(三)在公共场所当众强奸妇女的;

(四)二人以上轮奸的;

(五)致使被害人重伤、死亡或者造成其他严重后果的。

第二百三十八条 【非法拘禁罪】非法拘禁他人或者以其他方法非法剥夺他人人身自由的,处三年以下有期徒刑、拘役、管制或者剥夺政治权利。具有殴打、侮辱情节的,从重处罚。

犯前款罪,致人重伤的,处三年以上十年以下有期徒刑;致人死亡的,处十年以上有期徒刑。使用暴力致人伤残、死亡的,依照本法第二百三十四条、第二百三十二条的规定定罪处罚。

为索取债务非法扣押、拘禁他人的,依照前两款的规定处罚。

国家机关工作人员利用职权犯前三款罪的,依照前三款的规定从重处罚。

第二百六十三条 【抢劫罪】以暴力、胁迫或者其他方法抢劫公私财物的,处三年以上十年以下有期徒刑,并处罚金;有下列情形之一的,处十年以上有期徒刑、无期徒刑或者死刑,并处罚金或者没收财产:

(一)入户抢劫的;

(二)在公共交通工具上抢劫的;

(三)抢劫银行或者其他金融机构的;

(四)多次抢劫或者抢劫数额巨大的;

(五)抢劫致人重伤、死亡的;

(六)冒充军警人员抢劫的;

(七)持枪抢劫的;

(八)抢劫军用物资或者抢险、救灾、救济物资的。

第二百六十四条 【盗窃罪】盗窃公私财物,数额较大的,或者多次盗窃、入户盗窃、携带凶器盗窃、扒窃的,处三年以下有期徒刑、拘役或者管制,并处或者单处罚金;数额巨大或者有其他严重情节的,处三年以上十年以下有期徒刑,并处罚金;数额特别巨大或者有其他特别严重情节的,处十年以上有期徒刑或者无期徒刑,并处罚金或者没收财产。

第二百六十六条 【诈骗罪】诈骗公私财物,数额较大的,处三年以下有期徒刑、拘役或者管制,并处或者单处罚金;数额巨大或者有其他严重情节的,处三年以上十年以下有期徒刑,并处罚金;数额特别巨大或者有其他特别严重情节的,处十年以上有期徒刑或者无期徒刑,并处罚金或者没收财产。本法另有规定的,依照规定。

第二百六十七条 【抢夺罪】抢夺公私财物,数额较大的,或者多次抢夺的,处三年以下有期徒刑、拘役或者管制,并处或者单处罚金;数额巨大或者有其他严重情节的,处三年以上十年以下有期徒刑,并处罚金;数额特别巨大或者有其他特别严重情节的,处十年以上有期徒刑或者无期徒刑,并处罚金或者没收财产。

第二百七十一条 【职务侵占罪】公司、企业或者其他单位的人员,利用职务上的便利,将本单位财物非法占为己有,数额较大的,处五年以下有期徒刑或者拘役;数额巨大的,处五年以上有期徒刑,可以并处没收财产。

第二百七十四条 【敲诈勒索罪】敲诈勒索公私财物,数额较大或者多次敲诈勒索的,处三年以下有期徒刑、拘役或者管制,并处或者单处罚金;数额巨大或者有其他严重情节的,处三年以上十年以下有期徒刑,并处罚金;数额特别巨大或者有其他特别严重情节的,处十年以上有期徒刑,并处罚金。

第二百七十七条 【妨害公务罪】以暴力、威胁方法阻碍国家机关工作人员依法执行职务的,处三年以下有期徒刑、拘役、管制或者罚金。

以暴力、威胁方法阻碍全国人民代表大会和地方各级人民代表大会代表依法执行代表职务的,依照前款的规定处罚。

在自然灾害和突发事件中,以暴力、威胁方法阻碍红十字会工作人员依法履行职责的,依照第一款的规定处罚。

故意阻碍国家安全机关、公安机关依法执行国家安全工作任务,未使用暴力、威胁方法,造成严重后果的,依照第一款的规定处罚。

暴力袭击正在依法执行职务的人民警察的,依照第一款的规定从重处罚。

第二百九十二条 【聚众斗殴罪】聚众斗殴的,对首要分子和其他积极参加的,处三年以下有期徒刑、拘役或者管制;有下列情形之一的,对首要分子和其他积极参加的,处三年以上十年以下有期徒刑:

(一)多次聚众斗殴的;

(二)聚众斗殴人数多,规模大,社会影响恶劣的;

(三)在公共场所或者交通要道聚众斗殴,造成社会秩序严重混乱的;

(四)持械聚众斗殴的。

第二百九十三条 【寻衅滋事罪】有下列寻衅滋事行为之一,破坏社会秩序的,处五年以下有期徒刑、拘役或者管制:

(一)随意殴打他人,情节恶劣的;

(二)追逐、拦截、辱骂、恐吓他人,情节恶劣的;

(三)强拿硬要或者任意损毁、占用公私财物,情节严重的;

(四)在公共场所起哄闹事,造成公共场所秩序严重混乱的。

纠集他人多次实施前款行为,严重破坏社会秩序的,处五年以上十年以下有期徒刑,可以并处罚金。

第三百一十二条 【掩饰、隐瞒犯罪所得、犯罪所得收益罪】明知是犯罪所得及其产生的收益而予以窝藏、转移、收购、代为销售或者以其他方法掩饰、隐瞒的,处三年以下有期徒刑、拘役或者管制,并处或者单处罚金;情节严重的,处三年以年七年以下有期徒刑,并处罚金。

第三百四十七条 【走私、贩卖、运输、制造毒品罪】走私、贩卖、运输、制造毒品,无论数量多少,都应当追究刑事责任,予以刑事处罚。

走私、贩卖、运输、制造毒品,有下列情形之一的,处十五年有期徒刑、无期徒刑或者死刑,并处没收财产:

(一)走私、贩卖、运输、制造鸦片一千克以上、海洛因或者甲基苯丙胺五十克以上或者其他毒品数量大的;

(二)走私、贩卖、运输、制造毒品集团的首要分子;

(三)武装掩护走私、贩卖、运输、制造毒品的;

(四)以暴力抗拒检查、拘留、逮捕,情节严重的;

(五)参与有组织的国际贩毒活动的。

走私、贩卖、运输、制造鸦片二百克以上不满一千克、海洛因或者甲基苯丙胺十克以上不满五十克或者其他毒品数量较大的,处七年以上有期徒刑,并处罚金。

走私、贩卖、运输、制造鸦片不满二百克、海洛因或者甲基苯丙胺不满十克或者其他少量毒品的,处三年以下有期徒刑、拘役或者管制,并处罚金;情节严重的,处三年以上七年以下有期徒刑,并处罚金。

单位犯第二款、第三款、第四款罪的,对单位判处罚金,并对其直接负责的主管人员和其他直接责任人员,依照各该款的规定处罚。

利用、教唆未成年人走私、贩卖、运输、制造毒品,或者向未成年人出售毒品的,从重处罚。

对多次走私、贩卖、运输、制造毒品,未经处理的,毒品数量累计计算。

最高人民检察院、公安部关于印发《最高人民检察院公安部关于公安机关管辖的刑事案件立案追诉标准的规定(一)的补充规定》的通知

(公通字〔2017〕12号)

各省、自治区、直辖市人民检察院,公安厅、局,军事检察院,新疆生产建设兵团人民检察院、公安局:

为及时、准确打击犯罪,根据《中华人民共和国刑法》《中华人民共和国刑法修正案(七)》《中华人民共和国刑法修正案(八)》《中华人民共和国刑法修正案(九)》等法律规定,最高人民检察院、公安部制定了《最高人民检察院公安部关于公安机关管辖的刑事案件立案追诉标准的规定(一)的补充规定》。现印发给你们,请遵照执行。

《最高人民检察院公安部关于公安机关管辖的刑事案件立案追诉标准的规定(一)》和《最高人民检察院公安部关于公安机关管辖的刑事案件立案追诉标准的规定(一)的补充规定》印发后,公安机关管辖的上述刑事案件立案追诉标准有司法解释或者司法解释性质文件作出进一步明确规定的,依照司法解释或者司法解释性质文件的规定掌握相关案件的立案追诉标准。

各地在执行中遇到的问题,请及时分别报最高人民检察院和公安部。

最高人民检察院

公安部

2017年4月27日

最高人民检察院、公安部关于公安机关管辖的刑事案件立案追诉标准的规定(一)的补充规定

一、在《最高人民检察院公安部关于公安机关管辖的刑事案件立案追诉

标准的规定(一)》(以下简称《立案追诉标准(一)》)第十五条后增加一条,作为第十五条之一:[不报、谎报安全事故案(刑法第一百三十九条之一)]在安全事故发生后,负有报告职责的人员不报或者谎报事故情况,贻误事故抢救,涉嫌下列情形之一的,应予立案追诉:

(一)导致事故后果扩大,增加死亡一人以上,或者增加重伤二人以上,或者增加直接经济损失一百万元以上的;

(二)实施下列行为之一,致使不能及时有效开展事故抢救的:

1. 决定不报、迟报、谎报事故情况或者指使、串通有关人员不报、迟报、谎报事故情况的;

2. 在事故抢救期间擅离职守或者逃匿的;

3. 伪造、破坏事故现场,或者转移、藏匿、毁灭遇难人员尸体,或者转移、藏匿受伤人员的;

4. 毁灭、伪造、隐匿与事故有关的图纸、记录、计算机数据等资料以及其他证据的;

(三)其他不报、谎报安全事故情节严重的情形。

本条规定的"负有报告职责的人员",是指负有组织、指挥或者管理职责的负责人、管理人员、实际控制人、投资人,以及其他负有报告职责的人员。

二、将《立案追诉标准(一)》第十七条修改为:[生产、销售假药案(刑法第一百四十一条)]生产、销售假药的,应予立案追诉。但销售少量根据民间传统配方私自加工的药品,或者销售少量未经批准进口的国外、境外药品,没有造成他人伤害后果或者延误诊治,情节显著轻微危害不大的除外。

以生产、销售假药为目的,具有下列情形之一的,属于本条规定的"生产":

(一)合成、精制、提取、储存、加工炮制药品原料的;

(二)将药品原料、辅料、包装材料制成成品过程中,进行配料、混合、制剂、储存、包装的;

(三)印制包装材料、标签、说明书的。

医疗机构、医疗机构工作人员明知是假药而有偿提供给他人使用,或者为出售而购买、储存的,属于本条规定的"销售"。

本条规定的"假药",是指依照《中华人民共和国药品管理法》的规定属于假药和按假药处理的药品、非药品。是否属于假药难以确定的,可以根据地市级以上药品监督管理部门出具的认定意见等相关材料进行认定。必要时,可以委托省级以上药品监督管理部门设置或者确定的药品检验机构进行检验。

三、将《立案追诉标准(一)》第十九条修改为:[生产、销售不符合安全标准的食品案(刑法第一百四十三条)]生产、销售不符合食品安全标准的食品,涉嫌下列情形之一的,应予立案追诉:

(一)食品含有严重超出标准限量的致病性微生物、农药残留、兽药残留、重金属、污染物质以及其他危害人体健康的物质的;

(二)属于病死、死因不明或者检验检疫不合格的畜、禽、兽、水产动物及其肉类、肉类制品的;

(三)属于国家为防控疾病等特殊需要明令禁止生产、销售的食品的;

(四)婴幼儿食品中生长发育所需营养成分严重不符合食品安全标准的;

(五)其他足以造成严重食物中毒事故或者严重食源性疾病的情形。

在食品加工、销售、运输、贮存等过程中,违反食品安全标准,超限量或者超范围滥用食品添加剂,足以造成严重食物中毒事故或者其他严重食源性疾病的,应予立案追诉。

在食用农产品种植、养殖、销售、运输、贮存等过程中,违反食品安全标准,超限量或者超范围滥用添加剂、农药、兽药等,足以造成严重食物中毒事故或者其他严重食源性疾病的,应予立案追诉。

四、将《立案追诉标准(一)》第二十条修改为:[生产、销售有毒、有害食品案(刑法第一百四十四条)]在生产、销售的食品中掺入有毒、有害的非食品原料的,或者销售明知掺有有毒、有害的非食品原料的食品的,应予立案追诉。

在食品加工、销售、运输、贮存等过程中,掺入有毒、有害的非食品原料,或者使用有毒、有害的非食品原料加工食品的,应予立案追诉。

在食用农产品种植、养殖、销售、运输、贮存等过程中,使用禁用农药、兽药等禁用物质或者其他有毒、有害物质的,应予立案追诉。

在保健食品或者其他食品中非法添加国家禁用药物等有毒、有害物质的,应予立案追诉。

下列物质应当认定为本条规定的“有毒、有害的非食品原料”:

(一)法律、法规禁止在食品生产经营活动中添加、使用的物质;

（二）国务院有关部门公布的《食品中可能违法添加的非食用物质名单》《保健食品中可能非法添加的物质名单》中所列物质；

（三）国务院有关部门公告禁止使用的农药、兽药以及其他有毒、有害物质；

（四）其他危害人体健康的物质。

五、将《立案追诉标准（一）》第二十八条修改为：[强迫交易案（刑法第二百二十六条）]以暴力、威胁手段强买强卖商品，强迫他人提供服务或者接受服务，涉嫌下列情形之一的，应予立案追诉：

（一）造成被害人轻微伤的；

（二）造成直接经济损失二千元以上的；

（三）强迫交易三次以上或者强迫三人以上交易的；

（四）强迫交易数额一万元以上，或者违法所得数额二千元以上的；

（五）强迫他人购买伪劣商品数额五千元以上，或者违法所得数额一千元以上的；

（六）其他情节严重的情形。

以暴力、威胁手段强迫他人参与或者退出投标、拍卖，强迫他人转让或者收购公司、企业的股份、债券或者其他资产，强迫他人参与或者退出特定的经营活动，具有多次实施、手段恶劣、造成严重后果或者恶劣社会影响等情形之一的，应予立案追诉。

六、将《立案追诉标准（一）》第三十一条修改为：[强迫劳动案（刑法第二百四十四条）]以暴力、威胁或者限制人身自由的方法强迫他人劳动的，应予立案追诉。

明知他人以暴力、威胁或者限制人身自由的方法强迫他人劳动，为其招募、运送人员或者有其他协助强迫他人劳动行为的，应予立案追诉。

七、在《立案追诉标准（一）》第三十四条后增加一条，作为第三十四条之一：[拒不支付劳动报酬案（刑法第二百七十六条之一）]以转移财产、逃匿等方法逃避支付劳动者的劳动报酬或者有能力支付而不支付劳动者的劳动报酬，经政府有关部门责令支付仍不支付，涉嫌下列情形之一的，应予立案追诉：

（一）拒不支付一名劳动者三个月以上的劳动报酬且数额在五千元至二万元以上的；

（二）拒不支付十名以上劳动者的劳动报酬且数额累计在三万元至十万

元以上的。

不支付劳动者的劳动报酬,尚未造成严重后果,在刑事立案前支付劳动者的劳动报酬,并依法承担相应赔偿责任的,可以不予立案追诉。

八、将《立案追诉标准(一)》第三十七条修改为:[寻衅滋事案(刑法第二百九十三条)]随意殴打他人,破坏社会秩序,涉嫌下列情形之一的,应予立案追诉:

(一)致一人以上轻伤或者二人以上轻微伤的;

(二)引起他人精神失常、自杀等严重后果的;

(三)多次随意殴打他人的;

(四)持凶器随意殴打他人的;

(五)随意殴打精神病人、残疾人、流浪乞讨人员、老年人、孕妇、未成年人,造成恶劣社会影响的;

(六)在公共场所随意殴打他人,造成公共场所秩序严重混乱的;

(七)其他情节恶劣的情形。

追逐、拦截、辱骂、恐吓他人,破坏社会秩序,涉嫌下列情形之一的,应予立案追诉:

(一)多次追逐、拦截、辱骂、恐吓他人,造成恶劣社会影响的;

(二)持凶器追逐、拦截、辱骂、恐吓他人的;

(三)追逐、拦截、辱骂、恐吓精神病人、残疾人、流浪乞讨人员、老年人、孕妇、未成年人,造成恶劣社会影响的;

(四)引起他人精神失常、自杀等严重后果的;

(五)严重影响他人的工作、生活、生产、经营的;

(六)其他情节恶劣的情形。

强拿硬要或者任意损毁、占用公私财物,破坏社会秩序,涉嫌下列情形之一的,应予立案追诉:

(一)强拿硬要公私财物价值一千元以上,或者任意损毁、占用公私财物价值二千元以上的;

(二)多次强拿硬要或者任意损毁、占用公私财物,造成恶劣社会影响的;

(三)强拿硬要或者任意损毁、占用精神病人、残疾人、流浪乞讨人员、老年人、孕妇、未成年人的财物,造成恶劣社会影响的;

(四)引起他人精神失常、自杀等严重后果的;

(五)严重影响他人的工作、生活、生产、经营的;

(六)其他情节严重的情形。

在车站、码头、机场、医院、商场、公园、影剧院、展览会、运动场或者其他公共场所起哄闹事,应当根据公共场所的性质、公共活动的重要程度、公共场所的人数、起哄闹事的时间、公共场所受影响的范围与程度等因素,综合判断是否造成公共场所秩序严重混乱。

九、将《立案追诉标准(一)》第五十九条修改为:[妨害动植物防疫、检疫案(刑法第三百三十七条)]违反有关动植物防疫、检疫的国家规定,引起重大动植物疫情的,应予立案追诉。

违反有关动植物防疫、检疫的国家规定,有引起重大动植物疫情危险,涉嫌下列情形之一的,应予立案追诉:

(一)非法处置疫区内易感动物或者其产品,货值金额五万元以上的;

(二)非法处置因动植物防疫、检疫需要被依法处理的动植物或者其产品,货值金额二万元以上的;

(三)非法调运、生产、经营感染重大植物检疫性有害生物的林木种子、苗木等繁殖材料或者森林植物产品的;

(四)输入《中华人民共和国进出境动植物检疫法》规定的禁止进境物逃避检疫,或者对特许进境的禁止进境物未有效控制与处置,导致其逃逸、扩散的;

(五)进境动植物及其产品检出有引起重大动植物疫情危险的动物疫病或者植物有害生物后,非法处置导致进境动植物及其产品流失的;

(六)一年内携带或者寄递《中华人民共和国禁止携带、邮寄进境的动植物及其产品名录》所列物品进境逃避检疫二次以上,或者窃取、抢夺、损毁、抛洒动植物检疫机关截留的《中华人民共和国禁止携带、邮寄进境的动植物及其产品名录》所列物品的;

(七)其他情节严重的情形。

本条规定的"重大动植物疫情",按照国家行政主管部门的有关规定认定。

十、将《立案追诉标准(一)》第六十条修改为:[污染环境案(刑法第三百三十八条)]违反国家规定,排放、倾倒或者处置有放射性的废物、含传染病

病原体的废物、有毒物质或者其他有害物质,涉嫌下列情形之一的,应予立案追诉:

(一)在饮用水水源一级保护区、自然保护区核心区排放、倾倒、处置有放射性的废物、含传染病病原体的废物、有毒物质的;

(二)非法排放、倾倒、处置危险废物三吨以上的;

(三)排放、倾倒、处置含铅、汞、镉、铬、砷、铊、锑的污染物,超过国家或者地方污染物排放标准三倍以上的;

(四)排放、倾倒、处置含镍、铜、锌、银、钒、锰、钴的污染物,超过国家或者地方污染物排放标准十倍以上的;

(五)通过暗管、渗井、渗坑、裂隙、溶洞、灌注等逃避监管的方式排放、倾倒、处置有放射性的废物、含传染病病原体的废物、有毒物质的;

(六)二年内曾因违反国家规定,排放、倾倒、处置有放射性的废物、含传染病病原体的废物、有毒物质受过二次以上行政处罚,又实施前列行为的;

(七)重点排污单位篡改、伪造自动监测数据或者干扰自动监测设施,排放化学需氧量、氨氮、二氧化硫、氮氧化物等污染物的;

(八)违法减少防治污染设施运行支出一百万元以上的;

(九)违法所得或者致使公私财产损失三十万元以上的;

(十)造成生态环境严重损害的;

(十一)致使乡镇以上集中式饮用水水源取水中断十二小时以上的;

(十二)致使基本农田、防护林地、特种用途林地五亩以上,其他农用地十亩以上,其他土地二十亩以上基本功能丧失或者遭受永久性破坏的;

(十三)致使森林或者其他林木死亡五十立方米以上,或者幼树死亡二千五百株以上的;

(十四)致使疏散、转移群众五千人以上的;

(十五)致使三十人以上中毒的;

(十六)致使三人以上轻伤、轻度残疾或者器官组织损伤导致一般功能障碍的;

(十七)致使一人以上重伤、中度残疾或者器官组织损伤导致严重功能障碍的;

(十八)其他严重污染环境的情形。

本条规定的"有毒物质",包括列入国家危险废物名录或者根据国家规定的危险废物鉴别标准和鉴别方法认定的具有危险特性的废物,《关于持久性有机污染物的斯德哥尔摩公约》附件所列物质,含重金属的污染物,以及其他具有毒性可能污染环境的物质。

本条规定的"非法处置危险废物",包括无危险废物经营许可证,以营利为目的,从危险废物中提取物质作为原材料或者燃料,并具有超标排放污染物、非法倾倒污染物或者其他违法造成环境污染情形的行为。

本条规定的"重点排污单位",是指设区的市级以上人民政府环境保护主管部门依法确定的应当安装、使用污染物排放自动监测设备的重点监控企业及其他单位。

本条规定的"公私财产损失",包括直接造成财产损毁、减少的实际价值,为防止污染扩大、消除污染而采取必要合理措施所产生的费用,以及处置突发环境事件的应急监测费用。

本条规定的"生态环境损害",包括生态环境修复费用,生态环境修复期间服务功能的损失和生态环境功能永久性损害造成的损失,以及其他必要合理费用。

本条规定的"无危险废物经营许可证",是指未取得危险废物经营许可证,或者超出危险废物经营许可证的经营范围。

十一、将《立案追诉标准(一)》第六十八条修改为:[非法采矿案(刑法第三百四十三条第一款)]违反矿产资源法的规定,未取得采矿许可证擅自采矿,或者擅自进入国家规划矿区、对国民经济具有重要价值的矿区和他人矿区范围采矿,或者擅自开采国家规定实行保护性开采的特定矿种,涉嫌下列情形之一的,应予立案追诉:

(一)开采的矿产品价值或者造成矿产资源破坏的价值在十万元至三十万元以上的;

(二)在国家规划矿区、对国民经济具有重要价值的矿区采矿,开采国家规定实行保护性开采的特定矿种,或者在禁采区、禁采期内采矿,开采的矿产品价值或者造成矿产资源破坏的价值在五万元至十五万元以上的;

(三)二年内曾因非法采矿受过两次以上行政处罚,又实施非法采矿行为的;

(四)造成生态环境严重损害的;

(五)其他情节严重的情形。

在河道管理范围内采砂,依据相关规定应当办理河道采砂许可证而未取得河道采砂许可证,或者应当办理河道采砂许可证和采矿许可证,既未取得河道采砂许可证又未取得采矿许可证,具有本条第一款规定的情形之一,或者严重影响河势稳定危害防洪安全的,应予立案追诉。

采挖海砂,未取得海砂开采海域使用权证且未取得采矿许可证,具有本条第一款规定的情形之一,或者造成海岸线严重破坏的,应予立案追诉。

具有下列情形之一的,属于本条规定的“未取得采矿许可证”:

(一)无许可证的;

(二)许可证被注销、吊销、撤销的;

(三)超越许可证规定的矿区范围或者开采范围的;

(四)超出许可证规定的矿种的(共生、伴生矿种除外);

(五)其他未取得许可证的情形。

多次非法采矿构成犯罪,依法应当追诉的,或者二年内多次非法采矿未经处理的,价值数额累计计算。

非法开采的矿产品价值,根据销赃数额认定;无销赃数额,销赃数额难以查证,或者根据销赃数额认定明显不合理的,根据矿产品价格和数量认定。

矿产品价值难以确定的,依据价格认证机构,省级以上人民政府国土资源、水行政、海洋等主管部门,或者国务院水行政主管部门在国家确定的重要江河、湖泊设立的流域管理机构出具的报告,结合其他证据作出认定。

十二、将《立案追诉标准(一)》第七十七条修改为:[协助组织卖淫案(刑法第三百五十八条第四款)]在组织卖淫的犯罪活动中,帮助招募、运送、培训人员三人以上,或者充当保镖、打手、管账人等,起帮助作用的,应予立案追诉。

十三、将《立案追诉标准(一)》第八十一条删除。

十四、将《立案追诉标准(一)》第九十四条修改为:[非法生产、买卖武装部队制式服装案(刑法第三百七十五条第二款)]非法生产、买卖武装部队制式服装,涉嫌下列情形之一的,应予立案追诉:

(一)非法生产、买卖成套制式服装三十套以上,或者非成套制式服装一百件以上的;

(二)非法生产、买卖帽徽、领花、臂章等标志服饰合计一百件(副)以上的;

（三）非法经营数额二万元以上的；

（四）违法所得数额五千元以上的；

（五）其他情节严重的情形。

买卖仿制的现行装备的武装部队制式服装，情节严重的，应予立案追诉。

十五、在《立案追诉标准（一）》第九十四条后增加一条，作为第九十四条之一：［伪造、盗窃、买卖、非法提供、非法使用武装部队专用标志案（刑法第三百七十五条第三款）］伪造、盗窃、买卖或者非法提供、使用武装部队车辆号牌等专用标志，涉嫌下列情形之一的，应予立案追诉：

（一）伪造、盗窃、买卖或者非法提供、使用武装部队军以上领导机关车辆号牌一副以上或者其他车辆号牌三副以上的；

（二）非法提供、使用军以上领导机关车辆号牌之外的其他车辆号牌累计六个月以上的；

（三）伪造、盗窃、买卖或者非法提供、使用军徽、军旗、军种符号或者其他军用标志合计一百件（副）以上的；

（四）造成严重后果或者恶劣影响的。

盗窃、买卖、提供、使用伪造、变造的武装部队车辆号牌等专用标志，情节严重的，应予立案追诉。

十六、将《立案追诉标准（一）》第九十九条修改为：［战时拒绝军事征收、征用案（刑法第三百八十一条）］战时拒绝军事征收、征用，涉嫌下列情形之一的，应予立案追诉：

（一）无正当理由拒绝军事征收、征用三次以上的；

（二）采取暴力、威胁、欺骗等手段拒绝军事征收、征用的；

（三）联络、煽动他人共同拒绝军事征收、征用的；

（四）拒绝重要军事征收、征用，影响重要军事任务完成的；

（五）其他情节严重的情形。

最高人民法院、最高人民检察院、公安部、国家安全部、司法部印发《关于办理刑事案件严格排除非法证据若干问题的规定》的通知

(法发〔2017〕15号)

各省、自治区、直辖市高级人民法院、人民检察院、公安厅(局)、国家安全厅(局)、司法厅(局),解放军军事法院、军事检察院,新疆维吾尔自治区高级人民法院生产建设兵团分院、新疆生产建设兵团人民检察院、公安局、国家安全局、司法局:

2017年4月18日,中央全面深化改革领导小组第34次会议审议通过《关于办理刑事案件严格排除非法证据若干问题的规定》。现予以印发,请结合实际认真贯彻执行。在执行中遇到的新情况、新问题和探索的新经验、新做法,请分别及时报告中央主管部门。

最高人民法院
最高人民检察院
公安部
国家安全部
司法部
2017年6月20日

最高人民法院、最高人民检察院、公安部、国家安全部、司法部关于办理刑事案件严格排除非法证据若干问题的规定

为准确惩罚犯罪,切实保障人权,规范司法行为,促进司法公正,根据《中华人民共和国刑事诉讼法》①及有关司法解释等规定,结合司法实际,制

① 编者注:本文件中所指"《中华人民共和国刑事诉讼法》"为文件公布当时有效的法律,即2012年修正的《中华人民共和国刑事诉讼法》。新《刑事诉讼法》目前已于2018年10月26日被修正并施行。

定如下规定。

一、一般规定

第一条 严禁刑讯逼供和以威胁、引诱、欺骗以及其他非法方法收集证据，不得强迫任何人证实自己有罪。对一切案件的判处都要重证据，重调查研究，不轻信口供。

第二条 采取殴打、违法使用戒具等暴力方法或者变相肉刑的恶劣手段，使犯罪嫌疑人、被告人遭受难以忍受的痛苦而违背意愿作出的供述，应当予以排除。

第三条 采用以暴力或者严重损害本人及其近亲属合法权益等进行威胁的方法，使犯罪嫌疑人、被告人遭受难以忍受的痛苦而违背意愿作出的供述，应当予以排除。

第四条 采用非法拘禁等非法限制人身自由的方法收集的犯罪嫌疑人、被告人供述，应当予以排除。

第五条 采用刑讯逼供方法使犯罪嫌疑人、被告人作出供述，之后犯罪嫌疑人、被告人受该刑讯逼供行为影响而作出的与该供述相同的重复性供述，应当一并排除，但下列情形除外：

(一)侦查期间，根据控告、举报或者自己发现等，侦查机关确认或者不能排除以非法方法收集证据而更换侦查人员，其他侦查人员再次讯问时告知诉讼权利和认罪的法律后果，犯罪嫌疑人自愿供述的；

(二)审查逮捕、审查起诉和审判期间，检察人员、审判人员讯问时告知诉讼权利和认罪的法律后果，犯罪嫌疑人、被告人自愿供述的。

第六条 采用暴力、威胁以及非法限制人身自由等非法方法收集的证人证言、被害人陈述，应当予以排除。

第七条 收集物证、书证不符合法定程序，可能严重影响司法公正的，应当予以补正或者作出合理解释；不能补正或者作出合理解释的，对有关证据应当予以排除。

二、侦查

第八条 侦查机关应当依照法定程序开展侦查，收集、调取能够证实犯罪嫌疑人有罪或者无罪、罪轻或者罪重的证据材料。

第九条 拘留、逮捕犯罪嫌疑人后，应当按照法律规定送看守所羁押。犯罪嫌疑人被送交看守所羁押后，讯问应当在看守所讯问室进行。因客观原因侦查机关在看守所讯问室以外的场所进行讯问的,应当作出合理解释。

第十条 侦查人员在讯问犯罪嫌疑人的时候,可以对讯问过程进行录音录像;对于可能判处无期徒刑、死刑的案件或者其他重大犯罪案件,应当对讯问过程进行录音录像。

侦查人员应当告知犯罪嫌疑人对讯问过程录音录像,并在讯问笔录中写明。

第十一条 对讯问过程录音录像,应当不间断进行,保持完整性,不得选择性地录制,不得剪接、删改。

第十二条 侦查人员讯问犯罪嫌疑人,应当依法制作讯问笔录。讯问笔录应当交犯罪嫌疑人核对,对于没有阅读能力的,应当向他宣读。对讯问笔录中有遗漏或者差错等情形,犯罪嫌疑人可以提出补充或者改正。

第十三条 看守所应当对提讯进行登记,写明提讯单位、人员、事由、起止时间以及犯罪嫌疑人姓名等情况。

看守所收押犯罪嫌疑人,应当进行身体检查。检查时,人民检察院驻看守所检察人员可以在场。检查发现犯罪嫌疑人有伤或者身体异常的,看守所应当拍照或者录像,分别由送押人员、犯罪嫌疑人说明原因,并在体检记录中写明,由送押人员、收押人员和犯罪嫌疑人签字确认。

第十四条 犯罪嫌疑人及其辩护人在侦查期间可以向人民检察院申请排除非法证据。对犯罪嫌疑人及其辩护人提供相关线索或者材料的,人民检察院应当调查核实。调查结论应当书面告知犯罪嫌疑人及其辩护人。对确有以非法方法收集证据情形的,人民检察院应当向侦查机关提出纠正意见。

侦查机关对审查认定的非法证据,应当予以排除,不得作为提请批准逮捕、移送审查起诉的根据。

对重大案件,人民检察院驻看守所检察人员应当在侦查终结前询问犯罪嫌疑人,核查是否存在刑讯逼供、非法取证情形,并同步录音录像。经核查,确有刑讯逼供、非法取证情形的,侦查机关应当及时排除非法证据,不得作为提请批准逮捕、移送审查起诉的根据。

第十五条 对侦查终结的案件,侦查机关应当全面审查证明证据收集合法性的证据材料,依法排除非法证据。排除非法证据后,证据不足的,不得移送审查起诉。

侦查机关发现办案人员非法取证的,应当依法作出处理,并可另行指派侦查人员重新调查取证。

三、审查逮捕、审查起诉

第十六条 审查逮捕、审查起诉期间讯问犯罪嫌疑人,应当告知其有权申请排除非法证据,并告知诉讼权利和认罪的法律后果。

第十七条 审查逮捕、审查起诉期间,犯罪嫌疑人及其辩护人申请排除非法证据,并提供相关线索或者材料的,人民检察院应当调查核实。调查结论应当书面告知犯罪嫌疑人及其辩护人。

人民检察院在审查起诉期间发现侦查人员以刑讯逼供等非法方法收集证据的,应当依法排除相关证据并提出纠正意见,必要时人民检察院可以自行调查取证。

人民检察院对审查认定的非法证据,应当予以排除,不得作为批准或者决定逮捕、提起公诉的根据。被排除的非法证据应当随案移送,并写明为依法排除的非法证据。

第十八条 人民检察院依法排除非法证据后,证据不足,不符合逮捕、起诉条件的,不得批准或者决定逮捕、提起公诉。

对于人民检察院排除有关证据导致对涉嫌的重要犯罪事实未予认定,从而作出不批准逮捕、不起诉决定,或者对涉嫌的部分重要犯罪事实决定不起诉的,公安机关、国家安全机关可要求复议、提请复核。

四、辩护

第十九条 犯罪嫌疑人、被告人申请提供法律援助的,应当按照有关规定指派法律援助律师。

法律援助值班律师可以为犯罪嫌疑人、被告人提供法律帮助,对刑讯逼供、非法取证情形代理申诉、控告。

第二十条 犯罪嫌疑人、被告人及其辩护人申请排除非法证据,应当提供涉嫌非法取证的人员、时间、地点、方式、内容等相关线索或者材料。

第二十一条 辩护律师自人民检察院对案件审查起诉之日起,可以查阅、摘抄、复制讯问笔录、提讯登记、采取强制措施或者侦查措施的法律文书等证据材料。其他辩护人经人民法院、人民检察院许可,也可以查阅、摘抄、复制上述证据材料。

第二十二条 犯罪嫌疑人、被告人及其辩护人向人民法院、人民检察院申请调取公安机关、国家安全机关、人民检察院收集但未提交的讯问录音录像、体检记录等证据材料,人民法院、人民检察院经审查认为犯罪嫌疑人、被告人及其辩护人申请调取的证据材料与证明证据收集的合法性有联系的,应当予以调取;认为与证明证据收集的合法性没有联系的,应当决定不予调取并向犯罪嫌疑人、被告人及其辩护人说明理由。

五、审判

第二十三条 人民法院向被告人及其辩护人送达起诉书副本时,应当告知其有权申请排除非法证据。

被告人及其辩护人申请排除非法证据,应当在开庭审理前提出,但在庭审期间发现相关线索或者材料等情形除外。人民法院应当在开庭审理前将申请书和相关线索或者材料的复制件送交人民检察院。

第二十四条 被告人及其辩护人在开庭审理前申请排除非法证据,未提供相关线索或者材料,不符合法律规定的申请条件的,人民法院对申请不予受理。

第二十五条 被告人及其辩护人在开庭审理前申请排除非法证据,按照法律规定提供相关线索或者材料的,人民法院应当召开庭前会议。人民检察院应当通过出示有关证据材料等方式,有针对性地对证据收集的合法性作出说明。人民法院可以核实情况,听取意见。

人民检察院可以决定撤回有关证据,撤回的证据,没有新的理由,不得在庭审中出示。

被告人及其辩护人可以撤回排除非法证据的申请。撤回申请后,没有新的线索或者材料,不得再次对有关证据提出排除申请。

第二十六条 公诉人、被告人及其辩护人在庭前会议中对证据收集是否合法未达成一致意见,人民法院对证据收集的合法性有疑问的,应当在庭审中进行调查;人民法院对证据收集的合法性没有疑问,且没有新的线索或者材料表明可能存在非法取证的,可以决定不再进行调查。

第二十七条 被告人及其辩护人申请人民法院通知侦查人员或者其他人员出庭,人民法院认为现有证据材料不能证明证据收集的合法性,确有必要通知上述人员出庭作证或者说明情况的,可以通知上述人员出庭。

第二十八条 公诉人宣读起诉书后,法庭应当宣布开庭审理前对证据收集合法性的审查及处理情况。

第二十九条 被告人及其辩护人在开庭审理前未申请排除非法证据,在法庭审理过程中提出申请的,应当说明理由。

对前述情形，法庭经审查，对证据收集的合法性有疑问的，应当进行调查；没有疑问的，应当驳回申请。

法庭驳回排除非法证据申请后，被告人及其辩护人没有新的线索或者材料，以相同理由再次提出申请的，法庭不再审查。

第三十条 庭审期间，法庭决定对证据收集的合法性进行调查的，应当先行当庭调查。但为防止庭审过分迟延，也可以在法庭调查结束前进行调查。

第三十一条 公诉人对证据收集的合法性加以证明，可以出示讯问笔录、提讯登记、体检记录、采取强制措施或者侦查措施的法律文书、侦查终结前对讯问合法性的核查材料等证据材料，有针对性地播放讯问录音录像，提请法庭通知侦查人员或者其他人员出庭说明情况。被告人及其辩护人可以出示相关线索或者材料，并申请法庭播放特定时段的讯问录音录像。侦查人员或者其他人员出庭，应当向法庭说明证据收集过程，并就相关情况接受发问。对发问方式不当或者内容与证据收集的合法性无关的，法庭应当制止。

公诉人、被告人及其辩护人可以对证据收集的合法性进行质证、辩论。

第三十二条 法庭对控辩双方提供的证据有疑问的，可以宣布休庭，对证据进行调查核实。必要时，可以通知公诉人、辩护人到场。

第三十三条 法庭对证据收集的合法性进行调查后，应当当庭作出是否排除有关证据的决定。必要时，可以宣布休庭，由合议庭评议或者提交审判委员会讨论，再次开庭时宣布决定。

在法庭作出是否排除有关证据的决定前，不得对有关证据宣读、质证。

第三十四条 经法庭审理，确认存在本规定所规定的以非法方法收集证据情形的，对有关证据应当予以排除。法庭根据相关线索或者材料对证据收集的合法性有疑问，而人民检察院未提供证据或者提供的证据不能证明证据收集的合法性，不能排除存在本规定所规定的以非法方法收集证据情形的，对有关证据应当予以排除。

对依法予以排除的证据，不得宣读、质证，不得作为判决的根据。

第三十五条 人民法院排除非法证据后，案件事实清楚，证据确实、充分，依据法律认定被告人有罪的，应当作出有罪判决；证据不足，不能认定被告人有罪的，应当作出证据不足、指控的犯罪不能成立的无罪判决；案件部分事实清楚，证据确实、充分的，依法认定该部分事实。

第三十六条 人民法院对证据收集合法性的审查、调查结论，应当在裁判文书中写明,并说明理由。

第三十七条 人民法院对证人证言、被害人陈述等证据收集合法性的审查、调查,参照上述规定。

第三十八条 人民检察院、被告人及其法定代理人提出抗诉、上诉,对第一审人民法院有关证据收集合法性的审查、调查结论提出异议的,第二审人民法院应当审查。

被告人及其辩护人在第一审程序中未申请排除非法证据,在第二审程序中提出申请的,应当说明理由。第二审人民法院应当审查。

人民检察院在第一审程序中未出示证据证明证据收集的合法性,第一审人民法院依法排除有关证据的,人民检察院在第二审程序中不得出示之前未出示的证据,但在第一审程序后发现的除外。

第三十九条 第二审人民法院对证据收集合法性的调查,参照上述第一审程序的规定。

第四十条 第一审人民法院对被告人及其辩护人排除非法证据的申请未予审查,并以有关证据作为定案根据,可能影响公正审判的,第二审人民法院可以裁定撤销原判,发回原审人民法院重新审判。

第一审人民法院对依法应当排除的非法证据未予排除的,第二审人民法院可以依法排除非法证据。排除非法证据后,原判决认定事实和适用法律正确、量刑适当的,应当裁定驳回上诉或者抗诉,维持原判;原判决认定事实没有错误,但适用法律有错误,或者量刑不当的,应当改判;原判决事实不清楚或者证据不足的,可以裁定撤销原判,发回原审人民法院重新审判。

第四十一条 审判监督程序、死刑复核程序中对证据收集合法性的审查、调查,参照上述规定。

第四十二条 本规定自2017年6月27日起施行。

最高人民检察院关于印发《最高人民检察院关于加强检察法律文书说理工作的意见》的通知

（高检发研字〔2017〕7号）

各省、自治区、直辖市人民检察院，解放军军事检察院，新疆生产建设兵团人民检察院：

为认真落实党的十八大和十八届三中、四中、五中、六中全会精神，根据中共中央办公厅、国务院办公厅《关于实行国家机关“谁执法谁普法”普法责任制的意见》要求，最高人民检察院对2011年8月印发的《最高人民检察院关于加强检察法律文书说理工作的意见（试行）》进行了修订，制定了《最高人民检察院关于加强检察法律文书说理工作的意见》，经2017年7月4日最高人民检察院第十二届检察委员会第六十六次会议审议通过，现印发你们，请结合实际贯彻实施。

最高人民检察院

2017年7月20日

最高人民检察院关于加强检察法律文书说理工作的意见

（2017年7月4日最高人民检察院第十二届检察委员会第六十六次会议通过）

为进一步加强和规范检察法律文书说理工作，根据法律、司法解释和《最高人民检察院关于实行检察官以案释法制度的规定》，结合检察工作实际，提出如下意见：

一、充分认识检察法律文书说理的重要意义

检察法律文书说理,是人民检察院在制作检察法律文书时,或者应有关人员请求,对文书所载的处理决定依据的事实、证据、法律、政策等进行分析阐述、解释说明的活动。开展检察法律文书说理,有利于贯彻落实司法责任制,强化对检察权行使的监督;有利于增强检察工作透明度,提升司法公信力,让人民群众在每一个案件中都感受到公平正义;有利于促进诉讼参与人和社会各界准确理解人民检察院的司法办案行为依据,从源头上化解矛盾、促进社会和谐稳定。

二、检察法律文书说理应当遵循的原则

(一)依法进行。说理应当依据法律或者司法解释的规定,围绕检察法律文书涉及的案件事实、证据、程序和法律适用等进行。

(二)有针对性。说理应当根据案件的性质特点、复杂程度、社会关注度等,针对说理对象的实际需求进行。

(三)讲求方法。说理应当综合考虑说理对象的年龄阶段、文化程度、心理特征等具体情况,采用其易于理解和接受的方式方法进行。

(四)注重实效。说理应当做到法理情相结合,注重化解矛盾、促进和谐,实现办案法律效果与社会效果的有机统一。

三、检察法律文书说理的重点

人民检察院在履行法律监督职能过程中制作的决定书、意见书、建议书、告知书、通知书等各类检察法律文书,涉及公民、组织重要权利处置或者诉讼重要进程,可能引发质疑、异议或者舆论炒作的,应当在叙述式法律文书中或者送达、宣告决定时有重点地进行说理。以下办案环节涉及的检察法律文书应当着重进行说理:

(一)办理直接受理侦查案件中,对有关实名举报、控告作出不立案决定或者撤销案件决定的;作出不许可律师会见犯罪嫌疑人决定或者驳回取保候审申请、变更或者解除强制措施申请决定的。

(二)侦查监督工作中,作出不批准逮捕决定或者对在罪与非罪上有较大争议且社会关注的敏感案件作出批准逮捕决定的;复议复核维持原不批准逮捕决定的;通知侦查机关立案、撤销案件或者纠正违法的;认为侦查机关决定立案、不立案正确或者实施侦查活动不存在违法而不支持监督申请的。

(三)公诉工作中,作出不起诉决定或者对在罪与非罪上有较大争议且

社会关注的敏感案件作出起诉决定的;复议复核维持原不起诉决定的;提出纠正违法意见的;对被害人及其法定代理人的抗诉请求作出不抗诉决定的。

(四)刑事执行检察工作中,提出纠正违法意见或者纠正不当减刑、假释、暂予监外执行意见的;进行羁押必要性审查后提出释放或者变更强制措施建议的;对有关羁押期限、被监管人死亡或者伤残问题向控告人作出答复的。

(五)刑事特别程序中,对未成年犯罪嫌疑人作出附条件不起诉决定的;要求启动违法所得没收程序或者决定不提出没收违法所得申请的;要求启动强制医疗程序或者决定不提出强制医疗申请的;提出纠正强制医疗不当决定意见的。

(六)刑事申诉检察工作中,对不服检察机关刑事处理决定或者人民法院已经发生法律效力的刑事判决、裁定的申诉,经复查不支持申诉请求的;对国家赔偿案件作出审查决定的。

(七)民事行政检察工作中,对当事人及其法定代理人申请监督的案件,决定不予受理、不支持监督申请或者作出终结审查决定的;向人民法院提出检察建议的;提请上级人民检察院抗诉的;对涉及国家利益、社会公共利益的民事、行政案件提出检察建议或者提起公益诉讼的。

四、检察法律文书说理的主体

办理案件的检察官是检察法律文书说理的主体,其他检察人员可以协助检察官进行说理。对于依照规定需要由案件管理部门或者控告申诉检察部门统一答复申诉人的决定事项,办理案件的检察官应当配合案件管理部门或者控告申诉检察部门进行说理。

五、检察法律文书说理的时机

检察法律文书说理作为检察机关履行法律监督职能的内在要求,应当自觉地贯穿其司法办案全过程。对于涉及案件终局处理或者办案重要节点的检察法律文书,应当在文书中说理或者在送达文书时主动说理。当事人等对已送达的检察法律文书记载的事实、证据、法律适用等提出质疑或者异议的,应当随时有针对性地进行说理。有关人员对检察机关的司法办案行为及其检察法律文书内容表示强烈不满,可能引起上访、缠访的,应当及时进行说理。

六、检察法律文书说理的方式

人民检察院作出有关决定,需要向有关机关或者人员书面说理的,可以在叙述式法律文书中进行说理;对填充式法律文书,可以增加附页或者制作说明书进行说理。

对于不宜书面说理的,或者在办案中遇到紧急情况的,或者说理对象认可同意的,可以进行口头说理。口头说理,一般应当有两名或者两名以上检察人员在场,并制作笔录附卷。现场不具备笔录制作条件的,检察人员可以事后予以记录并签字后附卷。

探索建立检察宣告制度,有条件的检察院可以设置专门的宣告场所,由检察官召集当事人、申诉人、赔偿请求人等到场,当面宣告决定内容,送达法律文书并进行释法说理。

七、检察法律文书说理的基本要求

(一)阐明事实。要准确说明人民检察院认定的案件事实及相关证据,对证据的客观性、合法性和关联性进行必要分析,说明采信和不采信的理由。

(二)释明法理。要结合法律文书的具体内容和结论,对人民检察院所作决定依据的法律、司法解释条文的具体内容予以列明,解释法律适用的理由和依据。

(三)讲明情理。说理要注重法理情的有机结合,释之以法,晓之以理,动之以情,增强司法办案的人文关怀和社会效果。

(四)繁简适当。对于重大、疑难、复杂案件或者社会关注的案件,以及当事人或者相关机关可能产生异议的案件,应当做好充分的说理准备,必要时,可以召开检察官联席会议进行讨论。说理时要针对焦点问题,充分阐释决定的理由和依据。对于可以适用简易程序、速裁程序处理的案件和当事人达成和解的轻微刑事案件等事实清楚、争议不大的案件,可以简化说理的方式、内容。

(五)语言规范,表达准确,逻辑清晰,通俗易懂。

八、完善检察法律文书说理工作制度

建立检察法律文书说理质量评析通报制度。各级人民检察院要采取多种形式主动听取说理对象及社会各界对检察法律文书说理工作的评价意见。上级人民检察院要将检察法律文书说理纳入检察官办案质量评查体系,定期对本辖区内各级人民检察院法律文书说理工作进行分析、总结、通报,通过典型案例示范、优秀说理文书展评等形式开展经验交流,提高检察法律文书说理工作的质量和水平。

完善检察法律文书说理工作责任制。对于违反规定不履行检察法律文书说理责任，或者在说理工作中发生重大过错造成不良影响的，要依纪依规追究检察人员的工作责任。

各级人民检察院可以根据本意见，对各诉讼环节检察法律文书说理工作制定实施细则。

本意见自下发之日起施行，2011年8月9日印发的《最高人民检察院关于加强法律文书说理工作的意见(试行)》同时废止。

最高人民检察院、公安部关于印发《最高人民检察院、公安部关于公安机关办理经济犯罪案件的若干规定》的通知

（公通字〔2017〕25号）

各省、自治区、直辖市人民检察院、公安厅(局),新疆生产建设兵团人民检察院、公安局:

为了深入贯彻全面推进依法治国的基本方略,认真落实中央司法体制改革和以审判为中心的刑事诉讼制度改革的有关部署要求,进一步规范公安机关办理经济犯罪案件,加强人民检察院的法律监督,最高人民检察院和公安部依据《中华人民共和国刑事诉讼法》①等有关法律、法规和规章,经征求最高人民法院等有关部门意见,结合打击经济犯罪工作实际,研究修订了《公安机关办理经济犯罪案件的若干规定》。现将《最高人民检察院、公安部关于公安机关办理经济犯罪案件的若干规定》印发给你们,请遵照执行。

各地在执行中遇到的问题,请分别报最高人民检察院和公安部。

最高人民检察院
公安部
2017年11月24日

最高人民检察院、公安部关于公安机关办理经济犯罪案件的若干规定

第一章　总　　则

第一条　为了规范公安机关办理经济犯罪案件程序,加强人民检察院的

① 编者注:本文件中所指"《中华人民共和国刑事诉讼法》"为文件公布当时有效的法律,即2012年修正的《中华人民共和国刑事诉讼法》。新《刑事诉讼法》目前已于2018年10月26日被修正并施行。

法律监督,保证严格、规范、公正、文明执法,依法惩治经济犯罪,维护社会主义市场经济秩序,保护公民、法人和其他组织的合法权益,依据《中华人民共和国刑事诉讼法》等有关法律、法规和规章,结合工作实际,制定本规定。

第二条 公安机关办理经济犯罪案件,应当坚持惩罚犯罪与保障人权并重、实体公正与程序公正并重、查证犯罪与挽回损失并重,严格区分经济犯罪与经济纠纷的界限,不得滥用职权、玩忽职守。

第三条 公安机关办理经济犯罪案件,应当坚持平等保护公有制经济与非公有制经济,坚持各类市场主体的诉讼地位平等、法律适用平等、法律责任平等,加强对各种所有制经济产权与合法利益的保护。

第四条 公安机关办理经济犯罪案件,应当严格依照法定程序进行,规范使用调查性侦查措施,准确适用限制人身、财产权利的强制性措施。

第五条 公安机关办理经济犯罪案件,应当既坚持严格依法办案,又注意办案方法,慎重选择办案时机和方式,注重保障正常的生产经营活动顺利进行。

第六条 公安机关办理经济犯罪案件,应当坚持以事实为根据、以法律为准绳,同人民检察院、人民法院分工负责、互相配合、互相制约,以保证准确有效地执行法律。

第七条 公安机关、人民检察院应当按照法律规定的证据裁判要求和标准收集、固定、审查、运用证据,没有确实、充分的证据不得认定犯罪事实,严禁刑讯逼供和以威胁、引诱、欺骗以及其他非法方法收集证据,不得强迫任何人证实自己有罪。

第二章 管　　辖

第八条 经济犯罪案件由犯罪地的公安机关管辖。如果由犯罪嫌疑人居住地的公安机关管辖更为适宜的,可以由犯罪嫌疑人居住地的公安机关管辖。

犯罪地包括犯罪行为发生地和犯罪结果发生地。犯罪行为发生地,包括犯罪行为的实施地以及预备地、开始地、途经地、结束地等与犯罪行为有关的地点;犯罪行为有连续、持续或者继续状态的,犯罪行为连续、持续或者继续实施的地方都属于犯罪行为发生地。犯罪结果发生地,包括犯罪对象被侵害地、犯罪所得的实际取得地、藏匿地、转移地、使用地、销售地。

居住地包括户籍所在地、经常居住地。户籍所在地与经常居住地不一致的,由经常居住地的公安机关管辖。经常居住地是指公民离开户籍所在地最后连续居住一年以上的地方,但是住院就医的除外。

单位涉嫌经济犯罪的,由犯罪地或者所在地公安机关管辖。所在地是指单位登记的住所地。主要营业地或者主要办事机构所在地与登记的住所地不一致的,主要营业地或者主要办事机构所在地为其所在地。

法律、司法解释或者其他规范性文件对有关经济犯罪案件的管辖作出特别规定的,从其规定。

第九条 非国家工作人员利用职务上的便利实施经济犯罪的,由犯罪嫌疑人工作单位所在地公安机关管辖。如果由犯罪行为实施地或者犯罪嫌疑人居住地的公安机关管辖更为适宜的,也可以由犯罪行为实施地或者犯罪嫌疑人居住地的公安机关管辖。

第十条 上级公安机关必要时可以立案侦查或者组织、指挥、参与侦查下级公安机关管辖的经济犯罪案件。

对重大、疑难、复杂或者跨区域性经济犯罪案件,需要由上级公安机关立案侦查的,下级公安机关可以请求移送上一级公安机关立案侦查。

第十一条 几个公安机关都有权管辖的经济犯罪案件,由最初受理的公安机关管辖。必要时,可以由主要犯罪地的公安机关管辖。对管辖不明确或者有争议的,应当协商管辖;协商不成的,由共同的上级公安机关指定管辖。

主要利用通讯工具、互联网等技术手段实施的经济犯罪案件,由最初发现、受理的公安机关或者主要犯罪地的公安机关管辖。

第十二条 公安机关办理跨区域性涉众型经济犯罪案件,应当坚持统一指挥协调、统一办案要求的原则。

对跨区域性涉众型经济犯罪案件,犯罪地公安机关应当立案侦查,并由一个地方公安机关为主侦查,其他公安机关应当积极协助。必要时,可以并案侦查。

第十三条 上级公安机关指定下级公安机关立案侦查的经济犯罪案件,需要逮捕犯罪嫌疑人的,由侦查该案件的公安机关提请同级人民检察院审查批准;需要移送审查起诉的,由侦查该案件的公安机关移送同级人民检察院审查起诉。

人民检察院受理公安机关移送审查起诉的经济犯罪案件,认为需要依照刑事诉讼法的规定指定审判管辖的,应当协商同级人民法院办理指定管辖有关事宜。

对跨区域性涉众型经济犯罪案件,公安机关指定管辖的,应当事先向同级人民检察院、人民法院通报和协商。

第三章　立案、撤案

第十四条　公安机关对涉嫌经济犯罪线索的报案、控告、举报、自动投案,不论是否有管辖权,都应当接受并登记,由最初受理的公安机关依照法定程序办理,不得以管辖权为由推诿或者拒绝。

经审查,认为有犯罪事实,但不属于其管辖的案件,应当及时移送有管辖权的机关处理。对于不属于其管辖又必须采取紧急措施的,应当先采取紧急措施,再移送主管机关。

第十五条　公安机关接受涉嫌经济犯罪线索的报案、控告、举报、自动投案后,应当立即进行审查,并在七日以内决定是否立案;重大、疑难、复杂线索,经县级以上公安机关负责人批准,立案审查期限可以延长至三十日;特别重大、疑难、复杂或者跨区域性的线索,经上一级公安机关负责人批准,立案审查期限可以再延长三十日。

上级公安机关指定管辖或者书面通知立案的,应当在指定期限以内立案侦查。人民检察院通知立案的,应当在十五日以内立案侦查。

第十六条　公安机关接受行政执法机关移送的涉嫌经济犯罪案件后,移送材料符合相关规定的,应当在三日以内进行审查并决定是否立案,至迟应当在十日以内作出决定。案情重大、疑难、复杂或者跨区域性的,经县级以上公安机关负责人批准,应当在三十日以内决定是否立案。情况特殊的,经上一级公安机关负责人批准,可以再延长三十日作出决定。

第十七条　公安机关经立案审查,同时符合下列条件的,应当立案:

(一)认为有犯罪事实;

(二)涉嫌犯罪数额、结果或者其他情节符合经济犯罪案件的立案追诉标准,需要追究刑事责任;

(三)属于该公安机关管辖。

第十八条　在立案审查中,发现案件事实或者线索不明的,经公安机关办案部门负责人批准,可以依照有关规定采取询问、查询、勘验、鉴定和调取证据材料等不限制被调查对象人身、财产权利的措施。经审查,认为有犯罪事实,需要追究刑事责任的,经县级以上公安机关负责人批准,予以立案。

公安机关立案后,应当采取调查性侦查措施,但是一般不得采取限制人身、财产权利的强制性措施。确有必要采取的,必须严格依照法律规定的条件和程序。严禁在没有证据的情况下,查封、扣押、冻结涉案财物或者拘留、逮捕犯罪嫌疑人。

公安机关立案后,在三十日以内经积极侦查,仍然无法收集到证明有犯罪事实需要对犯罪嫌疑人追究刑事责任的充分证据的,应当立即撤销案件或者终止侦查。重大、疑难、复杂案件,经上一级公安机关负责人批准,可以再延长三十日。

上级公安机关认为不应当立案,责令限期纠正的,或者人民检察院认为不应当立案,通知撤销案件的,公安机关应当及时撤销案件。

第十九条 对有控告人的案件,经审查决定不予立案的,应当在立案审查的期限内制作不予立案通知书,并在三日以内送达控告人。

第二十条 涉嫌经济犯罪的案件与人民法院正在审理或者作出生效裁判文书的民事案件,属于同一法律事实或者有牵连关系,符合下列条件之一的,应当立案:

(一)人民法院在审理民事案件或者执行过程中,发现有经济犯罪嫌疑,裁定不予受理、驳回起诉、中止诉讼、判决驳回诉讼请求或者中止执行生效裁判文书,并将有关材料移送公安机关的;

(二)人民检察院依法通知公安机关立案的;

(三)公安机关认为有证据证明有犯罪事实,需要追究刑事责任,经省级以上公安机关负责人批准的。

有前款第二项、第三项情形的,公安机关立案后,应当严格依照法律规定的条件和程序采取强制措施和侦查措施,并将立案决定书等法律文书及相关案件材料复印件抄送正在审理或者作出生效裁判文书的人民法院并说明立案理由,同时通报与办理民事案件的人民法院同级的人民检察院,必要时可以报告上级公安机关。

在侦查过程中,不得妨碍人民法院民事诉讼活动的正常进行。

第二十一条 公安机关在侦查过程中、人民检察院在审查起诉过程中,发现具有下列情形之一的,应当将立案决定书、起诉意见书等法律文书及相关案件材料复印件抄送正在审理或者作出生效裁判文书的人民法院,由人民法院依法处理:

（一）侦查、审查起诉的经济犯罪案件与人民法院正在审理或者作出生效裁判文书的民事案件属于同一法律事实或者有牵连关系的；

（二）涉案财物已被有关当事人申请执行的。

有前款规定情形的，公安机关、人民检察院应当同时将有关情况通报与办理民事案件的人民法院同级的人民检察院。

公安机关将相关法律文书及案件材料复印件抄送人民法院后一个月以内未收到回复的，必要时，可以报告上级公安机关。

立案侦查、审查起诉的经济犯罪案件与仲裁机构作出仲裁裁决的民事案件属于同一法律事实或者有牵连关系，且人民法院已经受理与该仲裁裁决相关申请的，依照本条第一款至第三款的规定办理。

第二十二条 涉嫌经济犯罪的案件与人民法院正在审理或者作出生效裁判文书以及仲裁机构作出裁决的民事案件有关联但不属同一法律事实的，公安机关可以立案侦查，但是不得以刑事立案为由要求人民法院移送案件、裁定驳回起诉、中止诉讼、判决驳回诉讼请求、中止执行或者撤销判决、裁定，或者要求人民法院撤销仲裁裁决。

第二十三条 人民法院在办理民事案件过程中，认为该案件不属于民事纠纷而有经济犯罪嫌疑需要追究刑事责任，并将涉嫌经济犯罪的线索、材料移送公安机关的，接受案件的公安机关应当立即审查，并在十日以内决定是否立案。公安机关不立案的，应当及时告知人民法院。

第二十四条 人民法院在办理民事案件过程中，发现与民事纠纷虽然不是同一事实但是有关联的经济犯罪线索、材料，并将涉嫌经济犯罪的线索、材料移送公安机关的，接受案件的公安机关应当立即审查，并在十日以内决定是否立案。公安机关不立案的，应当及时告知人民法院。

第二十五条 在侦查过程中，公安机关发现具有下列情形之一的，应当及时撤销案件：

（一）对犯罪嫌疑人解除强制措施之日起十二个月以内，仍然不能移送审查起诉或者依法作其他处理的；

（二）对犯罪嫌疑人未采取强制措施，自立案之日起二年以内，仍然不能移送审查起诉或者依法作其他处理的；

（三）人民检察院通知撤销案件的；

（四）其他符合法律规定的撤销案件情形的。

有前款第一项、第二项情形,但是有证据证明有犯罪事实需要进一步侦查的,经省级以上公安机关负责人批准,可以不撤销案件,继续侦查。

撤销案件后,公安机关应当立即停止侦查活动,并解除相关的侦查措施和强制措施。

撤销案件后,又发现新的事实或者证据,依法需要追究刑事责任的,公安机关应当重新立案侦查。

第二十六条 公安机关接报案件后,报案人、控告人、举报人、被害人及其法定代理人、近亲属查询立案情况的,应当在三日以内告知立案情况并记录在案。对已经立案的,应当告知立案时间、涉嫌罪名、办案单位等情况。

第二十七条 对报案、控告、举报、移送的经济犯罪案件,公安机关作出不予立案决定、撤销案件决定或者逾期未作出是否立案决定有异议的,报案人、控告人、举报人可以申请人民检察院进行立案监督,移送案件的行政执法机关可以建议人民检察院进行立案监督。

人民检察院认为需要公安机关说明不予立案、撤销案件或者逾期未作出是否立案决定的理由的,应当要求公安机关在七日以内说明理由。公安机关应当书面说明理由,连同有关证据材料回复人民检察院。人民检察院认为不予立案或者撤销案件的理由不能成立的,应当通知公安机关立案。人民检察院要求公安机关说明逾期未作出是否立案决定的理由后,公安机关在七日以内既不说明理由又不作出是否立案的决定的,人民检察院应当发出纠正违法通知书予以纠正,经审查案件有关证据材料,认为符合立案条件的,应当通知公安机关立案。

第二十八条 犯罪嫌疑人及其法定代理人、近亲属或者辩护律师对公安机关立案提出异议的,公安机关应当及时受理、认真核查。

有证据证明公安机关可能存在违法介入经济纠纷,或者利用立案实施报复陷害、敲诈勒索以及谋取其他非法利益等违法立案情形的,人民检察院应当要求公安机关书面说明立案的理由。公安机关应当在七日以内书面说明立案的依据和理由,连同有关证据材料回复人民检察院。人民检察院认为立案理由不能成立的,应当通知公安机关撤销案件。

第二十九条 人民检察院发现公安机关在办理经济犯罪案件过程中适用另案处理存在违法或者不当的,可以向公安机关提出书面纠正意见或者检察建议。公安机关应当认真审查,并将结果及时反馈人民检察院。没有采纳的,应当说明理由。

第三十条 依照本规定,报经省级以上公安机关负责人批准立案侦查或者继续侦查的案件,撤销案件时应当经原审批的省级以上公安机关负责人批准。

人民检察院通知撤销案件的,应当立即撤销案件,并报告原审批的省级以上公安机关。

第四章 强制措施

第三十一条 公安机关决定采取强制措施时,应当考虑犯罪嫌疑人涉嫌犯罪情节的轻重程度、有无继续犯罪和逃避或者妨碍侦查的可能性,使所适用的强制措施同犯罪的严重程度、犯罪嫌疑人的社会危险性相适应,依法慎用羁押性强制措施。

采取取保候审、监视居住措施足以防止发生社会危险性的,不得适用羁押性强制措施。

第三十二条 公安机关应当依照法律规定的条件和程序适用取保候审措施。

采取保证金担保方式的,应当综合考虑保证诉讼活动正常进行的需要,犯罪嫌疑人的社会危险性的大小,案件的性质、情节、涉案金额,可能判处刑罚的轻重以及犯罪嫌疑人的经济状况等情况,确定适当的保证金数额。

在取保候审期间,不得中断对经济犯罪案件的侦查。执行取保候审超过三个月的,应当至少每个月讯问一次被取保候审人。

第三十三条 对于被决定采取强制措施并上网追逃的犯罪嫌疑人,经审查发现不构成犯罪或者依法不予追究刑事责任的,应当立即撤销强制措施决定,并按照有关规定,报请省级以上公安机关删除相关信息。

第三十四条 公安机关办理经济犯罪案件应当加强统一审核,依照法律规定的条件和程序逐案逐人审查采取强制措施的合法性和适当性,发现采取强制措施不当的,应当及时撤销或者变更。犯罪嫌疑人在押的,应当立即释放。公安机关释放被逮捕的犯罪嫌疑人或者变更逮捕措施的,应当及时通知作出批准逮捕决定的人民检察院。

犯罪嫌疑人被逮捕后,人民检察院经审查认为不需要继续羁押提出检察建议的,公安机关应当予以调查核实,认为不需要继续羁押的,应当予以释放或者变更强制措施;认为需要继续羁押的,应当说明理由,并在十日以内将处理情况通知人民检察院。

犯罪嫌疑人及其法定代理人、近亲属或者辩护人有权申请人民检察院进行羁押必要性审查。

第五章 侦查取证

第三十五条 公安机关办理经济犯罪案件,应当及时进行侦查,依法全面、客观、及时地收集、调取、固定、审查能够证实犯罪嫌疑人有罪或者无罪、罪重或者罪轻以及与涉案财物有关的各种证据,并防止犯罪嫌疑人逃匿、销毁证据或者转移、隐匿涉案财物。

严禁调取与经济犯罪案件无关的证据材料,不得以侦查犯罪为由滥用侦查措施为他人收集民事诉讼证据。

第三十六条 公安机关办理经济犯罪案件,应当遵守法定程序,遵循有关技术标准,全面、客观、及时地收集、提取电子数据;人民检察院应当围绕真实性、合法性、关联性审查判断电子数据。

依照规定程序通过网络在线提取的电子数据,可以作为证据使用。

第三十七条 公安机关办理经济犯罪案件,需要采取技术侦查措施的,应当严格依照有关法律、规章和规范性文件规定的范围和程序办理。

第三十八条 公安机关办理非法集资、传销以及利用通讯工具、互联网等技术手段实施的经济犯罪案件,确因客观条件的限制无法逐一收集被害人陈述、证人证言等相关证据的,可以结合已收集的言词证据和依法收集并查证属实的物证、书证、视听资料、电子数据等实物证据,综合认定涉案人员人数和涉案资金数额等犯罪事实,做到证据确实、充分。

第三十九条 公安机关办理生产、销售伪劣商品犯罪案件、走私犯罪案件、侵犯知识产权犯罪案件,对同一批次或者同一类型的涉案物品,确因实物数量较大,无法逐一勘验、鉴定、检测、评估的,可以委托或者商请有资格的鉴定机构、专业机构或者行政执法机关依照程序按照一定比例随机抽样勘验、鉴定、检测、评估,并由其制作取样记录和出具相关书面意见。有关抽样勘验、鉴定、检测、评估的结果可以作为该批次或者该类型全部涉案物品的勘验、鉴定、检测、评估结果,但是不符合法定程序,且不能补正或者作出合理解释,可能严重影响案件公正处理的除外。

法律、法规和规范性文件对鉴定机构或者抽样方法另有规定的,从其规定。

第四十条 公安机关办理经济犯罪案件应当与行政执法机关加强联系、密切配合,保证准确有效地执行法律。

公安机关应当根据案件事实、证据和法律规定依法认定案件性质,对案情复杂、疑难,涉及专业性、技术性问题的,可以参考有关行政执法机关的认定意见。

行政执法机关对经济犯罪案件中有关行为性质的认定,不是案件进入刑事诉讼程序的必经程序或者前置条件。法律、法规和规章另有规定的,从其规定。

第四十一条 公安机关办理重大、疑难、复杂的经济犯罪案件,可以听取人民检察院的意见,人民检察院认为确有必要时,可以派员适时介入侦查活动,对收集证据、适用法律提出意见,监督侦查活动是否合法。对人民检察院提出的意见,公安机关应当认真审查,并将结果及时反馈人民检察院。没有采纳的,应当说明理由。

第四十二条 公安机关办理跨区域性的重大经济犯罪案件,应当向人民检察院通报立案侦查情况,人民检察院可以根据通报情况调度办案力量,开展指导协调等工作。需要逮捕犯罪嫌疑人的,公安机关应当提前与人民检察院沟通。

第四十三条 人民检察院在审查逮捕、审查起诉中发现公安机关办案人员以非法方法收集犯罪嫌疑人供述、被害人陈述、证人证言等证据材料的,应当依法排除非法证据并提出纠正意见。需要重新调查取证的,经县级以上公安机关负责人批准,应当另行指派办案人员重新调查取证。必要时,人民检察院也可以自行收集犯罪嫌疑人供述、被害人陈述、证人证言等证据材料。

公安机关发现收集物证、书证不符合法定程序,可能严重影响司法公正的,应当要求办案人员予以补正或者作出合理解释;不能补正或者作出合理解释的,应当依法予以排除,不得作为提请批准逮捕、移送审查起诉的依据。

人民检察院发现收集物证、书证不符合法定程序,可能严重影响司法公正的,应当要求公安机关予以补正或者作出合理解释,不能补正或者作出合理解释的,应当依法予以排除,不得作为批准逮捕、提起公诉的依据。

第四十四条 对民事诉讼中的证据材料,公安机关在立案后应当依照刑事诉讼法以及相关司法解释的规定进行审查或者重新收集。未经查证核实的证据材料,不得作为刑事证据使用。

第四十五条 人民检察院已经作出不起诉决定的案件,公安机关不得针对同一法律事实的同一犯罪嫌疑人继续侦查或者补充侦查,但是有新的事实或者证据的,可以重新立案侦查。

第六章 涉案财物的控制和处置

第四十六条 查封、扣押、冻结以及处置涉案财物,应当依照法律规定的条件和程序进行。除法律法规和规范性文件另有规定以外,公安机关不得在诉讼程序终结之前处置涉案财物。严格区分违法所得、其他涉案财产与合法财产,严格区分企业法人财产与股东个人财产,严格区分犯罪嫌疑人个人财产与家庭成员财产,不得超权限、超范围、超数额、超时限查封、扣押、冻结,并注意保护利害关系人的合法权益。

对涉众型经济犯罪案件,需要追缴、返还涉案财物的,应当坚持统一资产处置原则。公安机关移送审查起诉时,应当将有关涉案财物及其清单随案移送人民检察院。人民检察院提起公诉时,应当将有关涉案财物及其清单一并移送受理案件的人民法院,并提出处理意见。

第四十七条 对依照有关规定可以分割的土地、房屋等涉案不动产,应当只对与案件有关的部分进行查封。

对不可分割的土地、房屋等涉案不动产或者车辆、船舶、航空器以及大型机器、设备等特定动产,可以查封、扣押、冻结犯罪嫌疑人提供的与涉案金额相当的其他财物。犯罪嫌疑人不能提供的,可以予以整体查封。

冻结涉案账户的款项数额,应当与涉案金额相当。

第四十八条 对自动投案时主动提交的涉案财物和权属证书等,公安机关可以先行接收,如实登记并出具接收财物凭证,根据立案和侦查情况决定是否查封、扣押、冻结。

第四十九条 已被依法查封、冻结的涉案财物,公安机关不得重复查封、冻结,但是可以轮候查封、冻结。

已被人民法院采取民事财产保全措施的涉案财物,依照前款规定办理。

第五十条 对不宜查封、扣押、冻结的经营性涉案财物,在保证侦查活动正常进行的同时,可以允许有关当事人继续合理使用,并采取必要的保值保管措施,以减少侦查办案对正常办公和合法生产经营的影响。必要时,可以申请当地政府指定有关部门或者委托有关机构代管。

第五十一条 对查封、扣押、冻结的涉案财物及其孳息,以及作为证据使用的实物,公安机关应当如实登记,妥善保管,随案移送,并与人民检察院及时交接,变更法律手续。

在查封、扣押、冻结涉案财物时,应当收集、固定与涉案财物来源、权属、性质等有关的证据材料并随案移送。对不宜移送或者依法不移送的实物,应当将其清单、照片或者其他证明文件随案移送。

第五十二条 涉嫌犯罪事实查证属实后,对有证据证明权属关系明确的被害人合法财产及其孳息,及时返还不损害其他被害人或者利害关系人的利益、不影响诉讼正常进行的,可以在登记、拍照或者录像、估价后,经县级以上公安机关负责人批准,开具发还清单,在诉讼程序终结之前返还被害人。办案人员应当在案卷中注明返还的理由,将原物照片、清单和被害人的领取手续存卷备查。

具有下列情形之一的,不得在诉讼程序终结之前返还:

(一)涉嫌犯罪事实尚未查清的;

(二)涉案财物及其孳息的权属关系不明确或者存在争议的;

(三)案件需要变更管辖的;

(四)可能损害其他被害人或者利害关系人利益的;

(五)可能影响诉讼程序正常进行的;

(六)其他不宜返还的。

第五十三条 有下列情形之一的,除依照有关法律法规和规范性文件另行处理的以外,应当立即解除对涉案财物的查封、扣押、冻结措施,并及时返还有关当事人:

(一)公安机关决定撤销案件或者对犯罪嫌疑人终止侦查的;

(二)人民检察院通知撤销案件或者作出不起诉决定的;

(三)人民法院作出生效判决、裁定应当返还的。

第五十四条 犯罪分子违法所得的一切财物及其孳息,应当予以追缴或者责令退赔。

发现犯罪嫌疑人将经济犯罪违法所得和其他涉案财物用于清偿债务、转让或者设定其他权利负担,具有下列情形之一的,应当依法查封、扣押、冻结:

(一)他人明知是经济犯罪违法所得和其他涉案财物而接受的;

(二)他人无偿或者以明显低于市场价格取得上述财物的;

(三)他人通过非法债务清偿或者违法犯罪活动取得上述财物的;

(四)他人通过其他恶意方式取得上述财物的。

他人明知是经济犯罪违法所得及其产生的收益,通过虚构债权债务关系、虚假交易等方式予以窝藏、转移、收购、代为销售或者以其他方法掩饰、隐瞒,构成犯罪的,应当依法追究刑事责任。

第五十五条 具有下列情形之一,依照刑法规定应当追缴其违法所得及其他涉案财物的,经县级以上公安机关负责人批准,公安机关应当出具没收违法所得意见书,连同相关证据材料一并移送同级人民检察院:

(一)重大的走私、金融诈骗、洗钱犯罪案件,犯罪嫌疑人逃匿,在通缉一年后不能到案的;

(二)犯罪嫌疑人死亡的;

(三)涉嫌重大走私、金融诈骗、洗钱犯罪的单位被撤销、注销,直接负责的主管人员和其他直接责任人员逃匿、死亡,导致案件无法适用普通刑事诉讼程序审理的。

犯罪嫌疑人死亡,现有证据证明其存在违法所得及其他涉案财物应当予以没收的,公安机关可以继续调查,并依法进行查封、扣押、冻结。

第七章 办案协作

第五十六条 公安机关办理经济犯罪案件,应当加强协作和配合,依法履行协查、协办等职责。

上级公安机关应当加强监督、协调和指导,及时解决跨区域性协作的争议事项。

第五十七条 办理经济犯罪案件需要异地公安机关协作的,委托地公安机关应当对案件的管辖、定性、证据认定以及所采取的侦查措施负责,办理有关的法律文书和手续,并对协作事项承担法律责任。但是协作地公安机关超权限、超范围采取相关措施的,应当承担相应的法律责任。

第五十八条 办理经济犯罪案件需要异地公安机关协作的,由委托地的县级以上公安机关制作办案协作函件和有关法律文书,通过协作地的县级以上公安机关联系有关协作事宜。协作地公安机关接到委托地公安机关请求协作的函件后,应当指定主管业务部门办理。

各省、自治区、直辖市公安机关根据本地实际情况,就需要外省、自治区、直辖市公安机关协助对犯罪嫌疑人采取强制措施或者查封、扣押、冻结涉案财物事项制定相关审批程序。

第五十九条 协作地公安机关应当对委托地公安机关出具的法律文书和手续予以审核,对法律文书和手续完备的,协作地公安机关应当及时无条件予以配合,不得收取任何形式的费用。

第六十条 委托地公安机关派员赴异地公安机关请求协助查询资料、调查取证等事项时,应当出具办案协作函件和有关法律文书。

委托地公安机关认为不需要派员赴异地的,可以将办案协作函件和有关法律文书寄送协作地公安机关,协作地公安机关协查不得超过十五日;案情重大、情况紧急的,协作地公安机关应当在七日以内回复;因特殊情况不能按时回复的,协作地公安机关应当及时向委托地公安机关说明情况。

必要时,委托地公安机关可以将办案协作函件和有关法律文书通过电传、网络等保密手段或者相关工作机制传至协作地公安机关,协作地公安机关应当及时协查。

第六十一条 委托地公安机关派员赴异地公安机关请求协助采取强制措施或者搜查,查封、扣押、冻结涉案财物等事项时,应当持办案协作函件、有关侦查措施或者强制措施的法律文书、工作证件及相关案件材料,与协作地县级以上公安机关联系,协作地公安机关应当派员协助执行。

第六十二条 对不及时采取措施,有可能导致犯罪嫌疑人逃匿,或者有可能转移涉案财物以及重要证据的,委托地公安机关可以商请紧急协作,将办案协作函件和有关法律文书通过电传、网络等保密手段传至协作地县级以上公安机关,协作地公安机关收到协作函件后,应当及时采取措施,落实协作事项。委托地公安机关应当立即派员携带法律文书前往协作地办理有关事宜。

第六十三条 协作地公安机关在协作过程中,发现委托地公安机关明显存在违反法律规定的行为时,应当及时向委托地公安机关提出并报上一级公安机关。跨省协作的,应当通过协作地的省级公安机关通报委托地的省级公安机关,协商处理。未能达成一致意见的,协作地的省级公安机关应当及时报告公安部。

第六十四条 立案地公安机关赴其他省、自治区、直辖市办案,应当按照有关规定呈报上级公安机关审查批准。

第八章 保障诉讼参与人合法权益

第六十五条 公安机关办理经济犯罪案件,应当尊重和保障人权,保障犯罪嫌疑人、被害人和其他诉讼参与人依法享有的辩护权和其他诉讼权利，在职责范围内依法保障律师的执业权利。

第六十六条 辩护律师向公安机关了解犯罪嫌疑人涉嫌的罪名以及现已查明的该罪的主要事实，犯罪嫌疑人被采取、变更、解除强制措施，延长侦查羁押期限、移送审查起诉等案件有关情况的，公安机关应当依法将上述情况告知辩护律师，并记录在案。

第六十七条 辩护律师向公安机关提交与经济犯罪案件有关的申诉、控告等材料的，公安机关应当在执法办案场所予以接收，当面了解有关情况并记录在案。对辩护律师提供的材料，公安机关应当及时依法审查，并在三十日以内予以答复。

第六十八条 被害人、犯罪嫌疑人及其法定代理人、近亲属或者律师对案件管辖有异议，向立案侦查的公安机关提出申诉的，接受申诉的公安机关应当在接到申诉后的七日以内予以答复。

第六十九条 犯罪嫌疑人及其法定代理人、近亲属或者辩护人认为公安机关所采取的强制措施超过法定期限，有权向原批准或者决定的公安机关提出申诉，接受该项申诉的公安机关应当在接到申诉之日起三十日以内审查完毕并作出决定，将结果书面通知申诉人。对超过法定期限的强制措施，应当立即解除或者变更。

第七十条 辩护人、诉讼代理人认为公安机关阻碍其依法行使诉讼权利并向人民检察院申诉或者控告，人民检察院经审查情况属实后通知公安机关予以纠正的，公安机关应当立即纠正，并将监督执行情况书面答复人民检察院。

第七十一条 辩护人、诉讼代理人对公安机关侦查活动有异议的，可以向有关公安机关提出申诉、控告，或者提请人民检察院依法监督。

第九章 执法监督与责任追究

第七十二条 公安机关应当依据《中华人民共和国人民警察法》等有关法律法规和规范性文件的规定，加强对办理经济犯罪案件活动的执法监督和督察工作。

上级公安机关发现下级公安机关存在违反法律和有关规定行为的，应当责令其限期纠正。必要时，上级公安机关可以就其违法行为直接作出相关处理决定。

人民检察院发现公安机关办理经济犯罪案件中存在违法行为的，或者对有关当事人及其辩护律师、诉讼代理人、利害关系人的申诉、控告事项查证属实的，应当通知公安机关予以纠正。

第七十三条 具有下列情形之一的，公安机关应当责令依法纠正，或者直接作出撤销、变更或者纠正决定。对发生执法过错的，应当根据办案人员在办案中各自承担的职责，区分不同情况，分别追究案件审批人、审核人、办案人及其他直接责任人的责任。构成犯罪的，依法追究刑事责任。

（一）越权管辖或者推诿管辖的；

（二）违反规定立案、不予立案或者撤销案件的；

（三）违反规定对犯罪嫌疑人采取强制措施的；

（四）违反规定对财物采取查封、扣押、冻结措施的；

（五）违反规定处置涉案财物的；

（六）拒不履行办案协作职责，或者阻碍异地公安机关依法办案的；

（七）阻碍当事人、辩护人、诉讼代理人依法行使诉讼权利的；

（八）其他应当予以追究责任的。

对于导致国家赔偿的责任人员，应当依据《中华人民共和国国家赔偿法》的有关规定，追偿其部分或者全部赔偿费用。

第七十四条 公安机关在受理、立案、移送以及涉案财物处置等过程中，与人民检察院、人民法院以及仲裁机构发生争议的，应当协商解决。必要时，可以报告上级公安机关协调解决。上级公安机关应当加强监督，依法处理。

人民检察院发现公安机关存在执法不当行为的，可以向公安机关提出书面纠正意见或者检察建议。公安机关应当认真审查，并将结果及时反馈人民检察院。没有采纳的，应当说明理由。

第七十五条 公安机关办理经济犯罪案件应当加强执法安全防范工作，规范执法办案活动，执行执法办案规定，加强执法监督，对执法不当造成严重后果的，依据相关规定追究责任。

第十章 附 则

第七十六条 本规定所称的“经济犯罪案件”，主要是指公安机关经济犯罪侦查部门按照有关规定依法管辖的各种刑事案件，但以资助方式实施的帮助恐怖活动案件，不适用本规定。

公安机关其他办案部门依法管辖刑法分则第三章规定的破坏社会主义

市场经济秩序犯罪有关案件的,适用本规定。

第七十七条 本规定所称的“调查性侦查措施”,是指公安机关在办理经济犯罪案件过程中,依照法律规定进行的专门调查工作和有关侦查措施,但是不包括限制犯罪嫌疑人人身、财产权利的强制性措施。

第七十八条 本规定所称的“涉众型经济犯罪案件”,是指基于同一法律事实、利益受损人数众多、可能影响社会秩序稳定的经济犯罪案件,包括但不限于非法吸收公众存款,集资诈骗,组织、领导传销活动,擅自设立金融机构,擅自发行股票、公司企业债券等犯罪。

第七十九条 本规定所称的“跨区域性”,是指涉及两个以上县级行政区域。

第八十条 本规定自2018年1月1日起施行。2005年12月31日发布的《公安机关办理经济犯罪案件的若干规定》(公通字〔2005〕101号)同时废止。本规定发布以前最高人民检察院、公安部制定的关于办理经济犯罪案件的规范性文件与本规定不一致的,适用本规定。

最高人民检察院关于充分发挥职能作用营造保护企业家合法权益的法治环境支持企业家创新创业的通知

(高检发〔2017〕12号)

各省、自治区、直辖市人民检察院,解放军军事检察院,新疆生产建设兵团人民检察院:

党的十九大作出了中国特色社会主义进入新时代的重大论断,提出了从全面建成小康社会到基本实现现代化,再到全面建成社会主义现代化强国的战略安排,强调要贯彻新发展理念,建设现代化经济体系,深化供给侧结构性改革,激发和保护企业家精神,鼓励更多社会主体投身创新创业。2017年9月,中共中央、国务院下发《关于营造企业家健康成长环境弘扬优秀企业家精神更好发挥企业家作用的意见》(中发〔2017〕25号,以下简称《意见》),就着力营造依法保护企业家合法权益的法治环境、促进企业家公平竞争、诚信经营的市场环境、尊重和激励企业家干事创业的社会氛围,引导企业家爱国敬业、遵纪守法、创新创业、服务社会,调动广大企业家积极性、主动性、创造性,充分发挥企业家作用,提出了一系列明确要求。为全面贯彻党的十九大精神,落实《意见》的要求,营造保护企业家合法权益的法治环境,支持企业家创新创业,现通知如下:

一、深入学习领会党的十九大精神,充分认识贯彻落实《意见》的重要意义和总体要求

十九大报告提出,我国社会主要矛盾已经转化为人民日益增长的美好生活需要和不平衡不充分的发展之间的矛盾。要实现“两个一百年”奋斗目标、实现中华民族伟大复兴的中国梦,不断提高人民生活水平,必须坚定不移把发展作为党执政兴国的第一要务,坚持解放和发展社会生产力,坚持社会主义市场经济改革方向,推动经济持续健康发展。当前,我国经济已由高速增长阶段转向高质量发展阶段,正处在转变发展方式、优化经济结构、转换增长动力的攻关期,要深化供给侧结构性改革,不断增强我国经济创新力和竞争力。经济体制改革必须以完善产权制度和要素市场化配置为重点,实现产权有效激励、要素自由流动、价格反应灵活、竞争公平有序、企业优胜劣汰。深化国有企业改革,发展混合所有制经济,支持民营企业发展,激发和保护企业家精神,鼓励更多社会主体投身创新创业。同时要构建亲清新型政商关系,促进非公有制经济健康发展和非公有制经济人士健康成长。

企业家是经济活动的重要主体。企业家是否有活力决定着经济能否持续健康发展。实现十九大提出的全面建成社会主义现代化强国的宏伟目标,必须充分调动企业家的创新创业创造活力。《意见》着眼于弘扬企业家精神、发挥企业家才能,引领和激发全社会创新创业创造活力,紧紧围绕"五位一体"总体布局和"四个全面"战略布局要求,适应把握引领经济发展新常态,全面贯彻落实新发展理念,对营造企业家健康成长环境、弘扬优秀企业家精神,为企业家提供优质高效务实服务、培育优秀企业家、加强党对企业家队伍建设的领导,更好发挥企业家作用作出了全面部署。《意见》要求,依法保护企业家财产权、创新权益及自主经营权,营造依法保护企业家合法权益的法治环境。强化企业家公平竞争权益保障,健全企业家诚信经营激励约束机制,持续提高监管的公平性、规范性、简约性,营造促进企业家公平竞争、诚信经营的市场环境。构建亲清新型政商关系,树立对企业家的正向激励导向,营造积极向上的舆论氛围,鼓励企业家干事创业。积极弘扬企业家爱国敬业、遵纪守法、艰苦奋斗的精神,创新发展、专注品质、追求卓越的精神和履行责任、敢于担当、服务社会的精神。

《意见》的上述要求,与党的十九大精神是一以贯之的。各级检察机关要将学习贯彻党的十九大精神和领会落实《意见》要求融会贯通,切实提高思想认识,做到学懂弄通做实。要深刻认识尊重企业家价值,弘扬企业家精神,营造保护企业家合法权益、促进企业家公平竞争、激励企业家干事创业的法治环境对于落实新发展理念,促进经济持续健康发展和社会和谐稳定,全面建成社会主义现代化强国的重要意义。要紧密结合检察工作实际,综合发挥打击、预防、监督、教育、保护等检察职能,找准依法保护企业家权益、服务企业家创新创业的切入点和着力点,积极履职尽责,为企业家健康成长和事业发展营造宽松环境,切实加强企业家人身财富安全感,增强和激励企业家创新创业信心,为经济社会持续健康发展、夺取新时代中国特色社会主义伟大胜利和实现中华民族伟大复兴的中国梦作出更大贡献。

二、立足检察职能，努力营造企业家创业发展的法治环境

营造企业家创业发展的法治环境，贯穿于立法、执法、司法、守法等各个方面。检察机关作为国家的法律监督机关，是社会主义法治建设的重要力量，是营造良好法治环境的重要参与者和实践者。要把依法保护企业家合法权益的理念贯穿检察工作的各个环节，切实发挥社会主义法治对企业家合法权益的保障作用。

第一，准确把握法律政策界限，依法保护企业家合法权益和正常经济活动，增强企业家信心和财富安全感。以“谦抑、审慎、文明”理念作为办案指导思想，坚持罪刑法定，严格把握罪与非罪的界限。营造鼓励创新、宽容失败的社会氛围，对企业家合法经营中出现的失误失败给予更多理解、宽容、帮助。对企业生产、经营、融资等经济行为，除法律、行政法规明确禁止外，不得以违法犯罪处理。对国有企业以增强国有经济活力和竞争力等为目标，在企业发展中大胆探索、锐意改革所出现的失误，只要不属于有令不行、有禁不止、不当谋利、失职渎职等情形，要予以容错。坚持宽严相济刑事政策，注重办案效果。对企业为开展正常经营活动而给付“回扣”“好处费”的行为，既要在法律允许范围内讲政策、给出路，又要防止片面强调保护企业经营而放纵犯罪。对涉嫌行贿犯罪的，要区分个人犯罪和单位犯罪，从起因目的、行贿数额、次数、时间、对象、谋利性质及用途等方面综合考虑其社会危害性。对行贿数额特别巨大、手段恶劣、围猎公职人员的，十八大以后顶风作案的，致使国家、人民利益遭受重大损失的，要依法严肃查处。对行贿犯罪情节较轻，积极主动配合有关机关调查的，或者对办理受贿案件起关键作用的，或者因国家工作人员索贿、不作为而不得已行贿、没有谋取不正当利益的，以及行贿人认罪认罚的，要依法从宽处理。

第二，规范自身司法行为，改进办案方式方法，最大程度减少、避免办案活动对企业家合法权益和正常经济活动可能带来的负面影响。坚持深入查办案件与改进和规范自身司法行为并重。处理好办案与企业正常生产经营的关系，不能因办案简单化或不讲方式方法而致使企业经营遭受不必要的损失甚至倒闭。在采取强制措施、侦查措施时注意维护企业正常经营秩序、合法权益，在依法打击经济犯罪、惩治职务犯罪中注意帮助企业挽回和减少经济损失，做到严格公正廉洁司法与理性平和文明规范司法并重。对于已经进入诉讼程序的案件，既要注意依法处置涉案财物，慎用强制性措施，也要注意提高办案效率、依法从速办理,切实防止久押不决、久拖不决,最大程度减少对企业正常生产经营活动造成的负面影响。对不涉案的款物、账户、企业生产经营资料等,一律不得查封、扣押、冻结。对主动配合检察机关调查取证,认罪态度好,没有社会危险性的,不采取拘留、逮捕、指定居所监视居住措施。对于可能影响企业正常生产经营活动的涉案信息,要注意保密。认罪认罚从宽制度试点地区检察机关要积极探索运用认罪认罚从宽制度,推动构建多层次诉讼体系,不断提升办理涉企业刑事案件的能力和质量、效率、效果。坚持平等保护,对所有经济主体都一视同仁,做到同标准、同要求;坚持区别对待,对认罪认罚的犯罪嫌疑人、被告人,要充分考虑犯罪事实、情节、性质、后果、主观恶性等要件,准确把握不起诉以及减轻、从轻、适用缓刑等量刑建议之间的界限,坚决防止出现"以钱赎刑""权钱交易"等问题;坚持宽严并重,对轻微刑事案件依法从宽处理的同时,对于严重侵害国家、集体和他人利益、破坏公平竞争、诚信经营市场环境的重大犯罪,要依法严肃打击。探索建立符合涉企业刑事案件特点的认罪认罚从宽工作规范和机制。

第三,加大惩治侵犯产权犯罪力度,切实维护企业家财产权、创新权益及经营自主权等合法权益。加强审查逮捕、起诉工作,确保依法、准确、及时、有效打击侵犯企业家财产权、创新权益及经营自主权等犯罪,平等保护各种所有制经济产权。依法惩治侵犯企业知识产权等各类产权、背信损害企业利益以及其他严重扰乱市场秩序的犯罪,有力维护健康有序的市场秩序,营造促进企业家公平竞争、诚信经营的市场环境。对利用公权力严重侵害企业家合法权益、勾结黑恶势力在特定经济领域形成非法控制、受害者人数众多、引发群体性事件等严重侵犯产权的犯罪案件,要严厉打击,重大案件实行挂牌督办,引导侦查机关全面收集固定证据,确保办案效率和质量。针对企业管理中薄弱环节和突出问题,充分发挥监督、预防等检察职能,帮助企业家强化产权保护意识,从源头上预防和遏制侵犯产权犯罪。认真受理反映国家工作人员滥用职权、徇私枉法、索贿受贿等举报控告,依法打击侵犯企业家合法权益的职务犯罪,推动构建亲清新型政商关系。帮助企业家建章立制,提高企业规范经营、抵御风险的能力。

第四,强化刑事诉讼监督,促进公正司法,依法保障涉案企业家的合法权益。加强对经济犯罪侦查权等公权力的监督,重点监督侦查机关以刑事手段插手经济纠纷,加大对该立案不立案、不该立案而立案以及选择性执法等执法不严、司法不公问题的监督纠正力度,严防将民事纠纷当作刑事案件来办。贯彻落实非法证据排除等办案制度,探索完善侵犯知识产权案件的诉讼证据规则,依法保护企业家创新权益。切实履行羁押必要性审查职责,对已经逮捕的涉嫌犯罪企业家发现不需要继续羁押的,依法建议释放或者变更强制措施。重点监督判决、裁定在认定事实、采信证据、适用法律方面确有错误的案件,对符合法定条件的依法提出抗诉。重点监督涉企业家犯罪案件生效判决、裁定的执行活动,发现人民法院执行财产刑过程中,存在应当执行而不执行,不应当执行而执行,非法处置被执行人或者案外人财产等侵犯产权违法情形的,依法提出纠正意见,确保财产刑执行到位。依法保障涉案企业家在服刑期间的申诉权,防止其因申诉而被限制或者剥夺依法获得减刑、假释的权利,依法保障其在服刑期间行使财产权等民事权利。

第五,加强民事行政检察工作及刑事申诉、国家赔偿案件的办理,形成保护企业家合法权益的多元化格局。依法保障各类产权主体申请监督权,规范民事行政诉讼监督案件的受理和审查程序,注重倾听当事人意见,畅通申请监督渠道,依法通过抗诉、提出检察建议等方式加强对涉产权民事、行政案件的审判监督。加强对民事、行政执行活动的监督,重点监督因不依法履行执行职责及错误采取执行措施、错误处置执行标的物、错误追加被执行人,致使当事人或者利害关系人、案外人等财产权受到侵害的案件。加大对涉产权虚假诉讼、恶意诉讼监督力度。依法推进检察机关提起公益诉讼工作,积极探索开展对履行职责中发现的市场监管部门违法行使职权或者不作为,造成国家和社会公共利益受到损害案件的监督。防止和纠正违法行政行为对各类产权主体合法权益的侵害。畅通诉求表达渠道,坚持有错必究工作原则,及时甄别纠正社会反映强烈的产权纠纷申诉案件,及时向社会发布和通报错案纠正信息。认真总结前期办理的一批涉产权刑事申诉、国家赔偿案件工作经验,继续加大在办理刑事申诉、国家赔偿案件中的产权保护工作力度,依法处理涉产权的有冤假错可能的企业家服刑案件,提高企业家对法治的信心。坚持法定赔偿原则,保障符合赔偿条件的产权主体依法获得赔偿。

三、加强组织领导和法治宣传,营造尊重和支持企业家干事创业、弘扬优秀企业家精神的良好社会氛围

各级检察机关要把依法保护企业家合法权益、营造企业家创业发展法治环境作为当前的一项重要任务,切实加强领导,强化措施,严格责任,狠抓落实。立足检察职能,建立健全依法平等保护各种所有制经济产权的长效机制。加强同地方党委、人大、政府、人民法院的沟通配合,重视发挥工商联等部门作用,形成工作合力。配合相关部门建立企业家个人信用记录和诚信档案,实行守信联合激励和失信联合惩戒。充分利用媒体宣传平台,及时报道检察机关工作部署、举措、进展和成效,剖析侵害产权案例,总结宣传依法有效保护产权的好做法、好经验、好案例。坚持以案释法,采取多种形式,开展法治宣传和企业家涉罪案例警示教育活动,加强预防商业贿赂教育,帮助企业家提高运用法律自我保护能力,促进企业家依法经营、规范经营。注重对涉企业家和产权刑事案件认罪认罚从宽典型案例的总结和宣传。选择检察机关依法纠正侵害企业产权的有重大影响的典型错案冤案适时向社会公布。着力宣传和营造法治、透明、公平的体制政策环境和尊重支持企业家干事创业、弘扬优秀企业家精神的良好社会氛围。

各地在工作中要认真贯彻落实党的十九大精神和《意见》要求,结合最高人民检察院先后下发的《关于充分发挥检察职能依法保障和促进非公有制经济健康发展的意见》《关于充分发挥检察职能依法保障和促进科技创新的意见》《关于充分履行检察职能加强产权司法保护的意见》相关部署,扎实推进各项工作。在具体工作中遇到的问题应当及时向上级人民检察院请示报告,必要时层报最高人民检察院。

图书在版编目(CIP)数据

刑事司法指南. 2018年. 第1集：总第73集 / 陈国庆主编. -- 北京：法律出版社，2018
ISBN 978-7-5197-2962-2

Ⅰ. ①刑… Ⅱ. ①陈… Ⅲ. ①刑法—研究—中国②刑事诉讼法—研究—中国 Ⅳ. ①D924.04②D925.204

中国版本图书馆CIP数据核字(2018)第280805号

刑事司法指南. 2018年. 第1集：总第73集
XINGSHI SIFA ZHINAN. 2018 NIAN. DI-1 JI: ZONG DI-73 JI

陈国庆 主编

策划编辑 戴 伟
责任编辑 程 岳 林 蕊
装帧设计 李 瞻

出版 法律出版社
总发行 中国法律图书有限公司
经销 新华书店
印刷 三河市龙大印装有限公司
责任校对 郭艳萍
责任印制 胡晓雅
编辑统筹 法律应用·大众读物出版第一分社
开本 A5
印张 7.75
字数 180千
版本 2018年12月第1版
印次 2018年12月第1次印刷

法律出版社 / 北京市丰台区莲花池西里7号(100073)
网址 / www.lawpress.com.cn
投稿邮箱 / info@lawpress.com.cn
举报维权邮箱 / jbwq@lawpress.com.cn
销售热线 / 010-83938336
咨询电话 / 010-63939796

中国法律图书有限公司 / 北京市丰台区莲花池西里7号(100073)
全国各地中法图分、子公司销售电话：
统一销售客服 / 400-660-6393
第一法律书店 / 010-83938334/8335 西安分公司 / 029-85330678 重庆分公司 / 023-67453036
上海分公司 / 021-62071639/1636 深圳分公司 / 0755-83072995

书号：ISBN 978-7-5197-2962-2 **定价**：24.00元